公務員の **ライト**

全公務員試験対応

公務員試験の教科書

2025 年度版

時事本

公務員のライト専任講師
ましゅー 著

重要テーマPickUp7

G7 広島サミット　→ P.064

G7、G20、COPなどの国際会議は、区分を問わず公務員試験全般で
超頻出のテーマである。開催国や地域、会議内容、首脳宣言の内容な
どが問われやすいため、ポイントはおさえておきたい。特に2023年
5月には「G7広島サミット」が開催されたことから、2024年度の
試験でも様々な試験で出題が予想される。

一般会計当初予算　→ P.120

特に専門択一試験の「財政事情」において、100%出題されると
言っても過言ではないテーマが「一般会計当初予算」である。まず、
2024年度の試験では、主に2023年度の当初予算について、「前年
度の当初予算との比較(推移)」が出題されやすい。当初予算の規模が
最もよく問われているが、社会保障関係費や税収の推移なども問われ
やすく、政府が「防衛関係費」に力をいれていることから、2023年
度は特に防衛関係のトピックは要注目である。

少子化対策　→ P.140

「合計特殊出生率」や「出生数」は過去最低となっている。急速な少子
化・人口減少に歯止めをかけるため、政府はこども家庭庁を創設する
など、様々な手を打っている。そして、政府は「異次元の少子化対策」
実現に向け「こども未来戦略」「こども大綱」を閣議決定した。加速化
プランの主な施策である児童手当や育児休業給付の拡充などの内容は
押さえておきたい。

④ **国家安全保障** ➡ P.092

近年、中国、北朝鮮、ロシア等が軍事活動を活発化させていることから、日本の安全保障を確保するため、政府は 2022 年 12 月に「安全保障3文書」を閣議決定した。「反撃能力」の保有が初めて認められたことや、2023 年度から 5 年間の防衛関係費の規模などは押さえておきたい。

 ⑤ **育児休業** ➡ P.166

2024 年から建設業や自動車運転の業務、医師等についても「働き方改革」が適用される。「物流の 2024 年問題」や「男女間・正規非正規間の雇用格差」など労働分野も様々なトピックがあるが、特に政府が「男性の育児休業取得率」の向上に力を入れていることから、産後パパ育休や育休取得率などの最新事情は公務員試験では要注目のテーマである。

 ⑥ **SDGs** ➡ P.206

2023 年は、2030 年の達成を目標とする SDGs の「中間年」にあたる年であり、4 年に 1 度の「SDG サミット」が開催された年でもある。しかし、SDGs の達成度は 15％という状況である。「生物多様性」や「気候変動」などについて、世界各国が対策を進める中、日本政府も新たに「グリーン・トランスフォーメーション」などの様々な取組を進めている。

⑦ **デジタル田園都市国家構想** ➡ P.022

2021 年にデジタル庁が発足し「マイナンバーカード」や「キャッシュレス」など様々な取組を実施している。また、民間だけでなく、公務についてもデジタル化を進めており、特に「自治体 DX」に力を入れている。デジタル田園都市国家構想総合戦略では、デジタル実装に取り組む地方公共団体を「2024 年度までに 1000 団体」などの目標を掲げている。

もくじ

4

4　日本政治・経済

5　財政事情

ライトの時事本の特長

☑ 動画と連動

少子化問題

日本の総人口	合計特殊出生率	出生数
約1億2500万人	1.26 過去最低	約77万人 過去最少

こども未来戦略方針を閣議決定 → 加速化プラン

 ココが出る！

 ましゅー先生

 ゆうシ先生

解説動画は
こちらから

　YouTube公務員カテゴリーで日本トップクラスのチャンネル登録者数を持つ**「公務員のライト」**の専任講師である、**ましゅー先生とゆうシ先生**による時事解説動画を見ることができます。公務員試験を知りつくした大人気の講師が、**スキマ時間**で気軽に見られる解説動画で皆さんの時事対策を強力にバックアップします。

☑ 公務員試験に特化

　公務員試験では、毎年出題されるような**頻出テーマ**や**問われやすいポイント**などが存在します。そこで、本書では、公務員試験で出題された**時事問題12年分以上**を徹底的に分析した結果を踏まえ、各重要テーマを載せています。そのため、**試験で出題されるところ**だけを重点的に学習することができます。

☑ フルカラーの詳しい図解

　本書は「わかりやすい図解」にこだわっています。受験生が時事問題に触れた際に「用語の意味がわからない」「全体の流れがイメージしづらい」「文章だけでは理解しづらい」という感想をよく耳にします。そこで、本書では、**図や表、イラスト**を多く使い、記憶に残りやすく、理解しやすいように工夫しています。

☑ 論文試験にも完全対応

　子どもの貧困、災害対策、デジタルトランスフォーメーション(DX)などのテーマは、公務員試験の**論文でも問われるテーマ**となっています。そこで本書では、択一対策だけではなく、論文試験対策にも重点を置き、論文頻出テーマでは、現状や課題、取組についてもしっかりと解説しています。

☑ 専用アプリでの問題演習

　公務員のライトの専用アプリ(詳細は14ページ)には、本書で取り扱う全分野とテーマから、**300問を超える最新時事問題**が入っています。本書で知識をインプットした後に、専用アプリで**アウトプット**することで、効率よく実力を身につけることができます。

☑ 書籍の構成・使い方

出題可能性

過去問12年分の徹底分析および出題傾向を踏まえて、そのテーマ内の知識が、2024年度の時事問題で出題される可能性の高さを示しています。
※2024年度の1年間に行われる様々な公務員試験を通して、出題される可能性の高さを示しています。

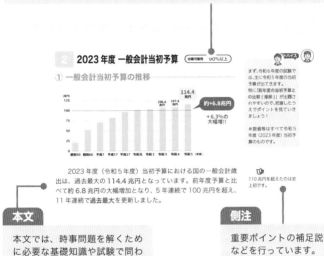

2 2023年度 一般会計当初予算　[出題可能性] 90%以上

① 一般会計当初予算の推移

まず、令和6年度の試験では、主に令和5年度の当初予算が出てきます。特に「前年度の当初予算との比較《推移》」が出題されやすいので、把握したうえでポイントを見ていきましょう！

※数値等はすべて令和5年度（2023年度）当初予算のものです。

2023年度（令和5年度）当初予算における国の一般会計歳出は、過去最大の114.4兆円となっています。前年度予算と比べて約6.8兆円の大幅増加となり、5年連続で100兆円を超え、11年連続で過去最大を更新しました。

110兆円を超えたのは史上初です。

本文
本文では、時事問題を解くために必要な基礎知識や試験で問われる最新事情を紹介しています。

側注
重要ポイントの補足説明などを行っています。

☑ 側注のアイコン

側注にあるアイコンは、それぞれ以下の役割があります。うまく活用して時事の知識を固めていきましょう。

 アドバイス
講師目線で頻出テーマや出題傾向、重要ポイントなどを紹介しています。

用語
テーマを理解するうえで重要になる用語の意味を紹介しています。

発展
試験で稀に問われることがある発展的なポイントや、専門試験でよくでる頻出ポイントなどを紹介しています。

テクニック
語呂合わせや考え方のコツなどの受験テクニックを紹介しています。

参考
参考に押さえておくとよい知識や重要ポイントの補足説明などをまとめています。

確認
他のテーマで詳しく紹介しているポイントについて、確認のための知識をまとめています。

ひっかけ注意
ひっかかりやすい点、間違いやすい点などを紹介しています。

くわしく
本文で紹介した内容をさらに具体的に詳しく紹介しています。

データ・資料
数値やグラフなどの出典をまとめています。

公務員試験の時事とは

☑ 時事とは？

　公務員試験における時事は、中学校・高校の時の社会（公民）や社会問題、社会事情などを総括したものになります。試験問題はマーク式（5択など）です。

国家公務員の時事（例）

自然災害や防災などに関する記述として最も妥当なものはどれか。

- 線状降水帯は、次々と発生する高積雲（羊雲）が連なって集中豪雨が同じ場所でみられる現象で、梅雨前線の停滞に伴って発生する梅雨末期特有の気象現象である。2021年7月、静岡県に線状降水帯が形成されて発生した「熱海土石流」では、避難所に指定された建物が大規模な崖崩れにより崩壊するなどして、避難所の指定の在り方が問題となった。（×）

地方公務員の時事（例）

昨年7月に行われた**第26回参議院議員通常選挙**に関する記述として、妥当なのはどれか。

- 期日前投票者数は約1961万人となり、2017年に行われた衆議院議員総選挙を約255万人上回り、国政選挙では過去最多となった。（×）
- 選挙区の投票率は48.80%となり、2019年に行われた参議院議員通常選挙の投票率を下回った。（×）

☑ 時事の出題範囲

　事情系の知識は、主に筆記試験日から1年半前までに起きたトピックが出題範囲になります。ただし、特に国家系の専門試験などでは、国の白書や統計などの公表資料をベースとした問題が多く出題されていることから、ここ2〜3年程度の重要トピックが知識として問われることもあります。

　分野としても日本政治や経済、国際情勢、労働、文化など様々なものがあり、幅広い視野が求められます。

☑ 時事の重要度

　時事は、最重要科目と言っても過言ではないくらい重要度が高い科目です。教養試験の中だけ見ても、例えば、日本の選挙制度や年金制度、経済連携協定など、他の社会科学（政治や経済、社会など）の科目とも内容が重複してきます。

　また、「時事問題」と「公務員の仕事」が密接に関係していることから、教養だけでなく、専門択一や論文、面接など、様々な試験で時事の知識が問われます。

受験先ごとの特徴

試験種	特徴・概要
国家系 国家一般職 国家総合職 国税、財務、 労基など	● 基礎能力試験（教養）の時事は、テーマが「近年の科学技術」や「近年の自然災害」などと抽象的で、5つの肢でそれぞれ違うお題かつ細かい知識が問われるのが国家系の時事の特徴です。 ● それぞれの肢では「用語の意味」や「一般常識（知識）」と、「最新事情」を組み合わせたような問題が出題されるため、難易度はかなり高いです。 ● また、2024年度の試験制度変更により、時事は「**自然・人文・社会に関する時事**」と新科目「**情報**」で合計6問が出題されることになっています。 ● 専門択一試験では、経済事情や財政事情、社会政策（労働経済・社会保障）などの科目で時事の知識が問われます。
特別区Ⅰ類	● 「昨年〇月に公表された〇〇では」といったような、ここ1年の**最新事情のみ**が試験で問われます。 ● テーマは「参議院議員選挙」や「イギリスの首相就任」などピンポイントです。 ● 近年、時事問題は教養で**4問**出題されていますが、専門択一試験では**事情系の問題が出題されません**。 ● 特に日本政治・経済分野では国政選挙や税制改正大綱等が頻出で、国際政治・経済分野では政権交代（選挙など）や国際会議等が頻出です。また、**世界遺産やノーベル賞**などの文化系の出題が多い傾向があります。
都庁Ⅰ類B	● 「昨年〇月に公表された〇〇では」といったような、ここ1年の**最新事情のみ**が試験で問われます。 ● 頻出テーマ自体は特別区Ⅰ類と似たような傾向がありますが、都庁の時事は、実際に「閣議決定された経済関連の方針」や国が公表した「白書」、そして「法律（成立・公布・施行）」「最高裁判決」「国際会議」などの「事実」をベースとした出題が非常に多くなっています。 ● また、近年の時事の出題数は、一般方式が5問、新方式が6問となっています。新方式では、一般方式の5問に加え、「都政における重要施策」が1問出題されます。
地方公務員	● 受験先ごとに問題内容もバラバラですが、一般的な教養試験であれば、時事は**3〜6問**程度出題されることが多いです。 ● 出題のされ方として、「社会（現代社会や公民など）」と「時事」を組み合わせた社会事情的な問題が多くなっています。 ● 様々なテーマから満遍なく出題されますが、特に人口の推移や都道府県別の高齢化率などの「人口問題系」や、地球温暖化やエネルギー政策などの「環境系」の問題が頻出です。 ● また、専門択一試験では、一般会計当初予算や地方財政計画等の「財政事情」や、年金制度や障がい者雇用、M字カーブ等の「社会政策（労働経済・社会保障）」などが知識として問われます。
裁判所事務官 **（大卒程度）**	● これまでは社会科学分野の一部で、社会的な問題や財政事情や社会保障などの時事問題が1問前後出題されていましたが、2024年度の試験から制度が変更され、知識分野の6問が時事問題中心になります。 ● 問題のレベルは、他の試験と比較するとやや簡単です。
東京消防庁 **Ⅰ類**	● 近年の出題数は3問です。 ● 特別区と似たような傾向となっており、国政選挙や政権交代、国際会議、人口問題、文化・スポーツ系などが特に頻出のテーマとなってます。また、公安系の時事ということで、これらに加えて、北朝鮮情勢などの安全保障問題や、災害対策基本法などの防災関係の問題が頻出となります。
警視庁Ⅰ類	● 近年の出題数は3問〜4問です。 ● 「世界の出来事」や「近年の法改正」などと、国家系の試験と同じでテーマが抽象的なことがありますが、それぞれの肢は複雑ではなく、全体的にシンプルな問が多くなっています。 ● 用語の意味を問うだけの穴埋め問題なども多く出題されています。

出題カバー率：91.7%

時事の出題分析・カバー率							
試験		年度	出題数	1問目	2問目	3問目	4問目	5問目
国家	国家総合職（大卒）	R5	3問	No.28	No.29	No.30		
		R4	3問	No.28	No.29	No.30		
	国家総一般職（大卒）	R5	3問	No.28	No.29	No.30		
		R4	3問	No.28	No.29	No.30		
	国家専門職（大卒）	R5	3問	No.28	No.29	No.30		
		R4	3問	No.28	No.29	No.30		
地方	特別区I類	R5	4問	No.37	No.37	No.39	No.40	
		R4	4問	No.37	No.38	No.39	No.40	
	都庁I類B 一般方式	R5	5問	No.36	No.37	No.38	No.39	No.40
		R4	5問	No.36	No.37	No.38	No.39	No.40
	地方上級（全国型）	R5	5問	No.8	No.9	No.10	No.11	No.12
		R4	5問	No.8	No.9	No.10	No.11	No.12
公安	東京消防庁I類 1回目	R5	3問	No.32	No.33	No.34		
		R4	3問	No.28	No.29	No.30		
	警視庁I類	R5	4問	No.6	No.7	No.8	No.9	
		R4	4問	No.6	No.7	No.8	No.9	
出題数合計			60問	出題カバー率			91.7%	

出題カバー率は、表の試験種における2023年度と2022年度の直近2年間の時事（社会）の出題について、公務員のライトの時事本および時事コンテンツで解説等をしている問題の割合を示しています。
なお、時事コンテンツとは、Twitter（X）やYoutube、アプリなどで発信している時事情報のことです。
地方上級（全国型）については、アンケート調査の結果を反映しております。

　公務員のライトでは**過去12年間分**の時事の過去問を**徹底分析**しております。右ページのポイント数が多いものが出題頻度が高い重要テーマです。

　一概に時事問題といえば、範囲は膨大ですが、公務員試験で問われやすい時事テーマが存在します。例えば、「年金制度」は地方でも国家でも頻出で、制度自体の基礎知識や改正ポイントなどの最新事情が、どこかしらの試験で毎年、出題されています。このように過去の出題傾向から、公務員試験の時事で**出題されやすいテーマ**を本書籍の単元として設定し、2024年度の時事で押さえておく必要があるすべての重要ポイントの解説を行っております。

　直近2年分を見ても、**出題カバー率は91.7%**と超難問の細かすぎる問題以外はすべて対応できるものとなっております。また、2024年度から国家公務員試験や裁判所事務官などの試験において、試験制度の変更があり、**時事問題の出題数が増える**など、試験業界全体で時事の重要度が高くなってきている傾向にあります。

　そこで、公務員試験の時事の「**特徴（出題傾向）**」や「**癖**」について、受験生の皆様にも情報を共有するため、本書籍の単元ごとに過去問を分類し、公務員のライトデータベース（公式HP）において、出題傾向を閲覧できるようにしてあります。**頻出テーマ**や**問われやすいポイント**が把握できれば、効率よく勉強することができるので、ぜひチェックしてみて下さい。

\ 出題傾向が分かる /

公務員のライト
データベース

過去問を徹底分析

01 DX	DX	デジタル庁	デジタル田園都市国家構想	マイナンバーカード	キャッシュレス	AIと公務	DX重要用語	149.6 pt
	13.4	17.3	重要新テーマ	48.0	11.5	3.8	55.6	

02 社会問題	児童虐待	子どもの貧困	ヤングケアラー	いじめ・不登校	こども家庭庁	災害対策	災害用語	157.5 pt
	7.6	9.2	7.6	6.1	重要新テーマ	84.1	32.1	
	インフラ老朽化	LGBTQ	自殺問題					
	3.1	3.1	4.6					

03 国際政治経済	G7	G20	COP	ASEAN	アメリカ情勢	中国・韓国情勢	ユーロ圏情勢	631.6 pt
	27.9	47.6	30.2	2.3	114.9	76.6	106.8	
	国際連合	クアッド	NATO	BRICS	アジア・オセアニア情勢	中東情勢	国際重要用語	
	62.7	3.5	5.8	65.0	15.1	33.7	39.5	

04 日本政治経済	国家安全保障	コロナ	経済連携協定	税制改正大綱	インボイス制度	日本のODA	国政選挙	596.0 pt
	34.1	35.5	116.4	93.7	重要新テーマ	12.8	136.2	
	新NISA制度	ふるさと納税	金融政策	経済重要用語				
	5.7	8.5	82.3	71.0				

05 財政事情	日本の予算制度	一般会計当初予算	政府の債務	国民負担率	PB	地方財政計画		465.9 pt
	74.3	184.2	96.0	15.5	52.6	43.3		

06 社会保障	人口問題	少子高齢化	少子化対策	重要用語	社会保障給付費	医療・健康	社会保険制度	486.3 pt
	75.5	67.1	68.8		23.5	88.9	16.8	
	年金制度	医療保険制度	介護保険制度	都道府県別人口				
	75.5	20.1	20.1	30.2				

07 労働事情	働き方改革	正規・非正規雇用	育児休業	介護休業	求人倍率・失業率	ハラスメント対策	女性の就業	427.1 pt
	32.6	68.1	41.2	11.4	36.9	5.7	39.7	
	男女格差	高齢者・外国人・障がい者		若者の就職と離職	労働重要用語			
	21.3	65.3		36.9	68.1			

08 文化科学教育	ノーベル賞	世界遺産	宇宙開発	教育	教育・文化・科学重要用語			265.7 pt
	67.1	55.5	56.8	32.3	54.2			

09 環境	プラごみ問題	プラごみ対策	気候変動	SDGs①	SDGs②	生物多様性	重要用語	214.1 pt
	11.6	6.5	49.0	20.6		43.9		
	エネルギー問題	GX	環境用語	農林水産重要用語				
	25.8	重要新テーマ	14.2	42.6				

10 法改正	刑法	道路交通法	民法	法改正まとめ				149.0 pt
	12.8	21.3	38.3	76.6				

※表の数値は、国家総合職（大卒程度）、国家一般職（大卒程度）、国税専門官、財務専門官、労働基準監督官の基礎能力試験及び専門択一試験、特別区Ⅰ類、都庁Ⅰ類B（一般方式）、東京消防庁Ⅰ類（1回目）、警視庁Ⅰ類の教養試験の2012年度から2023年度までの12年間分について、独自の解析を行い、2024年度以降の試験における出題可能性の高さ及び重要度の高さを示したものです。

書籍連動サービスをフル活用!!

総ダウンロード数
60,000 以上!

ライトのアプリ
ユーザーレビュー726件で驚異の評価「4.8」

チェックポイント① 過去問5年分収録

国家一般職	国税専門官	東京都庁
特別区	政令市	市役所
警視庁	東京消防庁	海上保安官
労基・財務	刑務官	

これらの過去問全て

無料

1930年代から1980年代までの国際通貨等の動向に関する記述として最も妥当なものはどれか。（2020国一般大卒）

1. 1930年代には世界恐慌の影響による不況への対策として、各国は、輸入品を安く大量に獲得するための激しい為替の切上げ競争を行った。この結果、為替相場も乱高下し世界貿易は不均衡となったため、各国は金本位制を導入し為替相場の安定化を図った。

×

1. 世界恐慌の対策として導入されたのは、当局の裁量で通貨を発行する管理通貨制度である。

DX	財政	環境
社会問題	社会保障	法改正
国際政治・経済	労働	
日本政治・経済	文化・科学・教育	**全10分野**

➡ **全て無料で計 300 問以上収録!!**

「時事本」と完全連動で成績UP!!

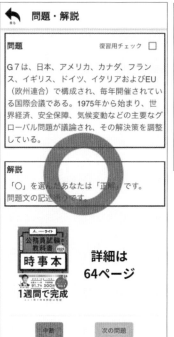

詳細は
64ページ

「時事本」×「ライトのアプリ」
時事を完全攻略

年間のべ **16,051** 名が参加（2022年度実施）

完全無料 ライト模試

いつでも受験可能 | 全問解説動画付き

ライト模試の申し込みは
こちらから ⬇

無料模試

日本最大級の受験者数で偏差値・合格判定が分かる

解いたその場成績
チェック！

\ **ライトの受講生**以外も受験可能！ /
毎月実施で勉強のペースメーカーに！

お気に入り自治体の採用情報をお届け
コムサーチ

コムサーチ

お手軽 **3** ステップ

ステップ**❶** | ステップ**❷** | ステップ**❸**

 | |

無料会員登録 | お気に入り登録 | 情報が LINE に届く

たった3ステップで
あなたの欲しい試験情報が LINE に届く

1

DX

1. DX
2. デジタル庁
3. デジタル田園都市国家構想
4. マイナンバーカード
5. キャッシュレス
6. AI と公務（自治体 DX）
▶ DX 分野の重要ワード

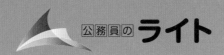

1 DX

出題可能性 61.2%

① デジタル・トランスフォーメーション（DX）とは………

　DX とは、デジタル技術を用いてビジネスモデルや業務をより
よく変えていくことであり、利便性や生産性の向上、コストの削
減のみならず、新しいビジネスモデルの構築など「新たな価値の
創造」も含まれています。

② DXの必要性…………………………………………………

世界デジタル競争力ランキング

2020 アメリカ 2021 2022 2023

中国

ドイツ

日本

時間当たり労働生産性の国際比較

2021年

アメリカ	85.0	(7位)
ドイツ	80.6	(9位)
フランス	80.1	(11位)
日本	49.9	(27位)

0　25　50　75　100
USドル（購買力平価換算）

> **参考**
> 2020 年 4 月に初めて、GAFA+M（マイクロソフト社）の株式時価総額が、東証 1 部上場企業の株式時価総額を上回りました。
> ※現在、FaceBook は社名を「Meta（メタ）」に変更しています。

(1) 世界的な潮流

- あらゆる産業分野に Google、Amazon、Facebook、Apple のようなデジタル技術を活用した新しい製品やサービス、また、ビジネスモデルが生まれています。
- しかし、2023 年の日本のデジタル競争力ランキングは、64 の国・地域の中で 32 位と世界的な評価は過去最低の水準にあります。

(2) 日本の労働生産性向上

- 少子高齢化の急激な進行により、社会の担い手・働き手不足が問題となります。そこで、持続可能な日本社会のためにも、DX の推進により労働生産性の向上を図ることが重要です。
- しかし、2021 年の日本の時間当たりの労働生産性は、OECD 加盟 38 カ国中 27 位と低い状況です。

> **用語**
> **労働生産性**
> 従業員 1 人当たり、または 1 時間当たりに生み出す成果のこと。

> **くわしく**
> 労働生産性は、主要先進国の中でも最下位となっています。

> **用語**
> **基幹システム**
> 人事給与システム、財務会計システムなど、その会社の業務内容と直接関わるシステムのこと。

> ### 2025年の崖
>
> 　2018 年に経済産業省が公表した「DX レポート」によると、日本企業の大半で使われている基幹システムは老朽化しており、2025 年までに手を打たないと、最大で 12 兆円の経済的損失が発生するとしています。このような問題を「2025 年の崖」といいます。実際に 2018 年時点で 21 年以上使われている基幹系システムが、企業全体の 2 割となっていますが、これが 2025 年では 6 割に上ることで、膨大なシステム維持管理費用がかかることが懸念されています。

③ DXの事例

(1) ドローンの活用

3次元測量ドローン	保守点検ドローン	日用品配送ドローン

センサーとカメラを搭載したドローンによって上空から広範囲の地形を測量することで、作業時間を削減し、人員不足や作業コストの課題を解消する。	多額の費用がかかる橋梁（橋）の点検で、ドローンによる撮影とAIでの画像解析により、人員不足や作業コストの課題を解消する。	交通手段の少ない過疎地域に、ドローンによって日常品を配送することで生活を支える。

用語

測量
土地の形や高さを正確に測ることで、主に土木や建築業界で用いられています。

(2) スマート農業

自動操舵トラクター	自動収穫ロボット	農業用ドローン

GPSによる自動運転技術によって、耕うんや肥料散布を行い、初心者であっても熟練者と同レベルの作業ができる。これにより、農家の深刻な労働力不足の問題を打開していく。	撮影したカメラ画像をもとにAIが熟度を自動判別して、ロボットアームで自動収穫する。収穫に要する労働時間は農作業全体の20%を占めるため、大幅に作業時間を削減できる。	農業用ドローンによって、農薬や肥料の散布、種まきを自動的に行う。これにより大規模な農地でも、区画を指定してピンポイントでの作業が可能となる。

用語

スマート農業
ロボット技術やICTを活用して超省力・高品質生産を実現する新たな農業。作業の自動化、情報データの共有などが期待できます。

参考

政府としての方針となる2020年12月に「自治体DX推進計画」を策定し、2022年9月、そして2023年11月に改定が行われました。

(3) 自動運行バス

自動運転技術	顔認証による乗車管理	5Gを活用した常時モニタリング

光を用いたリモートセンシング技術LiDAR（ライダー）によって周囲の車や歩行者、障害物との距離や形状を即座に読み取って自動運転を行う。	事前にLINEで顔登録を行い、乗車時に車内の顔認証端末を使って顔認証を行うことで、運賃の支払などの乗車管理を行う。	高速・大容量・低遅延が特徴の5G通信を活用することで、自動運転の常時モニタリングが可能となり、乗客の安全を確保する。

参考

自治体DXの重点取組事項
• 自治体フロントヤード改革の推進
• 自治体情報システムの標準化・共通化
• マイナンバーカードの普及促進・利用の推進
• セキュリティ対策の徹底
• AI・RPAの利用促進
• テレワークの推進

2 デジタル庁

出題可能性　90%以上

① デジタル庁とは

　デジタル庁は、デジタル社会の実現に向けた取組を担う行政機関として、2021年9月に発足しました。各省庁や内閣府に属さない内閣直属の組織（行政機関）になります。

デジタル庁設立の背景

　日本は、世界的にデジタル化が遅れている国です。そして、新型コロナ感染症拡大により、国の給付金や助成金のオンライン申請業務に混乱が生じて給付が遅延したり、保健所の新型コロナ感染者情報の把握・報告がFAXなど旧態依然の方法のため混乱しました。また、オンライン教育・オンライン診療などの分野でもデジタル化の遅れが顕著に現れていたことから、デジタル庁創設の要請が高まりました。

---

② デジタルにより目指す社会の姿

　「デジタルにより目指す社会」の実現に向け、デジタル庁が司令塔として国・地方公共団体・事業者が連携・協力しながら、社会全体のデジタル化を推進していきます。

デジタル化による成長戦略	準公共分野のデジタル化
• 新型コロナウイルス感染症への対応で行政の非効率性が顕在化した。 • そこで、データの活用により全産業のデジタル化を推進する。 • また、規制や行政のあり方も含む抜本的な構造改革を実施する。	• 現在、医療・教育・防災・子ども等の行政サービスが断片的・画一的に提供されている状況である。 • このような、縦割り行政による利便性の問題を改善するために、分野横断的なデータの利活用を推進していく。
デジタル化による地域の活性化	誰一人取り残されないデジタル社会
• 国と地方、地方と地方、分野と分野で、データがつながっておらず、インフラ整備が不十分である。 • そこで、地方の共通基盤を国が提供することによって、地域からデジタル改革を推進する。	• 地理的な制約、年齢、性別、障がいや疾病の有無、国籍、経済的な状況等にかかわらず、誰もがデジタル化の恩恵を享受できるように「誰一人取り残されない」デジタル社会の実現を図る。
デジタル人材の育成・確保	DFFTの推進を始めとする国際戦略
• デジタル改革の担い手となる人材が質・量ともに不足している。 • そこで、国民がライフステージに応じたICTスキルを学べる環境整備や、デジタル人材が官民学を行き来しながらキャリアを積める環境整備を推進する。	• 関係省庁がそれぞれの政策分野においてDFFT推進のための国際戦略を考え、国際連携を図ることで、デジタル技術の利用やデータの流通に関し世界をリードする。

③ デジタル庁の3つの柱 ···

　デジタル庁は、2023年6月に閣議決定された「デジタル社会の実現に向けた重点計画」に基づき、以下の3つを注力領域として様々な取組を実施しています。

(1) 生活者、事業者、職員にやさしい公共サービスの提供

取組事例	内容
マイナンバーカードの普及	マイナンバーカードの普及促進。
マイナポータルの改善	子育てや介護など、行政手続きのオンライン窓口。連携できるサービスの拡充。
事業者向けサービス・認証基盤	補助金申請、社会保険手続き、各種認可申請など複数の行政サービスを1つのIDで利用可能となる「GビズID」を実施。電子申請の手続きの簡素化。
キャッシュレス法の成立	交通反則金やパスポートの発給などの行政手数料の支払をキャッシュレス化。

(2) デジタル基盤の整備による成長戦略の推進

取組事例	内容
デジタル臨時行政調査会の推進 （※2023年10月に廃止）	国や地方の制度、システムなどの構造改革を早急に進めることを目的とした調査会は「デジタル行財政改革会議」に移行。
医療DXの推進	オンライン診療の実用化、スマホ端末等による予防医療サービスの普及など。
デジタル田園都市国家構想の推進	生活や地域の経済活動を支える様々なサービス間でのデータ連携の中核を担う「データ仲介機能」を提供し、地方におけるデジタル実装を推進。

(3) 安全安心で強靭なデジタル基盤の実現

取組事例	内容
ガバメントクラウドの整備	国の行政機関や地方自治体が共同で行政システムをクラウドサービスとして利用できる環境の整備。
ガバメントソリューションサービス	デジタル庁が主体となり、政府の業務に必要なパソコンやネットワーク環境を整備。
DFFT（信頼性のある自由なデータ流通）の推進	プライバシーやセキュリティ、知的財産権などの信頼性を確保しながら、ビジネスや社会課題の解決に有益なデータが自由に行き来できる環境の整備。

参考

その他、取組事例として新型コロナワクチン接種証明書を取得できるアプリの提供などがあります。

くわしく

2023年10月に「デジタル行財政改革会議」の設置が決まったことで、調査会は廃止になりました。

参考

その他、教育分野においてはGIGAスクール構想の推進を、インボイス制度においてはデジタルインボイスの普及等を進めています。

3　デジタル田園都市国家構想　出題可能性　90%以上

① デジタル田園都市国家構想とは

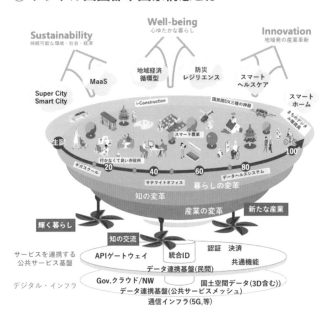

データ・資料

デジタル庁「デジタル田園都市国家が目指す将来像について」

- デジタル田園都市国家構想とは、デジタル技術を活用して地域が抱える社会問題を解決し、全国どこでも誰もが便利で快適に暮らせる社会の実現を目指す構想のことです。
- 2021年に岸田内閣の下で発表された「新しい資本主義」の重要な柱の1つです。

用語

新しい資本主義
第101代内閣総理大臣の岸田文雄が掲げる経済政策。成長と分配の好循環を生み出し、持続可能な経済を作り上げるとされており、他にも賃上げ、インバウンド拡大、マイナンバー制度などが進められている。

② 構想策定の背景・目的

- 人口減少や少子高齢化、過疎化、東京への一極集中、地域産業の空洞化などといった社会問題は深刻化しています。
- そこで、地方におけるデジタル・トランスフォーメーションを積極的に推進し、持続可能な環境・社会・経済の確保を目指すこととなりました。

用語

デジタル・トランスフォーメーション（DX）
デジタル技術を使って、社会や生活、ビジネスを変えること。

③ 具体的な取組

　デジタルを使った地方活性化を図るために、政府は4つの大きな観点を重視して地方の取組を推進しています。

デジタルの力を活用した
地方の社会課題解決

・スマート農林水産業
・観光DX
・関係人口の創出
・質の高い教育・医療
　サービス

構想を支える
ハード・ソフトの
デジタル基盤整備

デジタル人材の
育成・確保

誰一人取り
残されないための
取り組み

・5G
・マイナンバーカードの
　利活用拡大
・公共交通ネットワーク
　の再構築

・人材マッチング支援
・人材開発支援助成金
　の拡充
・リカレント教育

・デジタルデバイドの
　是正
・デジタルへの理解普
　及活動

④ デジタル田園都市国家構想総合戦略

　デジタル田園都市国家構想総合戦略は、デジタル田園都市国家
構想を実現するために、各府省庁の施策を充実・強化し、施策ご
とに2023年度から2027年度までの5カ年のKPI（重要業績
評価指標）とロードマップ（工程表）を位置づけたものです。

主なKPIの例（政府目標）	
地方の 社会課題	●デジタル実装に取り組む地方公共団体：2024年度までに1,000団体、2027年度までに1,500団体 ●サテライトオフィス等を設置した地方公共団体：2024年度までに1,000団体、2027年度までに1,200団体
基盤整備	●5Gの人口カバー率：2030年度までに99%達成 ●光ファイバの世帯カバー率：2027年度までに99.9%達成
デジタル 人材	●デジタル推進人材の育成：230万人（2022～2026年度累計）
誰一人取り残されない	●デジタル推進委員：2027年度までに5万人

　政府は、デジタル実装に取り組む地方公共団体を「2024年度
までに1000団体」「2027年度までに1500団体」を達成する
ことを中心とし、分野ごとに様々な目標を設定しています。

⑤ デジタル田園都市国家構想交付金

　これらを踏まえ、デジタル社会の実現を加速させるべく、国か
ら各自治体に「デジタル田園都市国家構想交付金」が交付されて
います。2023年度予算として1000億円、2022年度補正予算
として800億円が組まれました。

4 マイナンバーカード

① マイナンバー制度とは

マイナンバー制度とは、日本に住民票を有するすべての人に異なる 12 桁の番号（マイナンバー）を付与し、国や自治体など複数の機関に存在する個人の情報を一体化することで、効率的な情報の連携を図るための制度です。

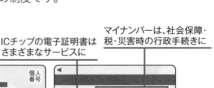

顔写真付きの表面は、身分証明書に

ICチップの電子証明書はさまざまなサービスに

マイナンバーは、社会保障・税・災害時の行政手続きに

マイナンバーカードとは、マイナンバーが記載された IC チップ付きのカードのことです。IC チップは、スマートフォンでも読み取ることができ、本人確認が必要な公的サービスにおいて、簡単にデジタル処理ができます。

マイナンバーカードで主にできること	
コンビニでの各種証明書の取得	住民票の写しや印鑑登録証明書など
健康保険証	健康保険証としての利用
行政サービスのオンライン手続き	転出届や確定申告（e-Tax）など
口座開設	証券口座の開設、住宅ローン契約など

マイナンバーの必要性

マイナンバーは主に、社会保障、税、災害対策の 3 分野で、複数の機関に存在する個人の情報が同一人の情報であることを確認するために活用されます。これまでは各機関ごとに個人情報を管理していたため、個人の特定に時間と労力を費やしていましたが、共通の番号（マイナンバー）の導入により、行政が個人の特定を確実かつ迅速に行えるようになりました。膨大な書類を見る手間をなくして行政手続の負担を軽減する狙いがあります。

また、「便利な暮らし、よりよい社会」の実現に向け、政府は健康保険証に加えて運転免許証等との一体化も進めています。

📖 参考

2015 年 10 月から個人への通知が始まり、2016 年 1 月から本格運用が始まりました。外国籍の人であっても、日本国内に転入し、住民票を有する人にはマイナンバーが付与されます。

✂️ 発展

マイナンバーカード制度の目的
①公平・公正な社会の実現（給付金などの不正受給防止）
②行政の効率化
③国民の利便性の向上

② マイナンバーカードの普及率

普及率（交付率）	人口	交付枚数	割合
2023年3月末	約1億2590万人 （2022年1月時点）	約8440万枚	67.0%
2023年9月末	約1億2540万人 （2023年1月時点）	約9630万枚	76.8%

保有枚数率	人口	保有枚数	割合
2023年9月末	約1億2540万人 （2023年1月時点）	約9090万枚	72.5%

- マイナンバーカードの普及について、政府は「2023年3月末までにほぼ全員が取得」という目標を掲げていました。
- しかし、全国のマイナンバーカード普及率（交付率）は、2023年3月末時点で67.0%、9月末時点で76.8%となっており、目標には届いていない状況です。
- また、2023年5月末の発表分より、交付枚数から本人死亡や有効期限切れなどで廃止となった分を引いた「保有枚数」を公表しています。保有枚数率は同年9月末時点で72.5%となっています。

③ マイナンバーカード普及に向けた取組

2020年9月	マイナポイント事業の実施
2021年10月	マイナ保険証の運用開始
2023年5月	マイナンバーカードの機能をスマートフォンに搭載。対応はAndroid端末のみ。iPhoneは未定。
2023年12月	暗証番号が不要な「顔認証マイナンバーカード」の申請スタート。主に高齢者や認知症患者などの暗証番号の設定や管理が難しい人が利用対象。
2024年12月	現行の健康保険証を廃止し、「マイナ保険証」に切り替え
2024年度末までの少しでも早い時期	運転免許証との一体化
2026年3月末	外国人在留カードとの一体化 次期マイナンバーカードの導入

④ マイナ保険証

　特に注目なのがマイナ保険証です。政府は、マイナンバーカードと健康保険証を一体化し、紙の健康保険証を2024年12月に廃止する方針を示しています。顔認証による自動受付やマイナポータルでの薬の情報閲覧などメリットもある一方、別人の情報がひも付けられるミスが発覚するなど、課題もあります。

📄 データ・資料

総務省「マイナンバーカード交付状況について」

👉 参考

マイナンバーカードの申請枚数は、2022年12月末に運転免許証の保有者数（約8190万人）を超えました。

👉 参考

国民からは「カード発行手続が複雑」や「個人情報の漏えい等のセキュリティが不安」など、マイナンバーカード発行に対してネガティブな意見も多く、普及率が伸び悩んでいます。

用語

マイナポイント事業

マイナンバーカードを取得かつキャッシュレス決済サービスを利用している人にポイントを還元する取組。2023年9月末をもって申し込みの受付を終了。

👉 参考

マイナンバーカードについて、健康保険証としての利用登録率は70%を超えている状況にあります。（2023年10月時点）

👉 参考

次期マイナンバーカード
政府は、2026年中にセキュリティーを高めた新しいカードの導入を目指す方針を打ち出しました。

5 キャッシュレス

出題可能性　74.6%

① キャッシュレスに関する政府の目標 ·····················

　経済産業省は、キャッシュレス決済比率を「2025年までに4割程度」「将来的には世界最高水準の80%まで上昇させる」ことを目指しています。そこで、キャッシュレス決済推進に向け、「キャッシュレス・消費者還元事業」や「マイナポイント事業」などを実施しています。

📖 参考

キャッシュレス決済は、消費活動の効率化や外国人旅行者の利便性の向上、現金流通コスト削減、犯罪防止などに寄与することが期待されています。

② 日本のキャッシュレス決済比率の推移 ·····················

📋 データ・資料

経済産業省「2022年のキャッシュレス決済比率を算出しました」

　キャッシュレス決済比率は右肩上がりで上昇しており、2022年は36.0%となりました。

🔍 くわしく

2022年のキャッシュレス決済の内訳
クレジットカード：30.4%
デビッドカード：1.0%
電子マネー：2.0%
コード決済：2.6%

③ キャッシュレス決済比率の国際比較 ·····················

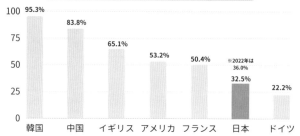

　「キャッシュレス・ロードマップ2023」によると2021年時点での世界のキャッシュレス決済比率は、韓国が95.3%、中国が83.8%、イギリスが65.1%、アメリカが53.2%であるのに対し、日本は30%代と低い水準にあります。

④ キャッシュレス法

クレジットカード決済等による納付	※検討中のものは記載のもの以外にも存在する
現状可能なもの※ （個別法の規定によるもの）	導入に向けて検討中のもの （本法の適用を想定）
• 国税（国税通則法）〈H29.1 〜〉 • 関税（関税法）〈R3.7 〜〉 • 国民年金保険料（国民年金法）〈H20.2 〜〉 • 特許料等手数料（工業所有権に関する手続 等の特例に関する法律）〈H31.4 〜〉 • 無人航空機登録手数料（航空法）〈R3.12 〜〉	• 旅券発給手数料 〈R4 年度以降順次〉 • 登記関連手数料 〈R6 年度以降〉 • 交通反則金 〈R6 年度末以降順次〉

※関税はクレジットカード決済〈R4.2 〜〉および QR コード決済〈R3.7 〜〉が可能
　その他はクレジットカード決済のみ可能。表は 2023 年 10 月時点の情報

参考

キャッシュレス法の正式
名称
情報通信技術を利用する
方法による国の歳入等の
納付に関する法律。

1

DX

- 2022 年 4 月にキャッシュレス法が成立し、同年 11 月に施行されました。これに伴い、クレジットカードや電子マネー、コンビニ決済等による納付方法の範囲が拡大され、2023 年 1 月に自動車検査登録手数料（車検費用）のキャッシュレス化が始まりました。

- この他、旅券（パスポート）発給手数料や登記関連手数料、交通反則金なども順次、キャッシュレスに対応する予定となっています。

⑤ 給与のデジタル支払い

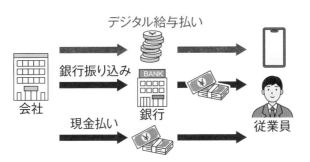

- 給与のデジタル払いとは、「毎月の給料（賃金）」を銀行口座を介さずにスマートフォンの決済アプリに直接支払うことです。

- 労働基準法では、賃金の支払いについて、現金以外では銀行振込と証券総合口座への振込のみが認められていましたが、2023 年 4 月に労働基準法施行規則が改正され、給与の支払い方法に「デジタル払い」が追加されました。

- 振込手数料の削減、銀行口座からのチャージの手間削減だけでなく、外国人労働者の雇用増加などが期待されています。

くわしく

デジタル給与の場合、給与
は銀行ではなく、銀行以外
で送金サービスができる
登録事業者の「資金移動業
者」の口座に直接支払われ
ます。
厚生労働大臣が指定した
資金移動業者に限られ、
PayPay、楽天ペイ、d 払
い、au PAY といった大手
の事業者は参入する方針
を示しています。

6 AIと公務（自治体DX）

出題可能性　68.8%

① 自治体DXの推進

2020年12月、「デジタル・ガバメント実行計画」の各施策につき、自治体が重点的に取り組むべき事項や国による支援策等を取りまとめた「自治体DX推進計画」を策定しました。

② 自治体DXの重点取組事項

6つの重点取組事項	
自治体フロントヤード改革の推進	自治体情報システムの標準化・共通化
マイナンバーカードの普及促進・利用の推進	セキュリティ対策の徹底
AI・RPAの利用促進	テレワークの推進

2023年11月には「自治体DX推進計画」が改定され、上記6つの重点取組事項が定められました。また、同時にデジタル田園都市国家構想の実現に向けたデジタル実装やデジタルデバイド対策に取り組むべきとされています。

③ 自治体DXの取組事例

(1) 窓口改革

• 窓口改革の一環として、自治体での各種行政手続きにおける住民の窓口を1つに集約し、1か所の窓口だけで手続きが完了する「ワンストップ窓口」を導入する自治体もあります。

• 窓口支援システムを通して書類が印刷されることから、住民は確認及び署名するだけで手続が完了する「書かない窓口」を実施しています。また、システムを介すことで他の窓口と行き来する必要を無くす「回さない窓口」にもつながります。

(2) マイナンバーカードの活用

• マイナンバーカードとスマートフォンを利用し、各種申請・届出や補助金などの交付申請がオンラインで可能になる「電子申請・届出システム」を導入する自治体もあります。

• 来庁時にはマイナンバーカードのICチップを読み取ることで、そこに記録されている申請者の氏名や住所等の情報を自動的に申請書に印字することができます。結果として、「書かない窓口」の実現にも繋がります。

用語
デジタル・ガバメント実行計画
社会全体のデジタル化のための基盤を構築していくビジョンが示されており、2020年12月に閣議決定されました。

くわしく
デジタル・ガバメント実行計画の策定以降、「デジタル田園都市国家構想基本方針」（2022年6月）が策定されるなど、自治体DXに関する様々な動きがあります。

参考
骨太の方針2023でも自治体DXに関する取組を推進する旨が記載されています。

参考
デジタル庁は、デジタル技術を用いて、「書かない、待たない、回らない」窓口の実装を目指しています。

参考
窓口への来訪が不要になるため、住民の負担軽減や行政事務の効率化を図る狙いがあります。

(3) 行政の内部事務

- 紙文書をテキストデータ化する「AI-OCR」を導入する自治体もあります。
- 申請書や届出書などの紙文書をスキャナーで読み込み、書かれている文字を認識してデジタル化する「OCR」に「AI」の技術を組み合わせることで、読み取り精度の向上などが期待されています。窓口処理時間を短縮し、行政の効率化を図る狙いがあります。

(4) 地域活性化

- アプリを活用し、地域で困っている人とボランティアのマッチングに取り組む自治体もあります。
- 活動の担い手が減少する中、清掃活動などを通して地域に貢献できるほか、多世代と交流する機会になるなど、住民にとって身近な仕組みになっています。

(5) 医療・福祉・健康

患者が自身のスマートフォンやテレビなどを利用し、家に居ながら医師の診察を受ける「遠隔診療」や処方された薬について薬剤師から服薬指導を受ける「遠隔服薬指導」を導入する自治体もあります。

④ 自治体DX推進に向けた留意点

(1) セキュリティ対策の強化

自治体には、住民の個人情報や企業の経営情報など、多くの情報が保有されているため、個人情報の流出やシステムの停止といった問題が発生すると、住民生活や社会経済活動に重大な影響が生じてしまいます。そのため、国のガイドラインや自治体独自のセキュリティポリシーに基づき、情報セキュリティの強化を進めていく必要があります。

(2) デジタルデバイド対策

自治体 DX を推進していくうえで、デジタル技術を扱うことができる人とできない人との間に生じる格差（デジタルデバイド）の是正が重要となります。そのため、例えば、デジタル機器に不慣れな高齢者がスマートフォンを使って行政サービスを利用できるようにするための取組など「誰一人取り残さないデジタル社会」の実現を進めていく必要があります。

参考

AI-OCR に RPA（ロボットによる作業の自動化）を連携させると、文書からのデータ抽出、入力、集計・加工、出力といった一連の業務を自動化することができ、さらなる効率化が期待できます。

くわしく

山間部の医師の人手不足や薬局の少なさ、高齢化などが背景にあり、誰もが使いやすい医療環境を整備する目的です。
医療機関から離れていても適切な医療を受けることができる一方、高齢者の端末操作時のサポートの必要性や対面での診療・指導の安心性の高さなど課題も残ります。

DX 分野の重要ワード

① フィンテック（FinTech）

- 金融（Finance）と技術（Technology）を組み合わせた造語で、銀行や証券、保険などの金融分野に、IT 技術を組み合わせることで生まれた新しいサービスや事業領域などを指します。

- 例えば、キャッシュレス決済、資産管理・運用、クラウドファンディングなどが挙げられます。

② クラウドファンディング

　群衆（Crowd）と資金調達（Funding）という言葉を組み合わせた造語で、インターネット上で不特定多数の人に資金提供を呼びかけ、サービスや商品の趣旨・個人の想いに賛同した人から資金を集める方法のことです。

③ デジタル通貨

- デジタル通貨は、現金を電子データの形で発行するものです。正確には「中央銀行デジタル通貨」と呼ばれ、民間企業ではなく、国が自らの責任で発行するのが特徴です。「現金」と「デジタル通貨」は同じ価値であるため、キャッシュレス決済等とは違い、いつでも、どこでも、誰でも使えることになります。

- デジタル化が急速に進展していること、世界の中央銀行の 86% がデジタル通貨を検討中であることから、日本も 2021 年からデジタル通貨導入に向けた本格的な実証実験に取り組んでいます。

- なお、カンボジアでは 2020 年 10 月、各国に先駆け、世界初となるデジタル通貨「バコン」を導入しています。

④ 情報銀行

　利用者から預かった氏名や住所、購入履歴、金融資産などのパーソナルデータを適切に管理し、個人の指示又は予め指定した条件に基づき、データを活用したい他の事業者（第三者）に提供する事業です。

⑤ 5G

- 「第5世代移動通信システム」のことであり、「高速大容量」「高信頼・低遅延通信」「多数同時接続」という3つの特徴があります。

- 携帯電話・携帯端末での情報通信だけでなく、IoT時代の産業用通信システムとしても期待されています。日本では、2020年から本格展開がはじまり、DX実現の基盤としても注目されています。

⑥ IoT

- 「Internet of Things（インターネット・オブ・シングス）」の略称で、日本語では「モノのインターネット」と訳されます。

- 家電や自動車・バス、工場の装置・設備などの「モノ」をインターネットに接続することで、遠隔地から対象物を計測・制御したり、モノ同士で通信を行うことが可能になり、さまざまな分野・領域での活用が期待されています。

⑦ シェアリングエコノミー

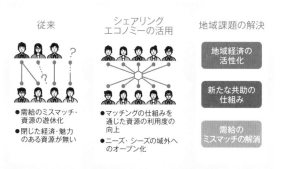

- 個人・組織・団体等が保有する何らかの有形・無形の資源（場所・乗り物・モノ・スキル・お金など）をインターネット等を通じて売買・貸し出しを行い、利用者とシェアする経済モデルのことです。

- 「シェアリングシティ推進協議会の資料」によると、2022年度の日本のシェアリングエコノミーの市場規模は約2.6兆円を記録し、2032年度には約15.1兆円に拡大することが予想されています。

⑧ AI

「人工知能（Artificial Intelligence）」の略称で、一般に、推論や判断など、人間並みの知的な処理をコンピュータ等で実現したものです。Apple の「Siri」など、AI を身近に感じる機会も増えています。

⑨ メタバース

「超越（メタ meta）」と「宇宙（ユニバース universe）」を組み合わせた造語であり、現実世界とは違う次元の世界を意味します。具体的には、インターネット上に構築されるバーチャル空間で、アバターと呼ばれる自身のデジタル分身を利用することで、他者と交流しながらさまざまな活動を行います。

⑩ シンギュラリティ

人工知能（AI）が人類の知能を超える転換点を指す言葉です。アメリカの数学者ヴァーナー・ヴィンジ氏により最初に広められ、人工知能研究の権威であるレイ・カーツワイル氏も提唱する概念です。

⑪ RPA

- 「ロボットによる業務自動化（Robotic Process Automation）」を意味します。人手不足で遅くまで残業している、事務作業に時間を取られて仕事が進まないといった課題に対して、これまで人間のみができるとされてきた作業を、ソフトウェア・ロボットを使って自動処理する仕組みのことです。

- 例えば、宮城県仙台市は、9課15業務の事務に RPA を導入した結果、2977時間掛かっていた作業時間が1168時間に短縮され、61％の時間削減に成功しています。

⑫ ChatGPT

- OpenAI 社が開発した対話式の AI チャットサービスです。2022年11月にリリースされました。従来のチャットサービスと比べて自然な会話が行えるなどの利点もありますが、情報漏洩や個人情報保護、著作権などが懸念されています。

- 2023年4月に自治体として初めて、神奈川県横須賀市が ChatGPT の全庁的な活用実証を開始しました。また、2023年8月には、デジタル庁が「ChatGPT を業務に組み込むための手引き」を公開しました。

⑬ ブロックチェーン

ブロックチェーンとは

- 情報通信ネットワーク上にある端末同士を直接接続し、暗号技術を用いて取引記録を分散的に処理・記録するデータベースの一種です。データの破壊・改ざんが極めて困難なこと、障害によって停止する可能性が低い等の特徴があります。

ブロックチェーンの効果

- ブロックチェーン化された取引記録は、特定の管理主体が存在する通常の「集中管理型システム」と異なり、複数のシステムがそれぞれ情報を保有し、常に同期が取られる「分散型台帳」というシステムで管理されているため、一部のシステムが停止・故障しても、システム全体の運行・稼働に与える影響を抑制することが可能となっています。公的な記録を残したい場合には最適な性質であるため、例えば、会社や不動産の登記や、納税、年金の支払いなどの記録にブロックチェーンを使えば、書き換えや紛失のリスクをなくすことができます。

⑭ マイナポータル

- 子育て・社会保障・税などの各種行政手続をオンライン化することにより、利便性・効率性を高めることを目的として、政府が運営しているポータルサイトのことです。

- マイナンバーカードを持ったすべての国民が利用でき、オンライン行政手続のほか、行政機関等が保有する自身の情報の確認や、行政機関等からのお知らせ通知受信などのサービスを提供しています。

マイナポータル

予想問題「ココが出る」

問題1　2023 年の日本のデジタル競争力ランキングは、64 の国・地域の中で 32 位と世界的な評価は過去最低の水準にある。

問題2　2021 年に設置されたデジタル庁は、社会全体のデジタル化やデジタル・トランスフォーメーションを進める司令塔となる組織であり、経済産業省の外局として位置づけられている。

問題3　デジタルデバイドとは、デジタル技術の飛躍的な発展を意味し、DX を推進するうえで望ましいものであるとされている。

問題4　日本に住民票を有する全ての人に異なる 12 桁の番号を付与し、国や自治体など複数の機関に存在する個人の情報を一体化することで効率的な情報の連携を図るための制度をマイナンバー制度という。

問題5　2022 年の日本のキャッシュレス決済比率は 56.0% と、世界的に見て高い水準を維持している。

答え

問題1　○

問題2　×　デジタル庁は、各省庁や内閣府に属さない内閣直属の組織である。

問題3　×　デジタルデバイド（情報格差）とは、情報通信技術を利用できる者と利用できない者との間に生じる格差のことをいう。

問題4　○

問題5　×　2022 年の日本のキャッシュレス決済比率は 36.0% であり、世界的に見て低い水準にある。なお、2021 年のデータでは、韓国が 95.3%、中国が 83.8%、イギリスが 65.1%、アメリカが 53.2% となっている。

社会問題

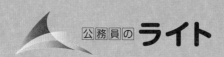

1 児童虐待

出題可能性　61.0%

① 児童虐待とは

心理的虐待	身体的虐待	ネグレクト	性的虐待
・言葉で脅す ・無視する ・兄弟間で著しく差別的に扱う ・子どもの目の前で家族に暴力...等	・殴る、蹴る、叩く ・投げ落とす ・激しく揺さぶる ・やけどを負わせる ・溺れさせる...等	・家に閉じ込める ・食事を与えない ・ひどく不潔にする ・病気になっても病院に連れていかない...等	・子どもに性的行為を求める ・性的行為を見せる ・性器を触る、触らせる...等

　児童虐待とは、保護者が看護する児童（18歳未満）を虐待することであり、児童虐待には心理的虐待・身体的虐待・ネグレクト・性的虐待の4種類があります。

② 児童相談所における児童虐待相談対応件数

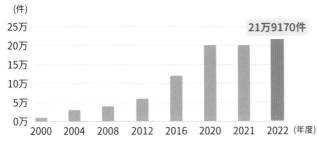

（件）　21万9170件

　児童相談所における児童虐待相談対応件数は、2020年度に初めて20万件を超え、2021年度は20万7660件、2022年度は21万9170件と過去最多を更新しました。

📄 **データ・資料**
出典：こども家庭庁「令和4年度児童相談所における児童虐待相談対応件数」
※2022年度は速報値、それ以外は確定値

③ 児童虐待の種類別割合

2022年度
21万9170件

1.1%
16.2%
23.6%
59.1%

■ 心理的虐待	12万9484件
■ 身体的虐待	5万1679件
■ ネグレクト	3万5556件
■ 性的虐待	2451件
2022年度	**21万9170件**

👉 **参考**
心理的虐待が多い理由として、兄弟の虐待を目撃した子どもも「心理的虐待」に該当することや、子どもの目の前で親がその配偶者に暴力をふるう「面前DV」も「心理的虐待」に該当することなどが挙げられます。

　2022年度の児童虐待を種類別にみると「心理的虐待（59.1%）」が最も多く、次いで「身体的虐待（23.6%）」「ネグレクト（16.2%）」「性的虐待（1.1%）」の順になっています。

④ 児童虐待の防止：関係機関の役割

児童相談所	市町村	学校・教育委員会	警察
・子どもと家族の状況把握 ・一時保護の実施や保護者への指導 ・カウンセリング ・家庭訪問による相談助言…等	・育児不安の相談対応 ・支援状況の確認や課題の確認 ・支援の進行管理 ・要対協の調整役…等	・関係機関との連携 ・虐待を受けた児童生徒の自立支援 ・虐待の早期発見・早期対応…等	・子どもの安全確保や保護 ・厳正な捜査…等

参考

児童相談所は主に都道府県が運営しています。

用語

要保護児童対策地域協議会（要対協）

市、児童相談所、学校、警察、病院などで構成する協議会であり、児童や家庭の情報を共有することで、「虐待をされそうな子ども」を早期に発見し、虐待を予防することを目的としています。

- 子どもが親からの虐待について周りの大人に相談し、助けを求めることは難しく、特に家庭内で起きる虐待は発見が困難であるため、虐待問題が潜在化する傾向があります。

- 児童虐待をなくしていくためには、児童相談所や自治体、学校、警察等の様々な関係機関の連携が必要不可欠です。

⑤ 児童虐待防止法

2019年に児童虐待防止法が一部改正され、親による「しつけ」を理由とした体罰が明文で禁止されました。また、虐待が疑われる家庭への児童相談所による介入機能が強化されました。

用語

児童虐待防止法

すべての子どもを虐待から守るための法律であり、児童に対する虐待防止や発見した場合の保護規定などについて定めています。

⑥ 児童福祉法

- 児童虐待の相談対応件数の増加など、子育てに困難を抱える世帯がこれまで以上に顕在化している現状にあります。

- そこで、2022年6月に児童福祉法等の一部を改正する法律が成立しました。一部を除き、2024年4月から施行されます。

- まず、子育て世帯に対する包括的な相談・支援に当たる体制強化を図るため、市区町村に対し「こども家庭センター」の設置が努力義務として課されます。

- 次に、児童相談所が虐待を受けた子どもなどを保護者から引き離す「一時保護」の際に、親の同意がない場合に裁判所が必要性を判断する「司法審査」が導入されます。

- その他、児童養護施設などで暮らす子どもや若者に対する自立支援について、原則18歳（最長22歳まで）とされてきた年齢制限が撤廃されます。また、子どもへわいせつ行為を行った保育士の資格管理（再登録）の厳格化なども盛り込まれています。

用語

児童福祉法

子どもが心身ともに健やかに生まれると同時に育成されるよう、保育、母子保護、児童虐待防止対策を含むすべての子どもの福祉支援を目的とする法律で、社会福祉六法の1つです。

用語

こども家庭センター

児童虐待、配偶者からの暴力（DV）や児童の発達の状態など、子どもや家庭の問題に対応する総合的な相談支援機関です。

2 子どもの貧困

出題可能性 57.1%

① 子どもの貧困とは

相対的貧困	絶対的貧困
その国の文化水準や生活水準と比較して困窮した状態のこと	衣食住などが必要最低水準に満たず命の危険があるほどの経済状態のこと

　子どもの貧困とは、貧困により子どもが栄養バランスのとれた食事や十分な教育を享受できない状況のことで、貧困には「相対的貧困」と「絶対的貧困」の2種類があります。

② 子どもの貧困の実状

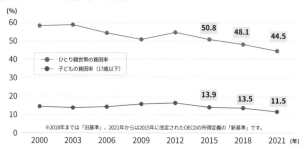

（%）

- ひとり親世帯の貧困率
- 子どもの貧困率（17歳以下）

50.8　48.1　44.5

13.9　13.5　11.5

※2018年までは「旧基準」、2021年からは2015年に改定されたOECDの所得定義の「新基準」です。

2000　2003　2006　2009　2012　2015　2018　2021（年）

　2021年の日本の子どもの貧困率（17歳以下）は11.5%となっています。また、ひとり親世帯の場合は貧困率が44.5%と、半分近くが貧困状態になってしまっている現状にあります。

③ 貧困の連鎖

親の収入が少ない
大人になっても貧困に
貧困の連鎖
教育を十分に受けられない
収入の確保が困難に
進学・就職のチャンスが乏しい

貧困は様々な負の連鎖を生み出してしまう

↓

このような「貧困の連鎖」を断ち切り、すべての子どもが夢や希望を持てる社会の実現に向けて取り組む必要がある。

　貧困状態にある子どもは、自力でその状態から抜け出すのは困難であり、その子どもや孫の世代まで貧困状態が連鎖してしまいます。また、教育格差や就職率だけでなく、親の精神的負担から児童虐待へとつながってしまうケースもあり、そのほか、結婚や出産など様々な負の連鎖を生み出してしまいます。

発展

2021年の貧困線（等価可処分所得の中央値の半分）は127万円となっており、この貧困線に満たない世帯の割合を「相対的貧困率」と言います。簡単に言えば、所得がその国の中間の人の、半分未満の世帯の割合のことです。

参考

相対的貧困は、絶対的貧困と異なり、周囲からすると貧困状態には見えないため、相対的貧困の問題は潜在化してしまう傾向にあります。

参考

日本における「子どもの貧困」とは「17歳以下の相対的貧困」のことを指します。

データ・資料

出典：厚生労働省「2022年国民生活基礎調査」

参考

日本財団は、子どもの貧困を放置すると、将来的な社会的損失が40兆円超に達すると予測しています。

④ こどもの未来応援国民運動

　こども家庭庁は、子どもの貧困の解消に向けて社会全体で取り組むため、支援したい人や企業と、子どもたちを支えているNPO等の団体を結びつけ、国や自治体が行う施策を促進させる「こどもの未来応援国民運動」を推進しています。主な活動は以下の3つです。

(1)こどもの未来応援基金

　企業や個人から広く寄付を募り、学習支援団体やこども食堂、フードバンクなど、全国で子ども支援を行う団体の運営資金として提供しています。

(2)企業とNPO等とのマッチング

　「マッチングネットワーク推進協議会」を通じて、NPO等の団体のニーズと、CSR活動を行う企業等の支援リソースとのマッチングを行っています。

(3)広報活動

　「こどもの未来応援フォーラム」の開催を始めとした広報活動を行い、国民に子どもの貧困やこどもの未来応援国民運動について説明することで、支援の輪を広げています。

⑤ こどもの生活・学習支援事業

　ひとり親家庭や貧困家庭等の子どもの生活の向上を図るため、放課後児童クラブ等の終了後に、ひとり親家庭や貧困家庭等の子どもに対し、児童館・公民館・民家やこども食堂等において、悩み相談を行いつつ、地域の実情に応じて、**生活指導や学習支援、食事の提供**などを行っています。

> ### こども大綱
>
> 　これまで、子どもの貧困問題は「子供の貧困対策に関する大綱」で重点施策等をまとめていましたが、こども基本法の成立により、「少子化社会対策大綱」「子供・若者育成支援推進大綱」を含む3つの大綱を「こども大綱」として一つに束ね、一元化されました。また、さらに必要なこども施策を盛り込むことで、こども家庭庁が中心となり、これまで以上に総合的かつ一体的にこども施策が進められます。

用語

こども食堂
地域住民や自治体が主体となって、無料または低価格で栄養バランスのとれた食事を提供するコミュニティのこと。

用語

フードバンク
市場には流通できないものの品質に問題がない食品を、困窮世帯や施設などに提供する活動および団体のこと。

用語

放課後児童クラブ
一般的に「学童保育」と呼ばれている施設で、共働き家庭やひとり親世帯などの子どもに対して、放課後に小学校の余裕教室や児童館等を利用して遊びや生活の場を提供しています。

3 ヤングケアラー

出題可能性 58.9%

① ヤングケアラーとは

掃除や料理等	兄弟の世話	アルバイト・労働	看病・介護
障害や病気のある家族に代わり、買い物・料理・掃除などの家事をしている	家族に代わり、幼いきょうだいの世話をしている	家計を支えるために労働をして、障害や病気のある家族を助けている	がんなど慢性的な病気のある家族を看病している

ヤングケアラーとは、本来、大人が担う家事や家族の世話などを日常的に行っている子どものことです。

くわしく

具体的には、家族に介護を必要とする人、病気の人、障がい者、アルコール・ギャンブルなどの依存症のある人がいて、そのケア（入浴や料理、掃除、洗濯など）を行っている子どものことです。

② ヤングケアラーの実情

中学2年生	約17人に1人（5.7%）	全日制高校2年生	約24人に1人（4.1%）
小学6年生	約15人に1人（6.5%）	大学3年生	約10人に1人（10.2%）

ヤングケアラーの実態調査として、2020年度に全国の中学生・高校生を対象とした調査が行われ、さらに、2022年1月には小学6年生と大学3年生を対象とした調査が行われました。

参考

大学3年生は「現在いる」が6.2%、「現在いないが過去にいた」が4.0%で計10.2%です。

データ・資料

出典：三菱UFJリサーチ＆コンサルティング「ヤングケアラーの実態に関する調査研究報告書」および日本総合研究所「ヤングケアラーの実態に関する調査研究報告書」

③ ヤングケアラーの問題点

- ヤングケアラーは、勉強に励む時間、友人との他愛のない時間、将来を考える時間などの「子どもとしての時間」と引き換えに家事や介護を行っていることがあります。

- 年齢に見合わない責任や負担を負うことで、学校生活では遅刻・早退・欠席が増え、不登校になったり、体調を崩してしまったりすることがあります。また、学習時間が制限され、友人とのコミュニケーション時間が少なくなることで、学力の低下や学校での孤立といった問題も生じます。

④ ヤングケアラー支援の課題

(1)ヤングケアラー問題の潜在化

- 子どもたちの多くは、幼いころから家族の介護やケアをしているため、こうした生活が「当たり前」だと受け止めている場合が多くあります。

参考

2020年度の調査では、ヤングケアラーである認識が無いと回答した人が8割を超えていました。
また、8割を超える自治体が特に何も対策をしていないと回答しています。
さらに、自分がヤングケアラーであると自覚している子どもは約2%でした。

- また、他人と自分の生活を比較できないため、苦しくても SOS を出せない子どもが多くいます。
- 特に「ヤングケアラー」自体の認知度の低さも相まって、ヤングケアラーの問題が表面化しづらい現状にあります。

(2)相談先の少なさ

一般にヤングケアラーの周りにいる大人は、「学校の先生」や「家族の介護支援者」に限られてしまっています。

⑤ 今後のヤングケアラー支援

早期把握	学校を休みがち、忘れ物が多いなど子どもたちの状況の背景に家族の世話や介護があった場合、ソーシャルワーカーなどと連携し福祉サービスにつないでいく。
相談支援	SNSやオンラインなどを活用して相談を受ける体制の整備や相談機能を強化。福祉サービスや民間の学習支援につなぐ。
家事育児支援	家庭での家事や育児を支援する新たなサービスを創設する。
介護サービスの提供	子どもが主に介護を担っている家庭に子どもによる介護を前提とせず、在宅向けの介護サービスの提供を十分に検討するよう、自治体などに周知する。

2021 年に政府は「ヤングケアラーの支援に向けた福祉・介護・医療・教育の連携プロジェクトチーム」を立ち上げ、問題の早期解決に向けて、様々な方針を打ち出しています。

⑥ ヤングケアラー支援体制強化事業

(1)ヤングケアラー実態調査・研修推進事業

政府は、ヤングケアラーの実態調査や、福祉・介護・教育等の関係機関職員がヤングケアラーについて学ぶための研修などを実施する地方自治体に対する財政支援などを行っています。

(2)ヤングケアラー支援体制構築モデル事業

政府は地方自治体の支援体制の構築を支援するため、地方自治体に関係機関と民間支援団体等とのパイプ役となる「ヤングケアラー・コーディネーター」を配置し、ヤングケアラーを適切な福祉サービスにつなぐ機能を強化しています。

> **ヤングケアラー問題への集中取組期間**
>
> 政府は、2022 年度からの 3 年間をヤングケアラーへの支援を強化する「集中取組期間」とし、中高生の認知度 5 割を目指してヤングケアラーの社会的認知度の向上に向けた広報・啓発活動を実施しています。

くわしく

相談先について、学校の先生には家庭内のことを相談しづらく、介護支援者は介護以外の家庭の事情について介入しづらい現状にあります。

用語

ソーシャルワーカー

病気やけが、あるいは高齢や障害などを抱える人やその家族に対し、日常生活を送るうえでの様々な不安や困りごとに対する支援（ソーシャルワーク）を行う者の総称。

くわしく

ヤングケアラー支援の取組の方向性
・問題の啓発活動
・関係機関の連携強化、支援体制強化
・支援に向けた法整備

用語

ヤングケアラー・コーディネーター

ヤングケアラーを発見した際、相談を受け、市町村等の適切な相談窓口や関係事業所を紹介・調整する役割を担います。

① いじめの認知件数の推移

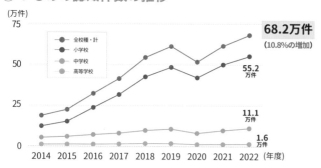

68.2万件
(10.8%の増加)

- 2022年度の小・中・高等学校および特別支援学校におけるいじめの認知件数は、68万1948件と過去最多でした。前年度比で10.8%と大幅に増加しています。

- いじめを態様別にみると、パソコンや携帯電話での誹謗中傷など、いわゆる「ネットいじめ」も増加しており、認知件数は2021年度に初めて2万件を超え、2022年度は2万3920件と過去最多になりました。

- その背景には、GIGAスクール構想による1人1台端末（タブレットやパソコン）の整備や、コロナ禍によるインターネット使用時間の急増などがあります。

> **侮辱罪の厳罰化**
>
> 　2022年7月、改正刑法の一部が施行され「侮辱罪」に新たに懲役刑と禁錮刑、罰金刑が加わりました。社会問題化するインターネット上での悪質な誹傷対策として効果が期待されています。

📖 **参考**

2022年度の特別支援学校のいじめは0.3万人です。なお、いじめの状況として解消しているものは52.6万件（77.1%）あります。

📋 **データ・資料**

出典：文部科学省「令和4年度 児童生徒の問題行動・不登校等生徒指導上の諸課題に関する調査結果」

📖 **参考**

侮辱罪の厳罰化について詳細は224ページ。

② 小・中学校における不登校児童生徒数の推移

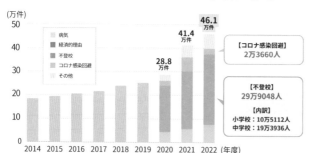

【コロナ感染回避】
2万3660人

【不登校】
29万9048人
【内訳】
小学校：10万5112人
中学校：19万3936人

📖 **参考**

2021年度は、不登校が24万4940人、コロナ感染回避が5万9316人でした。

小・中学校における長期欠席者数は 46 万 648 人と過去最多を更新しています。なお、長期欠席者のうち、不登校児童生徒数は 29 万 9048 人でした。こちらも 10 年連続で増加し、過去最多を更新しています。

③ 高等学校における中途退学者数

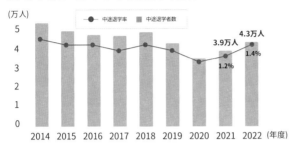

2022 年度の高等学校における中途退学者数は 4 万 3401 人であり、中途退学率は 1.4%でした。

④ 小・中・高等学校での自殺者数推移

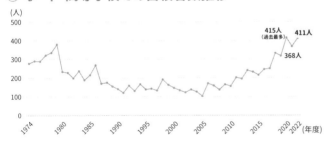

2022 年度において、小・中・高等学校から報告のあった自殺した児童生徒数は 411 人でした。過去最多となっていた 2020 年度（415 人）より 4 人少なかったですが、毎年多くの児童生徒が自殺していることは、極めて憂慮すべき状況です。

文部科学省の対策

　個々の児童生徒の状況に応じた必要な支援や、スクールカウンセラー、スクールソーシャルワーカー、関係機関との連携、アウトリーチ機能の強化による教育相談体制の充実を推進しています。また、1 人 1 台端末を活用した心や体調の変化の早期発見を推進するほか、未然防止と早期発見・早期対応の取組を行い、家庭・地域社会等の理解を得て地域ぐるみで様々な問題解決に取り組んでいきます。

📖 **参考**

2021 年のデータ
中途退学者数
3 万 8928 人

中途退学率
1.2%

用語

スクールソーシャルワーカー

児童・生徒が生活の中で抱えている日常生活の悩み、いじめ、暴力行為、虐待など問題の解決を図る専門職です。児童・生徒が、自らの力で問題の解決を図れるように支援を行います。

5 こども基本法・こども家庭庁 〔出題可能性 90%以上〕

① こども基本法のポイント

(1)こども基本法とは

こども基本法は、日本国憲法および児童の権利に関する条約の精神にのっとり「こども施策」を総合的に推進することを目的とした、子どもの権利についての初の基本法です。2023年4月に施行されています。

(2)こどもの定義

こども基本法では、18歳や20歳といった年齢で必要なサポートがとぎれないよう「心と身体の発達の過程にある人」を「こども」と定義しています。

(3)6つの基本理念

こども基本法には、すべてのこどもが、個人として尊重され、その基本的人権が保障されるとともに、差別的取扱いを受けることがないようにすることや、教育を受ける機会が等しく与えられること、こどもの年齢および発達の程度に応じて、その意見が尊重され、その最善の利益が優先して考慮されることなどの6つの「基本理念」が規定されています。

② こども施策のポイント

(1)こども施策とは

こども施策	例
大人になるまで切れ目なく行うこどもの健やかな成長のためのサポート	・居場所づくり ・いじめ対策など
子育てに伴う喜びを実感できる社会の実現のためのサポート	・働きながら子育てしやすい環境づくり ・相談窓口の設置など
これらと一体的に行われる施策	・教育施策：教育の振興など ・医療施策：小児医療を含む医療の確保・提供など ・雇用施策：雇用環境の整備、若者の社会参画支援、就労支援など

上の表のような、こどもや若者に関する取組のことを「こども施策」といいます。

用語

児童の権利に関する条約
（ユニセフが定めている）子どもの基本的人権を国際的に保障するために定められた条約です。

 ひっかけ注意

こども基本法における、こどもの定義は「年齢」ではありませんので、気を付けて下さい。（こども基本法：第2条）

(2)行政の役割

国や都道府県、市区町村は、こども基本法の「基本理念」にのっとり「こども施策」を総合的に策定し、実施していきます。

(3)企業の役割

事業主は、こども基本法の「基本理念」にのっとり、雇用する労働者の職業生活および家庭生活の充実が図られるよう、必要な雇用環境の整備に努めていきます。

(4)国民の役割

国民は、こども基本法の「基本理念」にのっとり、こども施策について関心と理解を深めるとともに、国または都道府県、市区町村が実施するこども施策に協力していきます。

(5)こどもや若者の意見

行政職員との対話や、インターネットを使ったアンケート、審議会、パブリックコメントの実施などを通して、こどもや若者の意見を聴き、行政機関はこども施策を進めていきます。

③ こども家庭庁とは

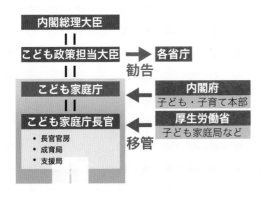

- 「こども家庭庁」は、2023年4月に内閣総理大臣の直属機関として内閣府の外局に設置された行政機関で、これまでバラバラに担われてきた「こども政策」を一本化するリーダーとしての機能を担っています。

- こども政策担当大臣は、各省庁に対してこども政策の改善を求めることができる「勧告権」を持っています。

参考

こども基本法:第11条 こども施策に対するこども等の意見の反映
例えば、こどもや若者から聴いた意見をこども家庭審議会などに届けて、行政は施策の目的を踏まえ、こどもや若者の意見が実現できるかどうかを考えながら、こども施策に取り組んでいきます。

用語

パブリックコメント
公的機関が行う「意見公募」のこと。

参考

こども政策担当大臣の正式名称は、内閣府特命担当大臣です。

参考

教育に関わる施策は文部科学省と連携します。

④ こども家庭庁の3つの部門

長官官房

全体の取りまとめ

❶ こどもや若者の意見を聴いたうえでのこども政策全体の企画立案

❷ 地方自治体や民間の団体との協力　... 等

成育局

すべてのこどもの育ちをサポート

❶ 妊娠・出産の支援や母親と小さなこどもの健康の支援

❷ 保育所や幼稚園など小学校に入学する前のこどもの育ち

❸ 小中高生の居場所づくりや放課後児童クラブ

❹ こどもの安全（性的被害や事故の防止）　... 等

支援局

特に支援が必要なこどもをサポート

❶ こどもの虐待防止やヤングケアラーなどの支援

❷ 血のつながった家族以外と暮らしているこども生活の充実や大人になって社会に出ていくための支援

❸ こどもの貧困やひとり親家庭の支援

❹ 障害のあるこどもの支援　... 等

　「こども家庭庁」は、内閣総理大臣、こども政策担当大臣（内閣府特命担当大臣）、こども家庭庁長官をリーダーとし、この下に「長官官房」「成育局」「支援局」の3つの部門があります。

こども家庭庁創設の背景

　こども政策の新たな推進体制に関する基本方針（2021年閣議決定）では「少子化、人口減少に歯止めがかからない中、2020年度には、児童虐待の相談対応件数や不登校、ネットいじめの件数が過去最多となったほか、児童生徒の自殺が後を絶たないなど、子どもを取り巻く状況は深刻になっている。」としています。そこで、常に子どもの最善の利益を第一に考え、健やかな成長を社会全体で後押しする新たな司令塔として、こども家庭庁が創設されました。

🔍 くわしく

子どもの性被害を防ぐため「日本版 DBS」の導入や、子どもの死亡に関する経緯を検証し、再発事故の防止につなげる「CDR（チャイルド・デス・レビュー）」の検討を進めています。

🔍 くわしく

こども政策に関連する大綱を作成するほか、デジタル庁とも連携して、個々の子どもや家庭の状況、支援の内容などの情報を集約するデータベースを整備しています。

用語

日本版 DBS
子どもに関わる仕事をする人に対し、過去の子どもへのわいせつ行為・性犯罪歴の証明（無犯罪証明書）を求める制度のことです。

🔍 くわしく

虐待やいじめ、ひとり親家庭など、困難を抱える子どもや家庭の支援にあたります。
また、ヤングケアラーの早期把握に努め、福祉や介護、医療などの関係者が連携して必要な支援を行います。
さらに、障がい児や施設・里親のもとで育った若者などに対しての支援も担っています。

⑤ こども家庭庁の役割まとめ

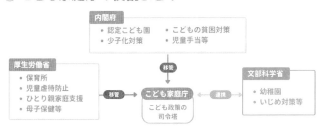

厚生労働省所管の「保育園（認可保育所）」や内閣府所管の「こども園、小規模保育施設」は、こども家庭庁に移管されましたが、文部科学省所管の「幼稚園」は移管されていません。

⑥ こども家庭庁の重要用語・トピック

(1)こども大綱

- こども基本法において、政府は、こども政策を総合的に推進するため、政府全体のこども施策の基本的な方針等を定める「こども大綱」を策定することとされています。
- こども家庭庁がリーダーシップを取り「こども大綱」に基づき、こども施策を推進しています。

(2)こども計画

都道府県は、国の「こども大綱」を勘案して、都道府県こども計画を作成すること、また、市町村は、国の「こども大綱」と都道府県こども計画を勘案して、市町村こども計画を作成することが、それぞれ、**努力義務**として課されています。

(3)こども若者★いけんぷらす

こども若者★いけんぷらすは、こどもや若者が様々な方法で自分の意見を表明し、社会に参加することができる新しい取組です。そして、この意見を制度や政策に反映させていきます。

政府の様々な政策・取組

政府は、「こどもまんなか社会」の実現に向け「こども未来戦略」や「こども大綱」などの基盤となる指針・方針を通して、児童虐待防止やいじめ・貧困対策といった社会問題への取組だけでなく、高等教育の無償化や育児相談、育休の促進など、全てのこども・子育て世帯について、出産から成人するまでのライフステージに応じた切れ目のない支援を行っています。

2
社会問題

📖 **参考**
幼稚園や小学校の所管は従来と同じで、文部科学省になります。

📖 **参考**
こども政策推進会議は、こども大綱の案を作成し、こども施策の実施を推進する政府全体の司令塔の役割があります。
なお、こども大綱は2023年12月に閣議決定しました。(詳細は140ページ)

用語
勘案
内容や計画について様々な要素や条件等を考え合わせた上で判断すること。

📖 **参考**
「ぷらすメンバー」は、小学1年生から20代の方であれば、だれでも、いつでも登録できます。

📖 **参考**
こども家庭庁「資料」

6 災害対策

出題可能性　85.2%

① 大規模地震災害

- 日本の国土の面積は全世界の0.25％程度ですが、2011年から2022年に全世界で起こったマグニチュード6以上の地震の約2割が日本で発生しています。

- 近い将来、発生するおそれがある大規模地震には、南海トラフ地震や日本海溝・千島海溝周辺海溝型地震、首都直下地震、中部圏・近畿圏直下地震などがあります。

- なかでも、関東から九州の広い範囲で強い揺れと高い津波が発生するとされる南海トラフ地震は、今後30年以内に発生する確率が70～80％、首都中枢機能への影響が懸念される首都直下地震は、今後30年以内に発生する確率が70％程度と高い数字で予想されています。

🔍 くわしく

2011年～2022年で起こったM.6.0以上の地震回数は世界が1725回なのに対し日本は291回（16.9％）となっています。

📋 データ・資料

出典：国土交通省「河川データブック2023」

＜想定される大規模地震＞

📋 データ・資料

出典：内閣府防災情報のページ
※2023年1月時点の情報

南海トラフ地震と半割れ

　南海トラフ地震とは、静岡県（駿河湾）から宮崎県（日向灘）にかかるプレート境界で発生が予想されている大規模地震のことです。被害想定等の策定から10年が経つことから被害想定の見直しが行われており、特に南海トラフの震源域の東側と西側が時間を空けてずれ動く「半割れ」に対して、政府や専門家は強い警戒を示しています。

　半割れのケースでは、地震の後、時間差でまだずれ動いていない地域で地震が発生することで、人的被害や物的被害、公共インフラへの被害だけでなく、特に救出や支援の遅れや建物の倒壊などの被害が深刻となることが予想されています。

✍ 参考

地震学の関係者の間では地震が起きることを「割れる」と表現することがあります。
南海トラフの想定震源域が一気にすべてずれ動くことを「全割れ」と呼びます。

② 「長周期地震動」観測情報の配信

階級4	「極めて大きな揺れ」：立てない、家具の大半が倒れる
階級3	「非常に大きな揺れ」：立っていることが困難
階級2	「大きな揺れ」：歩くのが難しい
階級1	「やや大きな揺れ」：ほとんどの人が感じる

超高層ビルなどをゆっくりと揺らす「長周期地震動」について、2023年2月から「階級3以上」の揺れが予測される地域が、緊急地震速報の発表対象に加わっています。また、観測情報（階級1～4）もオンラインで配信されます。

③ 豪雨災害

近年、日本各地で、台風やゲリラ豪雨による風水害が多発しています。気象庁のデータによれば、1日の降水量が200ミリ以上という大雨を観測した日数は、長期的に見れば明瞭な増加傾向にあります。また、アメダス（全国約1300地点）のデータによれば、短時間に「滝のように降る」1時間あたり50ミリ以上の強い雨の頻度も増加傾向にあります。

(1) 線状降水帯とは

- 線状降水帯とは、次々と発生した発達した積乱雲が列をなした、組織化した積乱雲群によって、数時間にわたってほぼ同じ場所を通過または停滞することで作り出される、強い降水を伴う雨域のことをいいます。
- 通常、積乱雲は雨を降らせると1時間程度で消滅してしまいますが、線状降水帯の場合は、積乱雲群となっているため、複数の積乱雲によって長時間の強雨をもたらし、水害を発生させるおそれがあります。

(2) キキクル（危険度分布）

- キキクルとは、気象庁が運用しているリアルタイムで大雨による災害発生危険度を確認できるサービスです。
- キキクルでは、強い雨が降ってきたときに土砂災害、浸水害、洪水害など、災害が起きる危険度をマップ上の「色」で確認することができます。

キキクル

（気象庁 HP）

④ 災害対策基本法と災害救助法……………………………

```
┌─────────┐  ╔═══╗  ┌─────────────┐   ┌──────────────────────┐
│ 災害予防 │  ║災 ║  │  応急救助   │ ＼ │    復旧・復興         │ ＼
│         │  ║害 ║  │（災害救助法）│ ／ │（被災者生活再建支援法、│ ／
└─────────┘  ╚═══╝  └─────────────┘   │ 災害弔慰金法など）     │
                                      └──────────────────────┘
        ┌─────────── 災 害 対 策 基 本 法 ───────────┐
```

(1)災害対策基本法

- 災害対策基本法は、災害の予防、発災後の応急救助、災害からの復旧・復興の各ステージを網羅的にカバーする法律であり、この法律に基づいて、国レベルでの災害時の取組について「防災基本計画」が定められています。

- そして、この防災基本計画に基づいて、地方レベル（地方公共団体）での取組については「地域防災計画」が作成されています。

- さらに、電力、ガス、通信など社会のインフラを担う機関や、鉄道、石油など交通インフラに関わる機関など、公共性の高い指定公共機関では「防災業務計画」が作成されています。

(2)災害救助法

- 災害救助法は、発災後の「応急救助」について定めた重要な法律です。風水害、地震、津波、火災、噴火、土砂災害、大雪などの災害に対して、国が地方公共団体、日本赤十字社などの協力のもと、応急的救助を行うことを目的としています。

- 救助の種類には、避難所の設置、被災者の救助、飲料水の供給、炊き出しなど食品の給与、応急仮設住宅の供与、医療・助産、埋葬などがあります。

> **防災・減災、国土強靱化のための5か年加速化対策**
>
> 　政府は、主要政策として「防災・減災、国土強靱化のための5か年加速化対策（2021年度～2025年度）」に取り組んでいます。その基本的な考え方は次の通りです。
>
> 　近年、気候変動の影響により気象災害が激甚化・頻発化し、南海トラフ地震等の大規模地震は切迫しています。また、高度成長期以降に集中的に整備されたインフラが今後一斉に老朽化しますが、適切な対応をしなければ負担の増大のみならず、社会経済システムが機能不全に陥るおそれがあります。
>
> 　そこで、国民の生命・財産を守り、社会の重要な機能を維持するため、防災・減災、国土強靱化の取組を進めていく必要があります。激甚化する風水害や切迫する大規模地震等への対策、予防保全型インフラメンテナンスへの転換に向けた老朽化対策の加速、国土強靱化に関する施策を効率的に進めるためのデジタル化などの推進を図ります。

参考

2021年に改正された災害対策基本法のポイントは53ページ

用語

インフラ
生活や産業の基盤となる設備または社会資本のことで、例えば、高速道路や空港などが挙げられます。

用語

国土強靱化
自然災害に強い国・地域づくりを行い、大災害が発生しても人命保護・被害の最小化・経済社会の維持・迅速な復旧復興ができるよう目指す取組のことです。

用語

予防保全
設備等が壊れないように事前にメンテナンス等を行うことです。

参考

2023年7月、政府はデジタル技術の活用や人材育成などを通じて地域の防災力強化に取り組むことなどを盛り込んだ、新たな「国土強靱化基本計画」を閣議決定しています。この計画は概ね5年ごとに改定されています。

⑤ 災害対策の基本的な考え方 ‥‥‥‥‥‥‥‥‥‥‥‥‥‥

災害による被害を最小限に抑えるためには、(1) 自分の命は自分で守る「自助」、(2) 地域住民や周囲の者で助け合う「共助」、(3) 国や自治体、消防、警察、自衛隊など公的機関による支援を受ける「公助」の３つの考え方が重要です。

(1) 自助

自分の命は自分で守る

❶近隣の危険場所をハザードマップで確認する

❷避難場所への経路を確認する

❸水や非常食を備蓄する　… 等

災害時は、自分の命は自分で守るといった「自助」が基本原則となります。そして、「自助」を促進する取組には上記のようなものがあります。

(2) 共助

地域住民や周囲の者で助け合う

❶平常時、地域住民での防災マップの確認

❷地域での避難訓練や炊き出し訓練

❸災害時の救出活動や避難誘導　　　… 等

大規模災害時において「公助」には限界が生じてしまいます。そこで、災害時の被害を最小限に抑えるために、地域住民や周囲の者で助け合う「共助」が重要になってきます。このような共助力を高めるためには、地域住民や地域コミュニティによる「自主防災活動」が重要になってきます。

(3) 公助

国、自治体、消防、警察、自衛隊などによる公的な支援

❶災害時の迅速なプッシュ型支援やライフラインの復旧

❷被災情報の収集・発信

❸避難所の開設　　… 等

国、自治体、消防、警察、自衛隊などによる公的な支援のことを「公助」と言います。しかし、大規模災害時には、公助の機能に限界が生じてしまい、効果的な公助の展開には発災後１週間程度はかかるといわれています。

参考
地震災害での負傷の原因の 30～50％は、家具類の転倒・落下・移動です。そのため、家具類（本棚・食器棚・タンスなど）の転倒防止対策や、転倒してもドアや避難経路をふさがないような配置の変更も重要な自助となります。

用語

自主防災活動
地域住民が自主的に行う防災活動のことです。
詳細は 52 ページ

用語

プッシュ型支援
地震や豪雨などの災害時に国が被災地の自治体からの具体的な要請を待たずに食料や仮設トイレといった物資を緊急輸送する支援方法のことです。
一方で、国が被災した自治体からの要請に応じて必要な物資を調達し、被災地に供給する支援方法をプル型支援といいます。

災害分野の重要ワード

① ハザードマップ

　地震・台風・火山噴火などの自然災害が発生した場合の被害を予測して、その被害範囲や危険度、避難経路などを示した災害予測地図のことです。

② Lアラート

　「災害情報共有システム」のことです。地方公共団体等の「情報発信者」が発出した避難指示などの公共情報を、放送局やアプリ事業者等の「情報伝達者」である各種メディア事業者と共有し、地域住民に提供することで、速やかな避難の実現と災害の低減につなげるものです。

③ 自主防災組織

　主に町内会や自治会が母体となり、地域住民が自主的に行う防災活動のことです。平常時は、防災マップの確認や、避難訓練、炊き出し訓練、災害時の役割分担等を行います。災害時には、被害をできる限り少なくするための初期消火、要救助者の確認、救出活動や避難誘導などを行います。

④ 防災教育

　災害対策に関する基礎知識を学び、災害から生き抜く力を備え、周りの人を助け、地域に貢献できるような人材を育てるための教育です。東日本大震災の教訓として、防災教育の重要性が再認識されるようになり、現在、文部科学省では学校教育や地域の防災活動の中で、児童生徒の発達段階に応じた防災教育を行うことを推進しています。

⑤ 正常性バイアス

　人が災害などの危機に直面した際、不安や恐怖などのストレスを軽減するため、無意識に「自分は大丈夫だろう」「大したことにはならないはずだ」などと思い込んで危険を過小評価する心理傾向のことです。避難や初期対応が遅れる可能性があります。

⑥ 避難行動要支援者と避難行動要支援者名簿

- 高齢者や障がい者、乳幼児や妊産婦、外国人など、災害時に何らかの配慮を必要とする「要配慮者」のうち、災害時に自ら避難することが難しく、特に支援を必要とする人を「避難行動要支援者」といいます。

- 避難行動要支援者名簿は、避難行動要支援者の情報を掲載した名簿です。東日本大震災で、高齢者や障がい者、外国人、妊産婦等について、情報提供、避難、避難生活等、様々な場面で対応が不十分であったことから、2013年に災害対策基本法が改正され、市町村に対して避難行動要支援者名簿を作成することが義務付けられました。

⑦ 災害対策基本法改正

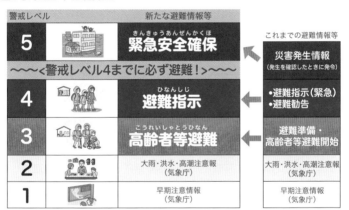

- 2021年に災害対策基本法が改正されたことで、「避難勧告」と「避難指示（緊急）」が「避難指示」に一本化され、避難のタイミングが明確化されました。そのため「避難勧告」は廃止となりました。

- また、警戒レベル3が「高齢者等避難」に、警戒レベル5が「緊急安全確保」という名称に変更されています。

⑧ BCP（事業継続計画）

　BCPは、災害や感染症、テロ、システム障害などの緊急事態における企業や団体の「事業継続計画」のことです。また、人命の保護を目的とした「防災計画」とは異なり、目的は「事業の継続」となります。

⑨ 関東大震災から 100 年

　2023 年は、1923 年に発生した関東大震災から 100 年の節目の年に当たる年でした。この発生日である 9 月 1 日は、「防災の日」と定められ、当日およびその前後の「防災週間」（8 月 30 日から 9 月 5 日）の期間を中心に、政府の総合防災訓練を始めとする防災訓練や各種啓発行事等が毎年各地で行われています。

⑩ トルコ・シリア大地震

- 2023 年 2 月、トルコ南部のシリア国境付近でマグニチュード 7.8 の大地震が発生し、甚大な被害を受けました。
- 数十万の建物が損壊したほか、約 6 万人が犠牲となっています。また、死者・行方不明者が 2 万 2000 人を超えた東日本大震災の発生以降、世界の災害で最も多い死者数となってしまいました。
- また、2023 年 12 月にフィリピンでマグニチュード 7 を超える大きな地震が発生しました。なお、マグニチュードは地震の規模の大きさを表すもので、1 増えると地震のエネルギーが約 32 倍になります。

⑪ 豪雨と洪水

- 局地的大雨とは、単独の積乱雲によりもたらされる、数十分の短時間に、数十 mm 程度の雨量をもたらす雨のことで、集中豪雨とは、積乱雲が連続して通過することによりもたらされる、数時間にわたって、100mm から数百 mm の雨量をもたらす強い雨のことです。局地的大雨が連続することを意味します。
- 洪水とは、河川の水量が著しく増大することにより、河川敷内に水があふれること、および、堤防等から河川敷の外側に水があふれることです。

⑫ 台風

- 台風とは、東経 180 度より西の北西太平洋および南シナ海に存在する熱帯低気圧のうち、最大風速がおよそ 17m/s 以上のものです。
- 2023 年 7 月から 8 月にかけて、フィリピンや中国等を記録的な大型台風「トクスリ」が襲い、豪雨による洪水、地すべりなど甚大な被害となりました。また、2023 年 9 月に暴風雨「ストーム・ダニエル」がリビアを直撃し、強風や突発的な豪雨がもたらした大洪水が、北東部を中心に複数の地域で深刻な被害をもたらしました。

⑬ 熱波

- 熱波とは、高温の空気が波のように押し寄せる現象です。世界気象機関（WMO）は、日中の最高気温が平均最高気温を5℃以上上回る日が5日間以上連続した場合を「熱波」と定義しています。

- 2023年4月、記録的な熱波がインドやタイ、その周辺国を襲いました。タイでは観測史上最高の45.4℃を記録しました。この熱波により、熱中症が増えただけでなく、道路のアスファルトが溶けてゆがむなどの被害が出ました。

⑭ 森林火災

- 2023年2月、チリ南部にて前年12月から発生していた森林火災が急速に拡大しました。チリ政府は治安維持と消火活動の迅速化のため、特に危険な地域には夜間外出禁止の非常事態令を発出しました。

- 2023年8月には、カナダ西部でも大規模な森林火災が発生しました。なお、カナダは2023年に1000件の山火事が発生するなど「史上最悪の山火事シーズン」と言われ、その被害が懸念されています。

⑮ 火山の噴火

- 2022年1月にトンガ王国にある海底火山のフンガトンガ・フンガハアパイ火山が、同年11月には世界最大の活火山であるアメリカ・ハワイ島のマウナロア火山が38年ぶりに噴火しました。

- 2023年11月には、南太平洋のパプアニューギニアの火山で大規模な噴火が発生しました。

⑯ 竜巻

- 竜巻とは、積乱雲に伴う上昇気流により発生する激しい渦巻きです。

- 2023年3月以降、アメリカ南部や中西部で竜巻が相次いで発生し、多くの犠牲者が出たほか、住宅が倒壊するなどの被害を受けています。

この他、世界各地で様々な火災・自然災害が起きています。主な災害については「海外消防防災情報センター」の内容を確認しておきましょう。

海外消防防災情報
センター

7 インフラ老朽化問題　　出題可能性 50%以下

① インフラの老朽化とは

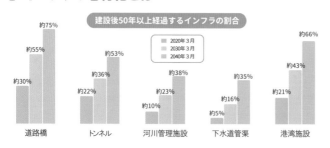

建設後50年以上経過するインフラの割合

凡例：2020年 3月／2030年 3月／2040年 3月

- 道路橋：約30%／約55%／約75%
- トンネル：約22%／約36%／約53%
- 河川管理施設：約10%／約23%／約38%
- 下水道管渠：約5%／約16%／約35%
- 港湾施設：約21%／約43%／約66%

📄 **データ・資料**
出典：国土交通省「インフラメンテナンス情報」

- インフラとは、「生活や産業の基盤となる設備」のことで、一般的には、橋やトンネル、道路、水道管、高速道路の公共施設や建造物を指します。
- 我々の生活を支えているインフラは、1960 年前後の高度経済成長期に造られたものが多くなっています。そのため、現在、多くのインフラが経過年数 50 年以上となっており、今後もさまざまなインフラの老朽化が急速に進展することが見込まれています。

② インフラの老朽化による事故

日付	事故	概要
2023年 10月	大阪府 通路崩落	泉大津市の住宅街でコンクリート製の通路が突然崩れ落ち、4人が転落する事故が発生。
2021年 10月	和歌山県 水管橋崩落	腐食により水管橋が破断、崩落し、1週間にわたり断水が起きた。原因は、点検不足と老朽化。水管橋は建設されてから40年以上が経過していた。
2021年 5月	大阪府 天井落下	大阪市内の小学校で天井ボード（約2.6kg）が落下する事故が起きた。幸い怪我人は出なかったが、校舎の老朽化と連日の雨、雨漏り等が原因とされている。
2018年 7月	広島県 砂防ダム決壊	西日本豪雨により幅50mの壁を有する砂防ダムが決壊し、多くの死者が出てしまった。雨の規模の大きさと、ダムの老朽化が原因とされている。
2012年 12月	山梨県 笹子トンネル 天井版崩落	中央自動車道の笹子トンネルで天井のコンクリート板が崩落し、走行中の複数台の車両が巻き込まれ、9人が死亡する事故が起こった。事故後、国は5年に1度、トンネルや橋の点検を義務化し、危険性の高いインフラの早期修繕を掲げて対策を進めている。

📖 **参考**
笹子トンネルでの事故を機に、道路やトンネルといったインフラの老朽化が社会全体の課題と認識され始めるようになりました。

　表は近年起きたインフラの老朽化により発生した事故です。インフラの老朽化の進行で「重大事故の発生」や「維持更新コストの増大」が懸念されています。

③ インフラ老朽化問題への取組

老朽化が進むインフラの維持管理を着実に推進するため、2021年に「国土交通省インフラ長寿命化計画（行動計画）令和3年度〜令和7年度」を策定しました。特に (1) 予防保全への本格転換、(2) 新技術の開発・導入による生産性向上、(3) インフラストックの適正化を推進しています。

(1) 維持管理コスト削減に向けた「予防保全」

30年間の維持管理等コスト（合計）	
事後保全	約280兆円
予防保全	約190兆円

 約3割削減

※ 2019年度から2048年度までの推算値

- 政府は、インフラの機能に不具合が生じてから対策を行う「事後保全」ではなく、インフラの劣化状況や利用状況に応じて、不具合が生じる前に計画的に対策を行う「予防保全」を基本として、インフラメンテナンスを進めることを目指しています。

- インフラの維持管理等について「予防保全」を行った場合と「事後保全」を行った場合で、30年間に要する合計コストを比較すると、「予防保全」が「事後保全」より約90兆円低く、約3割のコストを削減できると試算されています。このように、将来のコスト抑制の観点からも「予防保全」によるメンテナンスサイクルへの移行が重要です。

(2) 新技術等の開発・導入促進

- 多くのインフラを維持する市区町村では、メンテナンスに携わる人手が不足することから、特にドローンやAIなどの新技術を活用した効率的なメンテナンスが求められます。

- そこで、政府は2023年をインフラ変革を加速させる「躍進の年」と位置付けるなど、インフラ分野のDXを強力に推進しています。

(3) インフラストックの適正化

人口減少を踏まえた将来のまちづくり計画において、地域の実情に応じて必要性が低いインフラを洗い出し、その廃止、除却、機能転換を進めるなど、現在のインフラストックを見直しながら適正化を進めています。

🔍 くわしく

インフラの維持管理の効率化や人材不足解消の観点から、ドローンを使った構造物の点検やAIを使った画像解析、IoTを使ったインフラの状況監視などの新技術を導入する自治体が増加しています。

8 LGBTQ・同性婚 出題可能性 55.1%

① LGBTQ＋とは

L **Lesbian レズビアン**
女性の同性愛者
（心の性が女性で恋愛対象も女性）

G **Gay ゲイ**
男性の同性愛者
（心の性が男性で恋愛対象も男性）

B **Bisexual バイセクシャル**
両性愛者
（恋愛対象が女性でも男性でもある）

T **Transgender トランスジェンダー**
「身体の性」と「心の性」が一致せず
「身体の性」に違和感を持つ人

Q **Questioning クエスチョニング**
Queer クィア
自分の性のあり方を決めていない人、
決めたくない人、迷っている人など

＋ **プラス**
LGBTQ以外の様々な性

- LGBT とは、レズビアン（L）、ゲイ（G）、バイセクシャル（B）、トランスジェンダー（T）の頭文字をとった言葉で、セクシャルマイノリティ（性的少数者）を表す総称のひとつです。

- 近年は、自分の性のあり方を決めていない人、決めたくない人、迷っている人などのことを指すクエスチョニング・クィアの「Q」と、LGBTQ に分類されない多様な性を示す「＋（プラス）」を加えた「LGBTQ ＋」という言葉も使われています。

<blockquote>
📖 **参考**
LGBTQ ＋の「＋」は LGBTQ 以外にも多様な性のあり方があることを意味しています。
</blockquote>

② SOGIとは

法律上の性別	法律上の「女性」と「男性」の分け方
性的指向	自分の恋愛や性愛の感情がどの性別に向くか／向かないか
性自認（性同一性）	自分の性別をどのように認識しているか
性表現	社会的にどのように性別を表現するか、振舞うか

- 性のあり方は、単純に「男性 / 女性」だけではなく、いくつかの要素に分けて考えることができます。

- ここで「性的指向（SO）」とは、好きになる相手の性別のこと、「性自認（GI）」とは自分で認識している性別のことです。

- SOGI とは、性的指向（Sexual Orientation）と性自認（Gender Identity）の頭文字をとった略称で、近年、セクシャルマイノリティか否かに関係なく、すべての人が持つ性のあり方について表す言葉として使用されています。

<blockquote>
📖 **参考**
性的指向
Sexual Orientation

性自認（性同一性）
Gender Identity
</blockquote>

<blockquote>
📖 **参考**
SOGI は、ソジまたはソギと読みます。
</blockquote>

③ 同性婚

ヨーロッパ、南北アメリカ、オセアニアなど、2024年1月時点で、36の国・地域で同性婚が国の制度として導入されていますが、日本は、G7の中で唯一同性婚を認めていない国となっています。

📖 **参考**

エストニアは2024年1月から同性婚が認められています。
なお、台湾はアジアで唯一同性婚が認められている国となっています。

④ パートナーシップ制度

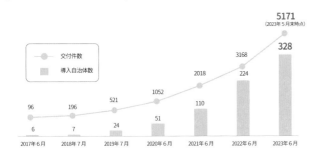

5171
（2023年5月末時点）

交付件数
導入自治体数

	2017年6月	2018年7月	2019年7月	2020年6月	2021年6月	2022年6月	2023年6月
交付件数	96	196	521	1052	2018	3168	5171
導入自治体数	6	7	24	51	110	224	328

📄 **データ・資料**

出典：渋谷区・虹色ダイバーシティ全国パートナーシップ制度共同調査

- パートナーシップ制度とは、自治体がLGBTQカップルに対して「結婚に相当する関係」とする証明書を発行し、様々なサービスや社会的配慮を受けやすくする制度です。

- 2023年6月には328自治体が導入するなど、全国へ広がりを見せており、登録件数も5171組（2023年5月末時点）と、年々増加傾向にあります。

📖 **参考**

パートナーシップ制度には法的な拘束力はなく、戸籍上は他人扱いとなります。なお、パートナーシップ制度は2015年11月に国内で初めて東京都渋谷区と世田谷区が実施しました。

⑤ LGBTQに対する取組

- 現在、LGBTQに対する偏見や差別をなくす取組（周知・啓発）や社会全体の仕組みづくりが求められています。

- そこで、2023年6月に国や地方自治体、企業、学校などで理解を広げることを目的としたLGBT理解増進法が成立し、すぐに施行されました。基本理念では「性的指向やジェンダーアイデンティティを理由とする不当な差別はあってはならない」と明記しています。

- また、2020年6月に施行されたパワハラ防止法（改正労働施策総合推進法）では、SOGIハラやアウティングもパワハラとして扱われることになっています。

🔖 **用語**

SOGIハラ

相手の性的指向に関する侮辱的な言動を行うことです。

🔖 **用語**

アウティング

相手の性的指向や性自認などプライベートな個人情報を本人の了承を得ずに暴露することです。

📖 **参考**

大企業は2020年6月から職場のパワハラ防止措置が義務化されています。なお、中小企業は2022年4月から適用されています。

9 自殺問題

出題可能性 62.2%

① 自殺者の推移・現状

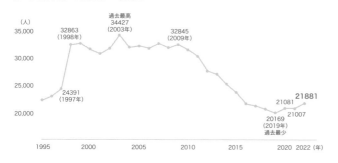

参考

1998年の急増は「経済・生活問題」による中高年男性を中心としたものであり、バブル崩壊の影響が大きいと推測されています。

データ・資料

出典：厚生労働省「令和4年中における自殺の状況」

- 日本の自殺者は2010年以降、10年連続で減少し、2019年は2万169人と統計開始以来最少となりましたが、2020年に11年ぶりに前年を上回りました。

- 2021年は前年よりも74人少ない2万1007人と、2年ぶりの減少となりましたが、2022年は再び前年を上回り、2万1881人となりました。

② 2022年の自殺者（男女別）

参考

男性の自殺者
2020年：14055人
2021年：13939人

女性の自殺者
2020年：7026人
2021年：7068人

- 自殺者を男女別にみると、総数は男性が1万4746人で、13年ぶりの増加となりました。女性は7135人と3年連続の増加となっています。

- 女性よりも男性の方が多い現状（男性は女性の約2倍）にあります。また、年齢別でみると、特に40代と50代の自殺者が多い現状にあります。

③ 自殺対策基本法 ······························

- 自殺対策として、2006年に「自殺対策基本法」が制定され、2016年に都道府県および市町村の地域自殺対策計画の策定を義務付ける等の改正が行われました。

- 2017年に政府は、改正された基本法に基づき、政府が推進すべき自殺対策の指針として「自殺総合対策大綱」を策定しました。この大綱はおおむね5年ごとに見直しが行われており、2022年10月に新たな「自殺総合対策大綱」が閣議決定されました。

④ 自殺総合対策大綱 ······························

- 新たな自殺総合対策大綱では、子ども・若者の自殺対策、女性に対する支援の強化、新型コロナウイルス感染症の影響を踏まえた対策などを各府省が連携して推進するとしています。

- また、近年、女性の自殺者が増加していることから「女性に対する支援の強化」が初めて重点施策に盛り込まれました。

- 数値目標としては、先進諸国の現在の水準まで減少させることを目指し、「2026年までに自殺死亡率を2015年比で30%以上減少」させるとしています。なお、2015年の自殺死亡率は18.9、2022年の自殺死亡率は17.5でした。

用語

自殺死亡率
人口10万人当たりの自殺者数のことです。
※数値は厚生労働省令和4年中における自殺の状況を参考にしています。

⑤ 自殺問題に対する取組 ······························

- 政府も自殺問題に対し、自治体と連携して様々な取組を実施しており、例えば、対面および電話・SNS等の相談窓口の設置やゲートキーパーの養成、啓発活動等に取り組んでいます。

- 近年はインターネットを用いた啓発活動やLINEやX（旧Twitter）、Skype等を用いたチャット・通話相談サービスに特に力を入れて取り組んでいます。

「命の門番」ゲートキーパー

「ゲートキーパー」とは、自殺の危険を示すサインに気づき、適切な対応（①悩んでいる人に気づき、②声をかけ、③話を聞いて、④必要な支援につなげ、⑤見守る）を図ることができる人のことで、いわば「命の門番」とも位置付けられます。政府はこのゲートキーパーを養成するためのテキストを作成しており、市区町村などの自治体や民間団体などでは、このテキストをもとに研修が行われています。なお、ゲートキーパーは、研修を受ければ誰でもなることができます。

問題1 全国の児童相談所が児童虐待の相談や通告を受けて対応した件数は、2016 年度をピークに減少に転じており、2022 年度は 10 万件を下回り、過去最少となった。

問題2 厚生労働省の 2022 年国民生活基礎調査によると、2021 年の「子どもの貧困率（17 歳以下）」は 30％を超えている。

問題3 こども基本法では、18 歳や 20 歳といった年齢で必要なサポートがとぎれないよう「心と身体の発達の過程にある人」を「こども」と定義している。

問題4 こども家庭庁は、2023 年 4 月に内閣総理大臣の直属機関として内閣府の外局に設置された。こども政策担当大臣は、各省庁に対してこども政策の改善を求めることができる勧告権を持っている。

問題5 関東大震災の発生日である 9 月 1 日は「防災の日」と定められ、当日およびその前後の「防災週間」の期間を中心に、政府の総合防災訓練を始めとする防災訓練や各種啓発行事等が毎年各地で行われている。

答え

問題1 ✕ 児童相談所における児童虐待相談対応件数は増加傾向にあり、2022 年度は 21 万 9170 件と過去最多を更新した。

問題2 ✕ 「子どもの貧困率（17 歳以下）」は 11.5％で、30％を超えていない。

問題3 ○

問題4 ○

問題5 ○

3

国際政治・経済

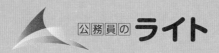

1 G7

① G7サミット（主要7カ国首脳会議）とは

参加国	フランス　アメリカ　イギリス　ドイツ 日本　イタリア　カナダ　EU（欧州連合）
不参加国	中国　ロシア　　など

- G7 は、日本、アメリカ、カナダ、フランス、イギリス、ドイツ、イタリアおよび EU（欧州連合）で構成される国際会議で、毎年開催されています。

- 1975 年から始まり、世界経済、安全保障、気候変動などの主要なグローバル問題が議論され、その解決策を調整しています。合意には法的拘束力はないですが、国際的に大きな影響力を持ちます。

- また現在、中国やロシアは参加していません。

G7の議長国

　議長国の任期は 1 年です。また、上の表にあるフランス、アメリカ、イギリス、ドイツ、日本、イタリア、カナダの順番で議長国が交代していきます。そのため、2021 年はイギリスのコーンウォール、2022 年はドイツのエルマウ、2023 年は日本の広島でサミットが行われています。

---

② G7：広島・サミット

- 2023 年 5 月、広島県広島市において G7 サミットが開催されました。議長は日本の岸田首相で「法の支配に基づく自由で開かれた国際秩序を守り抜くこと」と「グローバル・サウスへの関与の強化」の 2 つの視点を柱とし、地域情勢、グローバル・サウス、気候、経済安全保障などが主要課題として協議されました。

- G7 首脳は広島サミットの成果をまとめた「首脳宣言」と核軍縮に特に焦点を当てた G7 首脳による初の共同文書である「広島ビジョン」を発出しました。

📖 参考

日本で行われた G 7 サミットは、2023 年の広島サミットを合わせて過去 7 回です。

1979 年、1986 年、1993 年→東京
2000 年→九州・沖縄
2008 年→北海道（洞爺湖）
2016 年→三重県（伊勢志摩）

🔍 くわしく

G 7とロシア
冷戦終了後にはロシアの大統領も参加するようになり、G 8 サミットとして開催されていました。しかし、2014 年のクリミア併合を受けて、ロシアは除外されました。

📖 参考

2024 年の G 7 は、イタリアのプーリアで開催されます。

📋 用語

広島ビジョン
核軍縮に特に焦点を当てた G 7 首脳による初の共同文書。核のない世界を「究極の目標」と位置づけ「安全が損なわれない形で、現実的で実践的な責任あるアプローチ」に関与すると確認しました。

③ G7：広島・サミットの主な議題

日付	セッション	主な議題
5月19日	1	世界経済、デジタル、貿易
	2	ウクライナ情勢
	3	外交・安全保障、核軍縮・不拡散
5月20日	4	グローバル・サウス、G20
	5	経済安全保障、AI、クリーン・エネルギー
	6	開発、食料問題、保健、ジェンダー
	7	気候変動、エネルギー、環境
5月21日	8	ウクライナ情勢
	9	平和と安定、核兵器のない世界

こちらの表のように、3日間で様々な分野で議論が行われました。以下、重要なトピックをまとめて紹介していきます。

平和記念公園

G7サミットは、世界文化遺産にも登録されている広島市の原爆ドームがある平和記念公園で始まりました。岸田首相がG7の首脳らを出迎える公式行事で、初めてG7首脳がそろって平和記念資料館（原爆資料館）を視察しました。そして、慰霊碑への献花や黙祷だけでなく、展示品の見学や被爆者との対話などが行われました。

(1) ウクライナ

- G7メンバーは、ロシアによるウクライナ侵略を法の支配に基づく国際秩序への挑戦と捉え、G7として引き続き対ロシア制裁およびウクライナ支援を強力に推進していくことを改めて確認しました。
- また、中長期的なウクライナの復興に関して、官民一体となってウクライナの復興に向けた取組を進めていくことを示しました。

(2) 核軍縮・不拡散

「厳しい安全保障環境」という「現実」を「核兵器のない世界」という「理想」に結びつけるため、NPTの維持・強化を図り、世界の核兵器数の全体的な減少を継続していくことが不可欠だと再確認しました。

参考
ウクライナのゼレンスキー大統領は当初、一部の討議についてオンラインでの参加を予定していましたが、急遽来日しました。岸田首相ともに平和記念資料館を訪問し、原爆死没者慰霊碑への献花を行いました。

用語
官民一体
官庁と民間企業がしっかりと連携・協力して事に当たるさま。「官民連携」とも言います。

参考
G7首脳は、本セッション後に「ウクライナに関するG7首脳声明」を発出しました。

用語
NPT
核兵器不拡散条約のこと。アメリカ、ソ連（ロシア）、イギリス、フランス、中国以外の国が核兵器を持つことを認めない条約。

3
国際政治・経済

(3) 外交・安全保障

- G7首脳は、核軍縮に焦点を当てたG7初の首脳独立文書である「核軍縮に関するG7首脳広島ビジョン」を発出しました。
- ロシアによる核の威嚇を非難するとともに、中国の核戦力の増強への懸念を示し、核保有国に透明性の向上を求めることを明記しています。

(4) グローバル・サウス

- グローバル・サウスとは、アジア、中東、アフリカ、ラテンアメリカの地域に含まれる発展途上国や経済振興国の総称です。
- G7メンバーは、グローバル・サウスが存在感を高める中で、以下の3点を確認しました。

確認事項
国際社会が依って立つべき法の支配の重要性を共有していくこと
このような国々が抱える様々なニーズに応じて、バリューチェーンの構築やグローバル・インフラ投資パートナーシップ（PGII）を通じた支援を通じ、きめ細やかに対応していくこと
2023年9月のG20ニューデリー・サミットに向けて、議長国インドを積極的に支え、他のG20メンバーに対しても丁寧な対応を継続していくべきこと

用語
バリューチェーン
企業の様々な活動が最終的な付加価値にどのように貢献しているのか、その関係を客観的に示すツール。

グローバル・インフラ投資パートナーシップ（PGII）

ドイツのエルマウ・サミットで発展途上国へのインフラ整備支援の新たな枠組み「グローバル・インフラ投資パートナーシップ（PGII）」を発表しました。2027年までに民間資金を含めて6,000億ドルの途上国インフラ投資支援を目指すとしています。中国主導の途上国インフラ支援「一帯一路」に対抗する狙いがあります。

くわしく
つまり、グローバル・サウスの国々との連携を強化していくことで意見が一致したということです。

(5) 経済安全保障

- サプライチェーンの強靭化、非市場的政策及び慣行、経済的威圧への対応等の経済安全保障課題に取り組むことを確認しました。
- 近年、経済安全保障上の課題に対処することの重要性が急速に高まっていることを受け、G7サミットの議題として初めて経済安全保障課題が取り上げられました。

用語
サプライチェーン
製品の原材料・部品の調達から販売に至るまでの一連の流れのこと。

(6) 開発

• SDGs 達成に向けた力強いコミットメントを再確認し、開発協力の効果的活用や民間資金の動員に向けた取組を推進していくことを確認しました。

• また、透明で公正な開発金融の重要性や、債務問題への対応を加速する必要性についても意見が一致しました。

(7) 気候・エネルギー

• ロシアによるウクライナ侵略によりエネルギー安全保障確保の重要性が再認識される中においても、2050 ネット・ゼロに向けた目標は変わらないとし、各国・地域の事情に応じた強靭なエネルギー移行の道筋を示していく必要があると確認しました。

• また、2030 年までの「勝負の 10 年」に、省エネや再エネの活用を最大限進めることに合意しました。

(8) 環境

プラスチック汚染対策、生物多様性保全、森林対策、海洋汚染などの環境問題にも国際社会が一体で取り組むべきであり、具体的な取組を進めていくための連携を強化していくことを確認しました。

(9) 食料問題

喫緊の食料危機への対処と強靭な食料安全保障の確立が急務であることから、G７メンバーは共同で「強靭なグローバル食料安全保障に関する広島行動声明」を発出しました。

(10) 核兵器のない世界

複数の首脳から、「核兵器のない世界」に向けた現実的な取組や、安全保障理事会を含む国連の改革の必要性についても指摘がありました。その上で、各国首脳は、こうした土台に立ち、引き続き対話を続け、国際社会が直面する平和と安定に対する挑戦に共に立ち向かっていくことを確認しました。

用語
SDGs
「持続可能な開発目標」のこと。貧困、不平等・格差、気候変動による影響など、世界のさまざまな問題を根本的に解決し、すべての人たちにとってより良い世界をつくるために設定された、世界共通の 17 の目標です。

用語
ネット・ゼロ
大気中に排出される温室効果ガスと大気中から除去される温室効果ガスが同量でバランスが取れている状況のこと。
カーボンニュートラルと同じ意味で表現されることが多い。

2 G20

① G20サミット（主要20カ国・地域首脳会議）とは……

〈G20 参加国一覧〉

G7　日本　EU　ブラジル　中国　インド　韓国
アメリカ　カナダ　イタリア　アルゼンチン　南アフリカ　インドネシア　トルコ　オーストラリア
イギリス　フランス　ドイツ　ロシア　メキシコ　サウジアラビア

- G20 サミットとは、日本、アメリカ、フランス、イギリス、ドイツ、イタリア、カナダの G 7構成国と EU、ロシアに加え、中国、インド、ブラジル、メキシコ、南アフリカ、オーストラリア、韓国、インドネシア、サウジアラビア、トルコ、アルゼンチンの新興国 11 カ国の首脳によって毎年開催される国際会議です。G 7と異なり中国・ロシアも参加している点に注意が必要です。

- G20 サミットでは、経済や貿易のみならず、世界経済に大きな影響を与える開発、気候変動、エネルギー、保健、テロ対策、移民・難民問題等の地球規模課題についても、活発に議論が行われます。

② G20：ニューデリー・サミット

- 2023 年 9 月、インドのニューデリーで G20 サミットが開催されました。「一つの地球、一つの家族、一つの未来（One Earth, One Family, One Future）」というテーマのもと、食料安全保障、気候・エネルギー、開発、保健、デジタルといった重要課題について議論が行われました。

- 議論の総括として、G20 ニューデリー首脳宣言が採択されました。宣言では、ウクライナ侵攻について「すべての国は領土の獲得のための威嚇や武力の行使を控えなければならない」としたほか、「核兵器の使用や威嚇は容認できない」と明記され、前回のバリ・サミットのようなロシアの名指し非難は避けられました。

- 今回の G20 サミットでは、中国の習近平国家主席とロシアのプーチン大統領が欠席しました。中国からは代わりに共産党で序列 2 位の李強首相が出席しています。

🔍 くわしく

中国の習近平国家主席のG20 サミット欠席は初めてです。

(1) 食料・エネルギー安全保障

- 岸田首相は、ロシアのウクライナ侵攻に伴う食料・エネルギー価格の高騰などを背景に、深刻な世界経済への対処の必要性を指摘しました。宣言では、ウクライナとロシアからの穀物、食料、肥料の安全な輸送に関する合意である「黒海イニシアチブ」の復活も求められました。

- また、食料・エネルギー市場の安定化を図るため、食料については農業市場情報システム（AMIS）の強化が重要とし、世界の食料安全保障を確保するべく、国連が関与する国際的な枠組みにロシアが復帰することを強く期待する旨述べました。また、エネルギーについて、2050年ネット・ゼロ、2025年までの世界の温室効果ガス排出量の減少を期待するとしています。

(2) 環境

- 岸田首相は、海洋プラスチックごみに関する「大阪ブルー・オーシャン・ビジョン」の実現に向け、また、2040年までに追加的なプラスチック汚染をゼロにする目標の下、プラスチック汚染に関する条約の交渉に主導的な役割を果たしていくとの決意を示しました。

- 首脳宣言では、デジタルトランスフォーメーションやAIの活用・開発、G20の協力強化などの持続可能な開発目標（SDGs）の重要性が再確認されました。

- 2030年までに再生可能エネルギー容量を世界全体で3倍にすることが合意され、停止していない石炭火力発電を段階的に廃止する必要性も認識されています。

(3) アフリカ連合（AU）のG20への加盟

- サミットでは、アフリカ連合（AU）のG20への加盟について全会一致で可決しました。サミットに欠席した中国とロシアも加盟を支持しています。世界経済におけるアフリカ連合の重要性が高まっていることを背景に、議長国のインドのモディ首相が主導して提案してきたもので、新興・途上国の声を強める狙いがあります。

- また、G20とAUの関係を強化し、アフリカの工業化に対する支援のほか、アフリカの包括的成長や経済統合、平和と安定などを軸として、AUが目標として掲げる「アジェンダ2063」への支援も表明した形です。

用語

農業市場情報システム（AMIS）
農業等に関する技術情報を生産者に提供するとともに、生産情報を行政府等に提供することにより、農業生産の拡大、生産性の向上を図るとともに、的確な農業行政、農業技術の向上を目指すシステム。

用語

ネット・ゼロ
ネット・ゼロとは、温室効果ガスの「排出量」から「吸収量（除去量）」を差し引きして、合計ゼロを目指す考え方です。

確認

プラスチックについては、本書の200～203ページで確認しましょう。

くわしく

SDGsは2030年を達成期限としていますが、目標の15％しか達成していない現状が共有され、進捗の加速化に取り組むことが合意されました。

用語

アフリカ連合（AU）
前身のアフリカ統一機構が発展する形で2002年に発足し、エチオピアのアディスアベバに本部を置く地域機関です。
2023年時点で、アフリカの55の国と地域によって構成されています。

くわしく

今回のG20には、アフリカからは既に正式なメンバーの南アフリカ共和国に加え、2023年のAU議長国のコモロ、エジプト、モーリシャス、ナイジェリアが招待国として参加しました。

3 COP

出題可能性　90％以上

① COPとは

- COP は「気候変動枠組条約」の加盟国が、地球温暖化を防ぐための枠組みを議論する国際会議です。1995 年から始まった取組で、新型コロナウイルス感染症の拡大に伴って延期された 2020 年を除き、毎年開催されてきました。

- 全締約国には、温室効果ガスの排出および吸収の目録の作成と定期更新、具体的対策を含んだ計画の作成・実施、目録および実施した、または実施しようとしている措置に関する情報を締約国会議（COP）へ送付することが義務付けられています。

- さらに日本などの先進国には、より具体的な温室効果ガス排出に関する規制が課せられています。

② COP27

- 2022 年、エジプトのシャルム・エル・シェイクで開催された COP27 では、締約国の気候変動対策の強化を求める「シャルム・エル・シェイク実施計画」が採択されました。「損失と損害」の面では、ロス＆ダメージ基金を設置し、気候変動の悪影響を軽減する取組を後押しすべく資金を集めることが決められました。

- また、現状の削減量に対して国際的に検討を行う「緩和作業計画」が採択されました。しかし、先進国と途上国の意見対立から「新しい目標やゴールを課すものではない」という結論に至り、緩和作業計画に明確な基準は設けられませんでした。

③ COP28

- 2023 年 11 月、アラブ首長国連邦（UAE）のドバイにおいて COP28 が開催されました。

- COP28 では、世界全体の気候変動対策の進捗を評価する「グローバル・ストックテイク（GST）」が初めて行われ、化石燃料からの脱却を目指すことで合意しました。

- また、気候変動による「損失と損害」（ロス＆ダメージ）基金の運用に向けた具体的なルールが決められました。

参考

Conference of the Parties の頭文字をとっており、日本語では締結国会議といいます。

参考

このような資金を「気候資金」といいます。

参考

パリ協定では「世界の平均気温上昇を産業革命以前に比べて 2℃より十分低く保ち、1.5℃に抑える努力をする」という長期目標が掲げられています。
しかし、世界中の国々の削減目標を足し合わせても「世界の平均気温上昇を 1.5℃に抑える」という目標には足りない現状にあります。

アドバイス

世界有数の産油国である UAE で開催された COP28 では、温暖化を進める最大の要因となっている化石燃料の廃止に合意できるかどうかが最も注目されていました。

(1) グローバル・ストックテイク（GST）

- グローバル・ストックテイク（GST）は、2015 年のパリ協定で定めた目標に対する世界全体の進捗状況を評価するものです。なお、この評価は 5 年ごとに実施されます。

- COP28 の最大の焦点は化石燃料でした。2050 年までに温室効果ガスの排出を実質ゼロにする目標に向け、COP28 では、石炭や石油、天然ガスなどすべての化石燃料を対象とし「化石燃料からの脱却を進め、この重要な 10 年間で行動を加速させる」ことで合意しました。

参考

欧米などが強く求めていた化石燃料の「段階的な廃止」には言及されませんでした。

- また、2030 年までに世界全体の再生可能エネルギーの発電容量を 3 倍にすること、エネルギー効率の改善率を世界平均で 2 倍にすること、排出削減対策が講じられていない石炭火力発電の段階的削減を加速させていくことも合意しました。

参考

2021 年の COP26 において、石炭火力発電の段階的な削減で合意していましたが、COP28 ではすべての化石燃料を対象に脱却を進めていくことになりました。
なお、化石燃料の利用をどう減らしていくかについては、今後の交渉で決まる予定です。

(2)「損失と損害」に対する基金の運用ルール

- 2022 年の COP27 において、気候変動の被害に対応するための基金の設立が「シャルム・エル・シェイク実行計画」に盛り込まれ、その運用については COP28 で検討される予定となっていました。

- そして、COP28 では、基金は気候変動の悪影響を受ける経済基盤や社会インフラが特に脆弱な途上国が対象で、最初の 4 年間は世界銀行が運営し、先進国を中心に任意で資金を拠出していくことで合意しました。

参考

これを受け、議長国である UAE のほか、ドイツ、イギリス、アメリカ、EU なども基金への拠出を発表しました。日本も 1000 万ドル（約 15 億円）を拠出することを表明しています。

(3) 非国家アクター

- 「非国家アクター」は、企業や自治体、非営利団体など国家政府以外の主体を指す用語です。国家政府だけではなく、あらゆる非国家アクターが環境面で行動を起こすことがますます重要になってきています。

日本は 4 回連続の「化石賞」

　化石賞は、世界の環境 NGO が参加する「気候行動ネットワーク（CAN）」が、地球温暖化対策に消極的だと判断した国に贈る不名誉な賞です。COP 期間中、原則として毎日受賞国を選んでおり、COP28 では日本が 4 回連続の受賞となったほか、ニュージーランドやアメリカなどが選ばれました。日本は水素やアンモニアを化石燃料に混ぜて火力発電所で燃焼させる「混焼」を推奨していますが、国内だけでなくアジア全体で石炭火力などを延命させ、再生可能エネルギーへの移行を遅らせていると批判されています。

4 ASEAN

出題可能性 52.6%

① ASEAN（東南アジア諸国連合）とは

　ASEANとは、東南アジア地域の10カ国で構成される地域協力機構です。ベトナム戦争を契機に、1967年、域内における経済成長、社会・文化的発展の促進や地域における政治・経済的安定の確保を目的として設立され、発展してきました。本部（事務局）はインドネシアのジャカルタにあります。

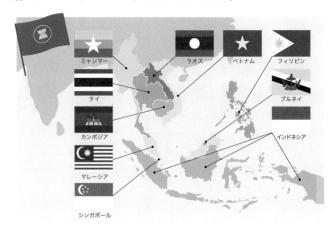

ミャンマー　ラオス　ベトナム　フィリピン
タイ　　　　　　　　　　　　　ブルネイ
カンボジア　　　　　　　　　　インドネシア
マレーシア
シンガポール

🔍 **くわしく**
Association of South East Asian Nations の略。
原加盟国は、インドネシア、マレーシア、フィリピン、シンガポール、タイの5カ国でしたが、その後、ブルネイ、ベトナム、ラオス、ミャンマー、カンボジアが順次加盟し、現在は10カ国となりました。

📈 **発展**
ASEANは経済面でも著しい成長を遂げており、1967年当時、5カ国で230億ドルだったGDPは、2021年に10カ国で約3.3兆ドル（世界の約3.5％）と150倍近くに増加しました。
（出典：外務省「日本とASEAN」）

　2005年からは、1997年より開催している「ASEAN＋3（日本・中国・韓国）首脳会議」に加え、オーストラリア、ニュージーランド、インドを含めた「東アジア首脳会議（EAS）」を開催しています。

📝 **参考**
EASには、2011年からアメリカとロシアも参加しています。

② 2013年：日・ASEAN友好協力40周年

平和と安定のパートナー	海洋における国際法の遵守や紛争の平和的解決、テロや国境を越える犯罪への対策、災害救援・人道支援の協力
繁栄のパートナー	経済連携協定の締結など、貿易、投資のみならず、競争、知的財産、人の移動など幅広い分野での協力
より良い暮らしのパートナー	環境、都市化、保健・医療、高齢化、エネルギー問題、防災、女性の活躍推進・能力向上などの協力
心と心のパートナー	芸術・文化、伝統産業、歴史、スポーツなどの交流を推進

日本は東南アジアではないため ASEAN には加盟していませんが、最初の協力関係が始まった 1973 年から現在まで、深く多面的な交流が続いています。日本 ASEAN 友好協力 40 周年の 2013 年には、4 つのパートナーを柱として協力を進めていくと表明しました。

> ### 日本ASEAN友好協力50周年
>
> 2023 年は日・ASEAN 友好協力 50 周年の年です。日・ASEAN の市民交流を奨励し、年間を通して、日本と ASEAN の双方において、様々な記念事業や交流事業が実施されており、2023 年 12 月には東京で特別首脳会議も開催されています。

③ 2015年：ASEAN経済共同体

2015 年の首脳会議において、ASEAN は、「政治・安全保障共同体」「経済共同体」「社会・文化共同体」から成る「ASEAN 共同体」の構築を宣言し、更なる ASEAN の統合を深めるべく、「ASEAN 共同体ビジョン 2025」が採択されました。

ASEAN 共同体ビジョン 2025	
ASEAN政治・安全保障共同体（APSC）	政治的協力を強化することで、紛争の予防や平和的解決を促進し、域内協力に加え、域外の国や地域との関係強化を図る。
ASEAN経済共同体（AEC）	共同体の中核。物・サービスの貿易や資本、人の移動の自由化などを進める。
ASEAN社会・文化共同体（ASCC）	社会的・人間開発について、社会福祉、権利、環境、格差是正などに取り組む。

④ 2023年：ASEAN首脳会議

- 2023 年 9 月、ASEAN の議長国であるインドネシアの首都ジャカルタで、ASEAN 首脳会議が開催されました。
- 日本と ASEAN との「包括的戦略的パートナーシップ」を立ち上げる共同声明が採択されたほか、岸田首相は ASEAN が重視する連結性強化を後押しする「包括的連結性イニシアティブ」を新たに発表しました。

📖 参考

50 周年を記念して、ロゴマークとキャッチフレーズが決められました。

輝ける友情　輝ける機会

🔍 くわしく

包括的戦略的パートナーシップは、政治や経済、安全保障や環境対策、インフラ整備など、国同士が「あらゆる分野」で「共通の利益」を得るために協力関係を築くことです。
従来の「戦略的」から、「包括的戦略的」に格上げされました。

3

国際政治・経済

5 アメリカの政治・経済　出題可能性　90％以上

① アメリカの中間選挙とは

- アメリカの中間選挙とは、4年に1度行われる大統領選挙の「中間」の年に全米で一斉に行われる「上院議員の約3分の1（35議席）、下院議員の全議席（435議席）を改選する選挙」です。

- 2022年の中間選挙は、バイデン大統領が行った政権運営に関する審判（信任投票）の場であるだけでなく、2024年の大統領選挙の行方を左右する前哨戦（ぜんしょうせん）という意味合いも大きいため、世界から注目されていました。

- また、アメリカ中間選挙では、議会の上下両院の選挙だけでなく、アメリカの全50州のうち36州の知事を選ぶ知事選挙も同時に行われました。

📝 **参考**

2020年のアメリカ大統領選挙において、民主党のジョー・バイデン氏が共和党のドナルド・トランプ氏に勝利し、史上最高齢78歳で第46代大統領に就任しました。次期大統領選挙は2024年に行われます。

② 2022年のアメリカの中間選挙の結果

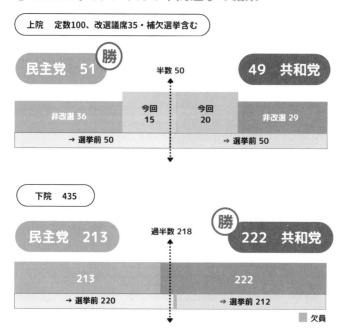

上院　定数100、改選議席35・補欠選挙含む

民主党 51 勝	半数 50	49 共和党
非改選 36	今回 15 ／ 今回 20	非改選 29
→ 選挙前 50		⇒ 選挙前 50

下院　435

民主党 213	過半数 218	222 共和党 勝
213		222
→ 選挙前 220		⇒ 選挙前 212

■ 欠員

　2022年のアメリカの中間選挙では、上院では民主党が過半数を獲得、下院では4年ぶりに共和党が過半数を獲得しました。

③ 2022年のアメリカの中間選挙のポイント

大統領	上院	下院
民主党	民主党	共和党

- 2020年の大統領選挙により、バイデン政権は上下両院で「民主党が多数派」を占めており、大統領、上院、下院の3つすべてが民主党で揃っていました。しかし、2022年11月のアメリカの中間選挙により、バイデン大統領（民主党）と上院（民主党）・下院（共和党）の多数派政党が異なる「ねじれ」が生じました。

- 知事選挙では、女性当選者が過去最多の12人でした。

④ アメリカの経済事情

実質GDP成長率	消費者物価上昇率	失業率
+2.1%	8.0%	3.7%

※2022年のデータ（2023年10月時点）です。

- 2022年のアメリカの実質GDP成長率は前年比＋2.1%となりました。新型コロナの影響による落ち込みから急回復した前年（＋5.9%）から低下しましたが、主に個人消費が寄与し、2年連続のプラス成長となりました。

- 2022年のアメリカの消費者物価上昇率は8.0%でした。

- 2020年のアメリカの失業率は、コロナの影響で8.1%と戦後最悪でしたが、2021年は5.4%、2022年は3.7%と、コロナ禍前の水準へ回復しています。

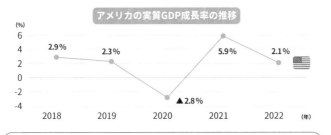

アメリカの実質GDP成長率の推移

```
(%)
 6
 4    2.9%      2.3%                  5.9%        2.1%
 2
 0
-2                    ▲2.8%
-4
    2018     2019     2020     2021     2022  (年)
```

アメリカ経済を動かすFRB

FRBとは、「米連邦準備制度理事会」のことで、日本でいう「日本銀行」にあたる組織です。FRBは金融政策を通して、米国の雇用の最大化、物価の安定化、適切な長期金利水準の維持を実現し、世界経済の中心であるアメリカ経済を動かしています。

用語

ねじれ議会

大統領の政党である与党と、連邦議会の上院か下院、または上下両院の多数党が異なる状態のことです。政権与党は法案の成立に野党の協力が不可欠となるため、政策決定に制約が生じることになります。

参考

2022年11月、トランプ前大統領が2024年大統領候補として共和党からの正式指名を目指すことを発表しました。

データ・資料

出典：外務省の主要経済指標（2023年10月時点）

参考

消費者物価上昇率
2021年：4.7%
2020年：1.2%

アドバイス

アメリカの経済事情では、特に「経済成長率の推移」が超頻出です。難しいテーマですが、ココだけは押さえておきましょう！

参考

その他の重要トピックとして、アメリカのユネスコ（国連教育科学文化機関）復帰があります。
詳しくは196ページへ。

6 中国と韓国の政治・経済 出題可能性 90%以上

① 中国：全国人民代表大会 ……………………………

- 全国人民代表大会（全人代）とは、毎年3月初旬に北京で開催される「中国の国会」に相当する政治イベントです。

- 中国全土から代表者を人民大会堂に集め、向こう1年間の政策方針を発表し、また、法律の制定や改正、予算の決定、国家主席や国務院総理（首相）の選出などを行います。

- 2023年3月の全人代では、習近平氏が国家主席に再選されました。3期目に入るのは習近平氏が初めてです。

- また、2023年の経済成長率の目標を5％前後と設定し「ゼロコロナ政策」の影響などで停滞した経済の立て直しを進める方針を示しました。

② 中国：中国共産党大会（2022年）……………………………

習近平氏

総書記	国家主席	中央軍事委員会主席
共産党	国家	軍

- 中国共産党大会（党大会）は、5年に1度行われる中国で最も大きな政治イベントで、中国共産党の最重要事項が決定されます。

- 2022年10月に開催された党大会では、習近平総書記の3期目続投が決定されました。習近平氏は共産党、国家、人民解放軍のすべてで任期のないトップの地位を得ています。

- 習近平氏は政治報告で、貧困脱却などの成果を述べ、「今後5年が社会主義現代化国家の全面的な建設をスタートさせる肝心な時期」と位置づけました。

- また、アジアと欧州を結ぶ物流ルートを、陸路と海上航路において構築し、貿易を活発化させ、経済成長につなげようとする「一帯一路」政策を強力に推し進めていくと述べました。

📖 参考

2018年に国家主席の任期を「2期10年まで」とする規制を撤廃する憲法改正を行っています。そのため、異例の3期目が本格的に始動しました。

🔍 くわしく

中国では都市部のロックダウンのほか、国外との往来に厳しい制限を課すなど、コロナ感染拡大を徹底的に抑え込む「ゼロコロナ政策」が行われていましたが、2022年12月、「ゼロコロナ政策」の規制を大幅に緩和する方針を明らかにしました。

③ 韓国：大統領選挙

　2022年3月に行われた大統領選挙では、革新系与党「共に民主党」の李在明氏と、保守系野党「国民の力」の尹錫悦氏の二者が戦い、0.7ポイント差で尹錫悦氏が勝利しました。革新系の文在寅氏に代わり、5年ぶりの保守政権の誕生となりました。

④ 韓国：輸出優遇措置

　2019年8月、日本政府は輸出手続きを簡略化できる優遇措置の対象国をまとめた「グループA（旧ホワイト国）」のリストから韓国を除外していました。しかし、2023年6月に「グループA」に再び韓国を追加する外国為替及び外国貿易法（外為法）の政令改正を閣議決定しました。そのため、同年7月より優遇措置の対象国に韓国が復帰しています。

中国と台湾の関係

　日本が1895年に日清戦争に勝利したことで、台湾は日本の統治下に置かれていました。その後、中華民国が建国され、1945年に日本が敗戦したことで、台湾は中華民国として中国国民党の統治下に入ります。その後、中国共産党と中国国民党の内戦が勃発し、勝利した共産党のリーダー毛沢東は北京を首都に中華人民共和国の成立を宣言し、現在の中国が誕生しました。一方、敗北した国民党政府は台北に逃げ込み、現在の台湾（中華民国）が誕生しました。その後、国際社会は「中国＝中華人民共和国」とみなすようになり、「台湾は中国の一部」という考えが世界の共通認識となっていました。しかし、台湾は事実上、一つの国であり、独立を望んでいますが、中国は絶対に独立を認めない姿勢を示しており、次第に緊張感が高まってきている現状にあります。

---

⑤ 中国と韓国の実質GDP成長率の推移

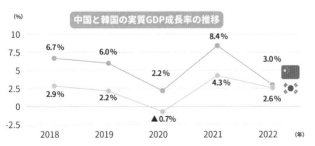

中国と韓国の実質GDP成長率の推移

　2022年の中国の実質GDP成長率は前年比＋3.0％と前年（＋8.4％）から減速しました。一方、2022年の韓国の実質GDP成長率は前年比＋2.6％となっています。

参考

韓国の大統領選挙は18歳以上の有権者による直接選挙で行われ、立候補できるのは40歳以上、任期は5年です。

くわしく

グループA（ホワイト国）とは、輸出管理において日本政府が優遇している対象国を指します。

参考

2019年に名称が変更され「ホワイト国」は「グループA」に、「非ホワイト国」は「グループB〜D」の3つのカテゴリーに分けられることになりました。
2019年に韓国はグループBに格下げされました。

参考

台湾の正式名称は、中華民国です。
アメリカや日本は、台湾の平和と安定を支持する考えを示し、ソ連（ロシア）は中国を支持しています。

データ・資料

出典：外務省の主要経済指標（2023年10月時点）

参考

全人代における中国の経済成長率の目標

2023年：5％前後
2022年：5.5％前後
2021年：6％以上

7 ユーロ圏の政治・経済 出題可能性 90%以上

① 2022年の主な政権交代

フランス	2022年4月、大統領選挙の決選投票が行われ、中道派の現職マクロン氏が再選された。
イタリア	2022年7月、ドラギ首相が辞任を表明したことで、同年9月、上下両議院の総選挙が実施され「イタリアの同胞(FDI)」の属する右派連合が上下両院の第1勢力となった。総選挙後、同年10月にメローニ氏がマッタレッラ大統領から首相候補指名を受け、首相に就任。
イギリス	2022年7月、ジョンソン氏が首相を辞任を表明したことで、後任を決める保守党党首選挙が行われ、決選投票にて元外相トラス氏が、首相に就任。しかし、同年10月中旬にトラス氏が辞任を表明し、再び保守党党首選挙が行われ、ジョンソン政権時代に財務相を務めたスナク氏が勝利し、首相に就任。

2022年は、フランスやイタリア、イギリスなどで政権交代が行われました。

② フィンランド：総選挙

- フィンランドの総選挙は比例代表制です。2023年4月の総選挙では、長年NATO加盟を訴えてきた野党・国民連合党が第1党に、EUに懐疑的で移民規制を訴える野党・フィン人党が第2党になりました。与党・社会民主党は第3党となりマリン首相が辞任し、同年6月に第1党となった国民連合のオルポ党首が新首相に就任しました。

- なお、フィンランドは2023年4月にNATO（北大西洋条約機構）に正式に加盟しています。

③ チェコ：大統領選

2023年1月、チェコでは、ゼマン前大統領の任期満了に伴う大統領選の決選投票が行われ、退役将軍で元NATO（北大西洋条約機構）軍事委員長のパベル氏が、バビシュ前首相に勝利し、新たな大統領に就任しました。

参考
フランスにおいて大統領が再選されるのは20年ぶりです。

参考
イタリアでは、メローニ氏が首相に就任したことで、イタリア史上初の女性首相の誕生となりました。

参考
スナク氏の両親はいずれもインド系で、イギリスでは史上初のアジア系首相となったほか、就任時点で42歳5カ月であり、20世紀以降では最年少のイギリス首相就任となりました。

用語
比例代表制
得票率に応じて政党に議席が配分される選挙制度。

参考
NATOについては85ページで紹介しています。

参考
新大統領のパベル氏は、親欧州を掲げ、ウクライナへの武器支援強化を訴えてきた人物です。

参考
チェコの大統領は国民の直接投票で選出され、任期5年、3選禁止となっています。

④ イギリス：チャールズ国王の戴冠式

　2022年9月、イギリスのエリザベス女王死去を受けて、チャールズ皇太子が王位を継承しました。チャールズ3世国王となり、2023年5月にはロンドンのウェストミンスター寺院にて戴冠式が行われました。エリザベス女王の時以来、70年ぶりとなる戴冠式となりました。

用語
戴冠式
イギリス王室は戴冠式について「宗教的な儀式であると同時に、君主の即位を祝福する機会でもある」としています。

⑤ EU：2035年以降のガソリン車販売

- 地球温暖化の現状を踏まえ、欧州委員会は新車による二酸化炭素排出量を2035年までにゼロにする規制案を発表しています。

- 当初はガソリン車販売の全面禁止を予定していましたが、2023年3月、EUは環境によい合成燃料「e-Fuel」を使うエンジン車の新車販売は認めると表明しました。

用語
e-Fuel
「e-Fuel」とは、二酸化炭素と水素で作る合成液体燃料です。燃焼時に二酸化炭素を排出しますが、工場などから出る二酸化炭素を原料とするため環境負荷が低く、脱炭素につながる燃料として期待されています。

⑥ ユーロ圏の実質GDP成長率の推移

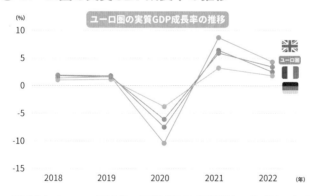

- 2022年のユーロ圏全体の実質GDP成長率は＋3.4%でした。前年の＋5.9%と比較すると、伸びは鈍化したもののプラス成長となり、景気は回復しています。

- 各国の2022年の実質GDP成長率は、イギリスが＋4.3%、フランスが＋2.5%、ドイツが＋1.8%でした。

データ・資料
出典：外務省の主要経済指標（2023年10月時点）

ECB（欧州中央銀行）

　ECBは、ユーロ圏の国々の統一的な金融政策を担っている中央銀行で、本部はドイツのフランクフルトにあります。ユーロ圏の金融政策は各国の中央銀行に代わってECBの政策理事会が決定し、各国の中央銀行が金融調節を行います。

8 中東情勢

出題可能性　83.8%

① パレスチナ問題

独立国家になりたい地域

約2000年前	●ユダヤ王国がローマ帝国に敗戦 ●ユダヤ人は世界各地へ散り散りに ●アラブ人がユダヤ王国の跡地（パレスチナ地区）に定住
1914年～	●第一次世界大戦時にイギリスが二枚舌（三枚舌）外交により、アラブ人にもユダヤ人にも同時に、パレスチナを自分の国にしてよいと伝える
1947年	●国連はパレスチナをユダヤ国家、アラブ国家、国際管理地域の3つに分ける案を採択
1948年	●国連の承認を得て「ユダヤ民族」が「イスラエル」を建国。 ●約70万人のパレスチナ人が難民になり、国連が定めたアラブ人地区に住むことに ●自分たちの土地を奪われたアラブ民族がイスラエル独立に反対し、中東戦争勃発。

- パレスチナ問題とは、ユダヤ民族（イスラエル）とアラブ民族（パレスチナ）の争いのことです。

- 1948年に国連の承認を得て「ユダヤ民族」が「イスラエル」を建国しました。しかし、イスラエル独立に反対するアラブ諸国との間で、1948年～1973年で4度に渡る中東戦争が起きました。結果はイスラエルの全勝で、パレスチナ人のエリアはヨルダン川西岸とガザ地区だけになってしまっています。その後も緊張状態等は続いています。

- 2023年10月にガザ地区を実効支配しているイスラム派の武装組織「ハマス」がイスラエルを越境攻撃しました。これにイスラエルも反発し、報復空爆を行いました。

パレスチナ問題の背景

　ユダヤ王国が滅亡した後、約2000年もの間、パレスチナ地区には、アラブ人が住んでいました。しかし、1948年に国連の承認を得て、パレスチナ地区にユダヤ人の国「イスラエル」が建国されたことで、世界中からユダヤ人が集まり、先に住んでいたアラブ人を追いやりました。

　そして、約70万人のパレスチナ人が難民となり、国連が定めたアラブ人地区に住むことになりました。この状況に納得ができないアラブ人とイスラエル（ユダヤ人）との間で何度も戦争が起こっています。

---

② トルコ：大統領選

　トルコの大統領は、国民の直接投票で選出され、任期5年、3選禁止となっています。2023年5月、トルコ大統領選の決選投票が行われ、現職のエルドアン氏が当選しました。約20年にわたるエルドアン氏の長期政権がさらに続くことになります。

🔍 **くわしく**

二枚（三枚）舌外交
第一次世界大戦の最中、イギリスは中東地域を支配していたオスマン帝国（現在のトルコ）を切り崩すため「アラブ人にもユダヤ人にも同時に、パレスチナを自分の国にしてよい」と矛盾した約束を交わしました。

📖 **参考**

昔、パレスチナの地区にではユダヤ王国がありましたが、約2000年前にローマ帝国に敗戦したことで、ユダヤ人は世界各国に散り散りになって暮らすことになりました。
そして、ユダヤ人は各地で迫害されていたという背景があります。
また、ユダヤ王国の跡地にはアラブ人が定住していました。

📖 **参考**

中東戦争では、アメリカなどの欧米諸国がイスラエルの、エジプトなどのアラブ諸国がパレスチナの後ろ盾となっています。

📖 **参考**

トルコ：国名変更
2022年6月に国連における国名表記が「Turkey（ターキー）」から「Türkiye（テュルキエ）」に変更されました。

9 アジア・オセアニア情勢　出題可能性 55.4%

① タイ：総選挙

- 2023年3月に下院議員の任期が満了になったことで、同年5月に下院総選挙が4年ぶりに実施されました。

- 選挙の結果、「前進党」が最多票数を獲得し、第1党となりました。前進党のピタ党首は、第2党の「貢献党」含む8党で連立政権樹立を目指し、2014年のクーデターから続く親軍政権の交代に近づくかに思われました。

- しかし、同年7月に実施された第1回首相指名選挙で、上院と下院の過半数を超える議席数を獲得することができず、同年8月に「貢献党」のセター氏を首相候補とする第2回首相指名選挙が行われ、首相に選出されました。

② カンボジア：総選挙

- 2023年7月に総選挙が行われ、当時のフン・セン首相率いる与党が圧勝しました。同年5月に最大野党の強制排除を決定しており、この結果は確定的でした。

- そして、同年8月に、40年近く首相を務めたフン・セン氏の長男である前陸軍司令官のフン・マネット氏が新首相となりました。

③ ニュージーランド：総選挙

- 2023年1月、労働党のアーダーン前首相が突然、辞任を表明しました。その後、前内閣で教育相・新型コロナウイルス対策担当相を務めていた労働党のクリス・ヒプキンス氏が新首相に就任しました。

- しかし、2023年10月に行われた総選挙では、労働党は政権を維持することができず、最大野党の国民党が第1党になり、クリストファー・ラクソン氏が新首相に就任することが決まりました。6年ぶりの政権交代となります。

④ インドネシア：首都移転

- 現首都ジャカルタがあるジャワ島は一極集中、地盤沈下による洪水、巨大地震などのリスクがあると言われています。

- そこで、2024年8月にカリマンタン島にあるヌサンタラへの首都移転を開始し、2025年中の完了を目指しています。

参考

タイの下院総選挙は、定員500のうち400議席を小選挙区制、100議席を比例代表制で決めます。なお、上院は定員250です。

用語

クーデター

武力の行使など非合法的な手段によって現行の政府を倒し、政治的権力を奪い取ること。
タイでは2000年代の2006年と2014年にクーデターが起きています。

参考

カンボジアの総選挙は比例代表制（拘束名簿式）です。

発展

ニュージーランドの選挙制度は、小選挙区比例代表併用制です。
まず、有権者は政党票（比例区）と候補者票（小選挙区）の2票を投じ、政党票の獲得率に応じて各党の総議席数が決まります。次に、各党に配分された議席の中から候補者票で当選した議員が優先的に当選人となり、残りの議席を政党名簿の上位者から順次選ぶという仕組みです。

国際連合　出題可能性　90%以上

① 国際連合とは

- 国際連合は、1945 年に 51 カ国で発足した平和維持と社会発展を目的とする国際機関で、本部はアメリカのニューヨークにあります。

- 日本は 1956 年に 80 番目で加盟し、近年は 2011 年に南スーダンが加盟した結果、2023 年時点の加盟国は 193 カ国となりました。

> **国際連合憲章（国連憲章）**
>
> 国連憲章は、国際連合の目的や精神と、その任務の基本方針や組織などについて定めた基本文書で「国際社会の憲法」と呼ばれています。1945 年 6 月に連合国 50 カ国によるサンフランシスコ会議で採択され、同年 10 月に発効しました。

② 国際連合の主要機関

国連憲章は、国連に 6 つの主要機関を設置しています。また、補助機関、専門機関、関連機関が国連と連携を図っています。

総会

安全保障理事会
世界の平和と安全を守るための機関

経済社会理事国
経済や社会、人権、文化などの国際的問題について調査・研究および報告等を行う機関

信託統治理事会
信託統治地域（以前の植民地あるいは従属地域）に住む人々の社会的前進を監督するために設置された機関

国際司法裁判所
国際法に基づき、国家間の裁判を扱う国連の司法機関

事務局
国際連合の各機関の運営や事務を行う機関。各国から派遣された職員が国際公務員として活躍している。

参考
前身の「国際連盟」が第二次世界大戦を防げませんでした。アメリカの未加盟や議決の全会一致原則、経済制裁を勧告するのみの制裁などが原因と考えられています。この反省を生かし、改めて「国際連合」が生まれました。

くわしく
経済社会理事国は、総会が選出する 54 カ国の理事国（任期 3 年）で構成されます。

くわしく
1994 年に信託統治領がすべて独立したため、信託統治理事会の活動は休止となりました。

くわしく
事務局総長（任期 5 年、安保理の勧告に基づいて総会が任命）は、アントニオ・グテーレス氏（2017年～）です。

(1) 総会

- 総会とは、すべての加盟国によって構成される国連の主要な審議機関で、国際連合が関与するすべての問題を討議し勧告することができます。

- 全加盟国が1国1票の投票権を持ち、原則、多数決により決議が行われますが、安全保障理事会と異なり、決定事項に法的拘束力はありません。

(2) 安全保障理事会

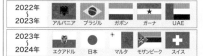

- ・半数を毎年改選
- ・任期は2年
- ・連続再選はできない

- 安全保障理事会は、拒否権を持つ5カ国の常任理事国と総会で選出された10カ国の非常任理事国（任期2年、毎年半数改選）で構成されています。

- 決議はすべての常任理事国を含む9カ国以上の賛成により成立し、決定決議には法的拘束力があります。

- 2023年1月から、日本は国連安保理の非常任理事国を務めており、加盟国の中では最多の12回目となります。

平和維持活動（PKO）

　安全保障理事会は、「平和維持活動（PKO）」を行っています。1992年に国際平和協力法（PKO法）が制定されたことで、自衛隊の海外派遣等が可能となりました。その後、世界各地に自衛隊や要員が派遣され、停戦や選挙の監視、インフラ整備などの復興支援を行っています。

---

③ ウクライナ侵攻に係る緊急特別会合

- 2023年2月、国連総会は、ロシアがウクライナへの軍事侵攻を始めて1年となるのに合わせて「緊急特別会合」を開催しました。

- ウクライナからのロシア軍の撤退や戦闘の停止、可能な限り早期に平和を実現することなどを求める決議案の採決が行われ、141カ国の賛成により採択されました。

🔍 くわしく

毎年9月に定期総会を開くほか、特別総会や緊急特別総会が開かれることもあります。

📖 参考

平和と安全にかかわる問題や新加盟国の承認、予算などの「重要事項」の可決には、3分の2以上の議決が必要です。

【用語】
拒否権

各理事国は「1票」の投票権を持ち、決議の採択は9理事国以上の賛成投票によって行われますが、常任理事国が1カ国でも反対票を投じた場合、決議は採択されません。

📖 参考

日本の前回の任期は2016年から2017年の2年間でした。

📖 参考

自衛隊初のPKOは1992年のカンボジア派遣です。

📖 参考

一方で、ロシアや北朝鮮を含む7カ国が反対、中国やインドなど32カ国が棄権するなど、ロシアへの配慮を示した国も多く、国際社会の分断も改めて浮き彫りになりました。

11 QUAD（クアッド）

出題可能性　54.2%

① QUAD（クアッド）とは

- QUAD は、日本、アメリカ、オーストラリア、インドの4カ国から成る国際的な枠組みです。
- 「自由で開かれたインド太平洋」の実現を目指し、気候変動、国際保健、インフラ、サイバー、宇宙、海洋安全保障など、幅広い分野において4カ国での協力体制を構築することを目的としています。

② QUAD首脳会合の開催

- 2004年のスマトラ島沖巨大地震（インドネシア）の被害に対し、4カ国が国際社会の支援を主導したことを機に、2019年に初めての外相会合が開かれました。
- 2023年5月には、G7サミットに合わせて広島で実施されており、次回は2024年にインドで開催される予定です。

③ QUAD首脳会合の内容

　最重要議題は、中国を相手とする安全保障協力の強化です。経済・軍事の両面で東シナ海・南シナ海への進出を強める中国を念頭に、インド太平洋における力や威力による一方的な現状の試みに強く反対していくことで一致しました。

日米豪印と中国の関係

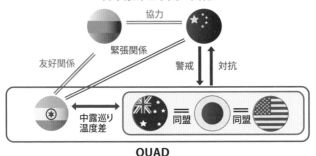

QUAD

　他にも、北朝鮮の弾道ミサイル発射や核兵器開発への非難、拉致問題の即時解決に向けた理解と協力、ウクライナ侵攻に関してロシアによる核の威嚇と使用の非難、国連憲章に沿った公正かつ永続的な平和の支持などを、4カ国間で確認しています。

> **くわしく**
> Quadrilateral Security Dialogue の略で、日米豪印戦略対話、4か国戦略対話ともいいます。

> **用語**
> **自由で開かれたインド太平洋**
> 2016年、当時の安倍首相が提唱した日本の外交方針。インドと太平洋、アジアとアフリカを繋いで国際社会の繁栄と安定を目指す考え方。

> **発展**
> 2023年の会合は当初オーストラリアで開催される予定でしたが、アメリカの債務上限の引き上げを巡る議論が続く中、バイデン大統領がオーストラリア訪問を見送ったため、オーストラリアでの開催が取りやめられました。

> **くわしく**
> 4カ国の中国に対する事情は以下の通りです。
> 日本：尖閣諸島を巡り対立
> アメリカ：経済・軍事で覇権争い
> オーストラリア：人権・貿易で摩擦
> インド：国境地帯で衝突
>
> インドについて、良好な関係を築くロシアが中国と協力しているため、中国への過度な刺激を回避する姿勢を取っており、QUADの他の3カ国とやや温度差があります。

12 NATO

出題可能性 58.9%

① 北大西洋条約機構（NATO）とは

- NATO とは、欧米諸国で構成される集団防衛組織です。2023年4月にフィンランドが加盟し、2023年時点の加盟国は31カ国となっています。

- 日本は加盟国ではありませんが、パートナー国として NATO との共通の利益に基づいて協力関係を発展させています。

- また、北大西洋条約により、集団的自衛権を行使することができるとされています。

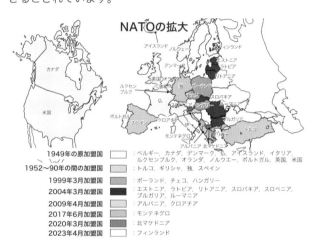

NATOの拡大

1949年の原加盟国	：ベルギー，カナダ，デンマーク，仏，アイスランド，イタリア，ルクセンブルク，オランダ，ノルウエー，ポルトガル，英国，米国
1952〜90年の間の加盟国	：トルコ，ギリシャ，独，スペイン
1999年3月加盟国	：ポーランド，チェコ，ハンガリー
2004年3月加盟国	：エストニア，ラトビア，リトアニア，スロバキア，スロベニア，ブルガリア，ルーマニア
2009年4月加盟国	：アルバニア，クロアチア
2017年6月加盟国	：モンテネグロ
2020年3月加盟国	：北マケドニア
2023年4月加盟国	：フィンランド

② NATO首脳会議の開催

2023年7月、リトアニアでNATO首脳会議が開催されました。岸田文雄首相は「国別適合パートナーシップ計画（ITPP）」に合意しました。

③ NATOとウクライナ

- NATO 加盟を望むウクライナですが、ロシアによるウクライナ侵攻が長期化する中、加盟国となれば NATO とロシアの全面戦争に発展しかねないため、今回も大きな進展はありませんでした。

- しかし、首脳会議にて G7 首相は「ウクライナ支援に関する共同宣言」を発出しました。軍事支援を通した長期的な安全保障を約束し、NATO 加盟国とウクライナが対等の立場で話し合う「NATO ウクライナ理事会」が設置されています。

13 BRICS

出題可能性　60.1%

① BRICSとは

　BRICS とは、ブラジル、ロシア、インド、中国、南アフリカの新興５カ国でつくる国際的な枠組みです。新興国や途上国の間の協力や経済成長を促進することを目的としており、2023 年時点で、世界の人口のおよそ 40%、GDP のおよそ４分の１を占める巨大な経済圏となっています。

② BRICS首脳会議の開催

　５カ国の持ち回りで毎年開催され、首脳らが一堂に会して会議を行います。2023 年８月、南アフリカの最大都市ヨハネスブルクで新型コロナウイルス感染症流行後、初めての対面開催となるBRICS 首脳会議が実施されました。

③ BRICS首脳会議の内容

- 2023 年の中心議題は加盟国の拡大であり、2024 年１月からアルゼンチン、エジプト、イラン、エチオピア、サウジアラビア、アラブ首長国連邦（UAE）の６カ国を新たな加盟国として認めることが決定しました。

- 中国やロシアが欧米への対抗軸として BRICS の強化を目指す中、首脳会議では新興国や発展途上国の連携を図っていくことを確認しました。

 ロシアや中国　欧米への対抗軸としてBRICSの枠組みの強化を！
新興国や発展途上国の連携を図ることを会議で確認。

⇕

 インドやブラジル　反欧米の性格が強まりすぎることに警戒感。

- しかし、加盟国の間では考え方に若干の相違もあります。

- アメリカと対立するイランや、中国への接近を強めるサウジアラビアなどが加盟することで、今後 BRICS がどのような方向性を示し、国際的な影響力を強めていくのかが注目されています。

📖 **参考**

世界の人口
2023 年：80 億 4500 万人（過去最多）
国別ランキング
1 位
インド：14 億 2860 万人
2 位
中国：14 億 2570 万人
3 位
アメリカ：3 億 4000 万人
...
12 位
日本：1 億 2330 万人

出典：国連人口基金「世界人口白書 2023」

📖 **参考**

ウクライナへの軍事侵攻をめぐって国際刑事裁判所（ICC）の逮捕状が出ているロシアのプーチン大統領は、オンラインで参加しました。

📖 **参考**

他にも、アメリカの通貨ドルに頼らない自国の通貨を用いた貿易の促進などについて議論されました。

用語

欧米
ヨーロッパ（欧州）とアメリカ（米国）の総称。

📖 **参考**

アルゼンチンは BRICS に参加する予定でしたが、2023 年 12 月にハビエル・ミレイ大統領が新たな大統領に就任し、加盟の見送り（加盟しない）を表明しました。
そのため、2024 年 1 月にアルゼンチンを除く５カ国が正式に加盟しました。

① 世界各国の実質 GDP 成長率

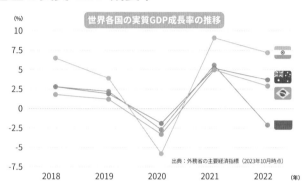

世界各国の実質GDP成長率の推移

出典：外務省の主要経済指標（2023年10月時点）

- インドの実質 GDP 成長率は、2021 年が＋ 9.1％、2022 年が＋ 7.2％でした。
- オーストラリアの実質 GDP 成長率は、2021 年が＋ 5.2％、2022 年が＋ 3.7％でした。
- ブラジルの実質 GDP 成長率は、2021 年が＋ 5.0％、2022 年が＋ 2.9％でした。
- ロシアの実質 GDP 成長率は、2021 年が＋ 5.6％、2022 年が－ 2.1％でした。
- なお、2022 年の世界全体の実質 GDP 成長率は＋ 3.5％となっています。

② ダウ平均株価

- ダウ平均株価は、ニューヨークの証券取引所に上場している株式のうち、アメリカを代表する優良銘柄 30 種の株価の平均を計算したものです。
- 2020 年 11 月に初めて 3 万ドル台を記録し、2023 年 12 月にダウ平均株価史上最高値を更新しています。（※ 2023 年 12 月時点の情報）

③ ラグビーワールドカップ

　2023 年 9 月から 10 月にかけて、フランスでラグビーワールドカップが開催されました。決勝では、南アフリカがニュージーランドに勝ち、2 大会連続の優勝を果たしました。通算では、4 回目の優勝となります。

④ 一帯一路

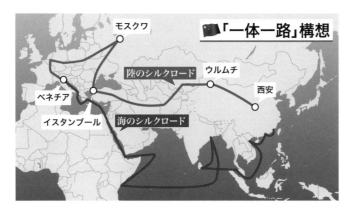

　一帯一路とは、中国が推進する巨大経済圏構想で、アジアとヨーロッパを「陸路（一帯）」と「海上航路（一路）」でつなぐ物流ルートをつくり、貿易を活発化させ、経済成長につなげようとするものです。

⑤ ウクライナ情勢

- 2022年2月にロシアが隣国ウクライナに軍事侵攻を行い、ウクライナ側が激しく抵抗したことで対立が起きています。

- 欧米や日本などはロシアに対し、厳しい経済制裁や金融制裁、また、ロシアからの輸入規制など、様々な制裁を行っています。ロシアに対する各制裁は、ロシア経済へ大きな打撃を与えるため、ロシア国民の世論を動かし、戦争を早期に終わらせる効果が期待できます。

- 一方、日本では、ロシアからの石炭等の輸入量減少により、光熱費や原材料費の高騰から日用品の値上げが生じるなど、日本経済にも大きな影響が生じています。

⑥ 世界の平均気温

　EUの気象情報機関は、2023年7月（1ケ月間）の世界の平均気温が「16.95℃」で、これまでで最も高かった2019年7月（1ケ月間）の「16.63℃」を上回り、観測史上、最も高くなったと発表しました。なお、2023年11月には「2023年（1年間）の世界の平均気温が観測史上、最も高くなることが確実だ」と発表しています。

⑦ スーダンでの武力衝突

- スーダンでは、勢力の権力争いのほか、コロナ禍やウクライナ侵攻による激しいインフレ、2021年のクーデターで民主派を追い出した軍事政権の反発などが起きていました。

- そして、2023年4月、スーダン国軍と準軍事組織の武力衝突が始まりました。多数の死者も出しており、人道危機が深刻化しています。

⑧ アメリカの銀行の相次ぐ経営破綻

- アメリカでは、コロナ禍で大規模な金融緩和が行われました。その後、記録的なインフレに見舞われ、これを抑え込むため連邦準備制度理事会（FRB）が急速な利上げを行っていました。

- そして、アメリカの銀行では、利上げによって価格が下落した債券の売却により、損失が出て経営が悪化し、顧客の預金引き出しが増えました。

- その結果、2023年3月に2つの銀行、5月に1つの銀行が経営破綻しました。SNSとインターネットを通じた金融サービスが、預金の流出のスピードを加速させたといわれています。為替への影響など、金融不安が世界に拡大しました。

⑨ 中国政府による日本向けの団体旅行解禁

- 中国では、2020年1月以降、新型コロナウイルスの感染拡大を受けて海外への団体旅行を制限してきましたが、2023年8月、日本への団体旅行を約3年半ぶりに解禁しました。

- 「爆買い」などによる日本経済の押し上げが期待される一方、旅行者が観光地に集中することで、地元住民の生活や自然環境に悪影響を及ぼしたり、土地の魅力を低下させたりするオーバーツーリズムなどの懸念もあります。

⑩ トランプ前大統領の起訴

　2023年3月、トランプ氏が元ポルノ女優への口止め料の支払いを隠すため、不正な会計処理をしていたとして起訴されました。アメリカ大統領経験者の起訴は史上初となります。

予想問題「ココが出る」

問題1 2023年5月に広島県広島市で主要7カ国首脳会議（G7サミット）が開催された。日本でのG7サミット開催は2008年の洞爺湖サミット以来、15年ぶりで、5回目の開催となった。

問題2 2023年のG7サミットは、世界文化遺産にも登録されている広島市の原爆ドームがある平和記念公園で始まり、初めてG7首脳がそろって平和記念資料館（原爆資料館）を視察した。

問題3 2023年9月、インドのニューデリーでG20サミットが開催された。このサミットには中国やロシアも参加しているため、習近平国家主席やプーチン大統領も出席した。

問題4 安全保障理事会は、拒否権を持つ5カ国の常任理事国と総会で選出された10カ国の非常任理事国で構成されており、日本は2023年1月から加盟国の中で最多となる12回目の非常任理事国を務めている。

問題5 NATOは、欧米諸国で構成される集団防衛組織であり、2023年4月にフィンランドが加盟した。

答え

問題1 ✕ 日本で行われたG7サミットは計7回（東京3回、九州・沖縄1回、洞爺湖1回、伊勢志摩1回、広島1回）で、前回開催は2016年の伊勢志摩である。そのため、7年ぶりの開催である。

問題2 ◯

問題3 ✕ 2023年のG20サミットでは、中国の習近平国家主席とロシアのプーチン大統領は欠席している。

問題4 ◯

問題5 ◯

4

日本政治・経済

1 国家安全保障 出題可能性 90%以上

① 安全保障3文書

参考
令和5年版防衛白書

安全保障3文書	
国家安全保障戦略	外交・防衛の基本方針
国家防衛戦略 （旧：防衛計画の大綱）	日本の「防衛目標」を設定 目標達成に向けた方法や手段を示す
防衛力整備計画 （旧：中期防衛力整備計画）	防衛費総額や装備品の整備規程

近年、中国、北朝鮮、ロシア等が軍事活動を活発化させていることから、日本の安全保障を確保するため、2022年12月に「安全保障3文書」が閣議決定されました。

② 国家安全保障戦略

「国家安全保障戦略」は、国家安全保障の最上位の政策文書で外交・防衛分野だけでなく、経済安全保障、技術、サイバー、情報も含む幅広い分野の政策の戦略的指針（基本方針）とされる文書です。

③ 国家防衛戦略

「国家防衛戦略」は、国家安全保障戦略を踏まえ、防衛の目標や達成するためのアプローチ・手段を示すもので、これまでの防衛力整備の指針であった「防衛計画の大綱」に代わる文書です。

	3つの防衛目標	防衛目標の達成に向けた アプローチ
(1)	力による一方的な現状変更を許容しない安全保障環境を創出	わが国自身の防衛体制の強化 "防衛力の抜本的な強化" "国全体の防衛体制の強化"
(2)	力による一方的な現状変更やその試みを、同盟国・同志国などと協力・連携して抑止・対処し、早期に事態を収拾	日米同盟の抑止力と対処力の強化 "日米の意思と能力を顕示"
(3)	万が一、わが国への侵攻が生起した場合、わが国が主たる責任をもって対処し、同盟国などの支援を受けつつ、これを阻止・排除	同志国などとの連携の強化 "一ヵ国でも多くの国々との連携を強化"

これまで弾道ミサイルへの対処は「迎撃」のみとされていましたが、「国家防衛戦略」では、攻撃を防ぐのにやむを得ない必要最小限度の自衛の措置として相手のミサイル発射基地などを攻撃できる「反撃能力」の保有が初めて明記されました。

📖 参考

令和5年度版の防衛白書では「反撃能力」について、日本への侵攻を抑止する上で「鍵」となると、その必要性を強調しています。

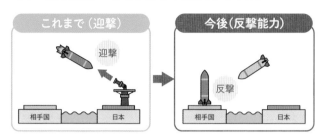

④ 防衛力整備計画

「防衛力整備計画」は、国家防衛戦略に従い、概ね10年後の自衛隊の体制や、5年間の経費総額や主要装備品の整備数量などの中期的な整備計画を示した文書です。

🔍 くわしく

防衛費増額に伴う財源の確保について、政府は、所得税、法人税、たばこ税の増税や歳出改革、税外収入等の工夫を通じて賄うとしています。

< 防衛力強化に必要な5年間の支出額 >

- 「防衛力整備計画」では、2023年度から5年間の防衛力整備の水準を前期間の約1.6倍となる43兆円程度としています。
- 政府は計画の初年度にあたる2023年度予算を「防衛力抜本的強化の元年予算」と名付けており、当初予算における防衛費の規模は、6.8兆円（前年度の約1.3倍）となっています。

⑤ 防衛費の使い道

「反撃能力」を行使するために敵の射程圏外から攻撃できる「スタンド・オフ防衛能力」や無人航空機などを活用した「無人アセット防衛能力」の強化などの分野を柱として、政府は防衛力の抜本的強化に取り組んでいます。

用語

スタンド・オフ

スタンド・オフは、離れているという意味。政府は離れている場所から敵を攻撃できるスタンド・オフ・ミサイル等の開発を進めている。

用語

無人アセット

無人アセットは、無人の装備品のこと。反対に有人アセットは人が操作する装備品のこと。政府は無人アセットの拡大だけでなく、AI等を用いて複数の無人アセットを同時制御する能力等を強化するとしている。

2 新型コロナウイルス

出題可能性 90%以上

① 2022年までの新型コロナ関連の主要トピック

2020 年の主要トピック	
2020年1月	国内初の新型コロナ感染者確認
2020年4月	緊急事態宣言発令
	特別定額給付金支給決定
2020年7月	Go To トラベルの開始

2021 年の主要トピック	
2021年1月	2回目の緊急事態宣言発令
2021年4月	まん延防止等重点措置適用
	変異ウイルス（アルファ株）の流行

2022 年の主要トピック	
2022年1月	子どものワクチン接種を5歳以上に拡大
2022年6月	2年ぶりに外国人観光客受け入れ
	内閣感染症危機管理統括庁の設置決定
2022年9月	感染者数の全数把握簡略化
2022年10月	新型コロナウイルス雇用調整助成金上限引き下げ
	全国旅行支援開始
2022年11月	新型コロナの飲み薬「ゾコーバ」を医療機関へ供給

- 政府は、2020 年 4 月に緊急事態宣言を発令した後、特別定額給付金の支給や GoTo トラベル等の経済政策を行ってきました。

- 2021 年には、2 回目の緊急事態宣言を発令し、飲食店などへの時短要請に絞った対策をとった結果、飲食店が大きな影響を受けたことで、政府は雇用調整助成金の特例措置等の対策を講じてきました。

- 2022 年は、外国人観光客の受け入れや自宅療養期間の短縮、飲み薬ゾコーバの供給など、アフターコロナに順応する対策を講じてきました。

② 2023年の新型コロナ関連の主要トピック

2023 年は 5 月 8 日に「コロナの 5 類移行」が決定しました。これに伴い様々なルールや制度の変更がありました。また、同年9 月には「内閣感染症危機管理統括庁」が発足しました。このような主要トピックを詳しく紹介していきます。

(1) コロナの5類移行

1類	エボラ出血熱、ペスト...等
2類	結核、SARS...等
3類	コレラ、腸チフス...等
4類	サル痘、黄熱、狂犬病...等
5類	季節性インフルエンザ、梅毒...等

新型コロナウイルス
「2類相当」
↓
2023年5月8日〜
新型コロナウイルス
「5類」

用語

特別定額給付金
新型コロナ感染症の影響による経済対策として、日本に住民基本台帳がある世帯主に1人10万円の現金を給付したもの。

用語

GoTo トラベル
観光需要喚起策として、国内旅行代金を1泊あたり2万円を上限に、日帰り旅行では1万円を上限に補助する制度。このキャンペーンは国の管轄であった。

用語

全国旅行支援
観光需要喚起策として、交通付き宿泊代金を5000円を上限に、宿泊のみを3000円を上限に、代金の20％を割引という形で補助する制度。このキャンペーンは都道府県単位の管轄である。

参考

WHO＝世界保健機関は、2023 年 5 月、新型コロナ「緊急事態宣言」の解除を発表しました。

アドバイス

WHO（世界保健機関）のテドロス事務局長は、2023 年 5 月に 2020 年1 月に宣言した「国際的な公衆衛生上の緊急事態」を解除すると発表しました。約 3 年 3 ケ月で平時に戻ったとおさえておきましょう。

2023 年 5 月 8 日、コロナの感染症法上の位置づけが、季節性インフルエンザなどと同じ「5 類」に移行しました。

(2) コロナの5類移行で変わること

	2 類相当	5 類移行後
感染者数	全数把握(毎日公表)	定点把握(週1回公表)
待期期間	感染者は原則7日間 濃厚接触者は原則5日間	なし
診療対応	発熱外来が中心	原則全ての医療機関
医療費	公費負担	一部自己負担
マスク着用	屋外では距離を保てば不要	個人の判断
行動制限	できる	できない

🔍 **くわしく**

待期期間について
5 類移行後も、感染リスクの高さから、発症した後5日を経過し、かつ、症状が軽快した後 1 日を経過するまでは外出を控えることが推奨されています。

- 医療や感染対策について、これまでと対応が大きく変わります。感染者数の週 1 回の公表、感染者・濃厚接触者の待期期間の撤廃、医療費の一部自己負担、個人の判断によるマスク着用などへと変更になるほか、緊急事態宣言の発出など行動制限ができなくなりました。

- 5 類に移行しても感染症の流行が終わったわけではないため、引き続き 1 人ひとりが感染対策をしていくことが求められます。

📖 **参考**

これからは、感染防止対策を継続しつつ従来の社会活動や経済活動の回復・両立を目指す新しい生活用式・ウィズコロナの時代であると言われています。

③ 内閣感染症危機管理統括庁

- 2023 年 9 月、「内閣感染症危機管理統括庁」が発足しました。感染症の発生時に迅速な意思決定ができるよう内閣官房に置かれ、感染症対策を一元的に担う司令塔として、政府全体の取組の総合調整などを行います。

- 優先課題として、コロナのような重大な感染症発生時に備え、政府の対応方針を示す「新型インフルエンザ等対策政府行動計画」の見直しを行います。

3 経済連携協定

出題可能性 90%以上

① 自由貿易と保護貿易

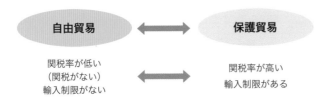

自由貿易
関税率が低い
（関税がない）
輸入制限がない

保護貿易
関税率が高い
輸入制限がある

　国際貿易のあり方には「自由貿易」と「保護貿易」の2つがあります。

(1) 自由貿易

　「自由貿易」とは、外国との貿易に際して、国家による輸入数量制限や関税などの干渉を撤廃して自由に貿易を行うことをいいます。

(2) 保護貿易

- 他方、「保護貿易」とは、外国との貿易に際して、国家が関税などの交易障壁を設けて、自国の産業を保護することをいいます。これは、外国からの自由な輸入によって、自国の産業が競争に負けて衰退しないように保護しようとするものです。

- 保護の方法には、「関税」だけでなく、「非関税障壁」が存在します。非関税障壁とは、手続や審査、政策など、関税以外の貿易（輸入）に障壁を設けることで、輸入手続・審査の基準の厳格化や、一定数量以上の輸入の禁止（輸入数量制限）など、さまざまな手段があります。

② FTA・EPA

EPA（より広く経済面での連携を強化）				
知的財産保護	人の移動	投資	競争政策	さまざまな分野の協力

FTA（貿易面での連携を強化）

輸入数量制限や関税などの貿易障壁を撤廃

(1) FTA（自由貿易協定）とは

　2カ国以上の国の間で、輸入数量制限や関税などの貿易障壁を

アドバイス

今までは「国」を1つの単位として、経済活動を行ってきましたが、グローバル化社会では、国境が生み出すさまざまな制約が、国の経済発展の妨げとなってしまいます。そこで、各国は経済連携協定の締結を進めています。

用語

関税
一般に「輸入品に課される税」という意味。

撤廃して、自由に貿易を行うための取り決めのことです。

(2) EPA（経済連携協定）とは

- FTA での貿易障壁の撤廃による貿易の自由化に加えて、「投資」「人の移動」「知的財産の保護」「競争政策」におけるルールを作り、幅広い経済関係の強化を目的とした取り決めのことです。

- 例えば、企業は「投資」面で海外での工場建設の手続きが円滑になったり、ビザの発給要件が緩和されることで「人の移動」がスムーズになります。また、締結国間での「知的財産の保護」が強化されたり、反競争的行為に対する規制を行うなど市場における適切な競争を促進します（競争政策）。このように、EPA の締結により、締結国間で幅広く経済関係が強化されます。

> ### 外国人看護師・外国人介護福祉士の受入れ
>
> EPA の発効により、インドネシア、フィリピン、ベトナムとの人的交流の一環として「看護師・介護福祉士」の受入れが活発に行われています。相手国の雇用機会の少なさや所得の低さなどの問題と、日本の少子高齢化による労働力不足というそれぞれの問題解決に向けて、両国にメリットがある取組となっています。

(3) 日英EPA（日英包括的経済連携協定）

- 日英 EPA は、日本と EU 離脱後のイギリスとの、日 EU・EPA に代わる、新たな貿易・投資の枠組みを規定するものであり、2020 年に署名、2021 年 1 月に発効しました。これは、EU 離脱後のイギリスが主要国との間で署名した初めての EPA です。

- また、イギリスは、EU 離脱により EPA の締結を活発化させており、日英をはじめ 30 本以上の EPA を発効しています。2021 年 12 月には英豪 FTA、2022 年 2 月に英 NZ・FTA に署名しました。

(4) 日米貿易協定

- 日米貿易協定とは、日本とアメリカ間の FTA です。物品に対する関税の撤廃・引下げを柱とし、2020 年 1 月に発効しました。アメリカからの輸入品については、牛肉や豚肉などの関税が TPP の水準を超えない範囲で引き下げられ、日本からの輸出品は工業品を中心に引き下げられます。

- また、日米貿易協定と同時に、電子商取引のルールなどを定めた「日米デジタル貿易協定」にも合意しました。

参考

日中韓 FTA
３カ国の GDP 及び貿易額は、世界全体の約 2 割を占めます。政府は、この FTA の締結に向けた交渉を進めています。

③ TPP（環太平洋パートナーシップ協定）

TPP11（CPTPP）参加国

イギリス　ベトナム　日本　カナダ　TPP　マレーシア　シンガポール　メキシコ　ペルー　ブルネイ　オーストラリア　ニュージーランド　チリ

(1) TPPとは

TPPとは、アジア太平洋地域において、「モノの関税」だけでなく、「人の移動」「サービス」「投資」の自由化を目的とした経済連携協定（EPA）のことです。

(2) TPP発効までの経緯

当初はアメリカも加盟予定でしたが、2017年、トランプ前大統領によりTPPの離脱が宣言されました。アメリカ離脱により発効が危ぶまれましたが、2018年12月にTPP11（CPTPP）として発効しました。

(3) TPPの締結状況（イギリスの参加）

- 2021年にイギリス、中国、台湾、エクアドルが、2022年にはコスタリカ、ウルグアイが加盟申請を行っています。
- そして、2023年7月、加盟国11カ国は、イギリスのCPTPP加入を認める協定に署名し、正式に承認しました。協定発効後、新たな国が加わるのは初となります。
- TPPには環太平洋地域の11カ国が参加していましたが、イギリスの加盟により、参加国は12カ国になります。

(4) TPPの規模

- イギリスの国内手続き等が終わり発効されると、TPPの世界全体のGDPに占める割合は12%から15%に拡大します。
- また、貿易総額は6.6兆ドルから7.8兆ドルに、総人口は5億1000万人から約5億8000万人に増加することで、さらに巨大な経済圏となります。

 参考

TPPの特徴として、参加国全体で最終的に99%の関税が撤廃されること、また、知的財産、金融サービス、電子商取引、国有企業の規律など、幅広い分野で共通のルールを構築していることなどがあります。

 参考

ブルネイが手続きを終え、2023年7月にTPPを発効したことで11カ国すべての国で効力をもつようになりました。
その後、イギリスが署名したという流れになります。今後、国内手続き等を通じて発効に至ります。

アドバイス

イギリスの正式な加入が決定したことは、2023年のビッグニュースになります。絶対に押さえておきましょう。

④ RCEP（東アジア地域包括的経済連携）協定

(1) RCEPとは

- RCEP協定は、日本・中国・韓国・ASEAN10カ国に、オーストラリアとニュージーランドを加えた15カ国が参加している自由貿易の協定です。

- 2011年にASEANが提唱し、2022年1月に発効に至りました。なお、RCEP協定は、「関税の撤廃」だけでなく、投資、知的財産、電子商取引など幅広い分野についてルールを規定しています。

(2) RCEPの規模

　RCEPは、世界のGDP、貿易総額および人口の約3割、そして日本の貿易総額の約5割を占める広域経済圏を創出しています。

(3) 中国・韓国と初の経済連携協定

　RCEP協定は、日本にとって中国・韓国との間で締結された初の経済連携協定となりました。なお、インドについては、不参加を表明しています。

参考

ただし、参加国全体での関税撤廃率は、品目数で見ると91％であり、TPPなど他のFTAと比較するとやや低い数値となっています。

参考

RCEP協定については、発効してからでも協定に参加できるとされています。

⑤ 日本のEPA交渉まとめ

〈我が国の発効・署名済EPA等（50カ国）〉 ※2023年3月時点

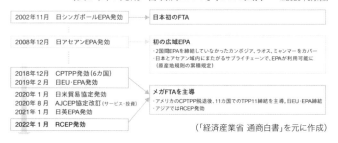

（「経済産業省 通商白書」を元に作成）

　日本は、2023年3月時点で、50カ国との間で21の経済連携協定を署名・発効済みです。近年の動きとしては、2019年に「日EU・EPA」が発効され、域内人口約6億4000万人、世界GDPの約3割、世界貿易の約4割を占める自由な先進経済圏が誕生しました。そして、2020年1月に「日米貿易協定」が、2021年1月にはイギリスとの間で「日英EPA」が発効しました。また、2022年1月には、中国・韓国とは初のEPAとなる「RCEP協定」が発効しました。

4 税制改正大綱

出題可能性　90%以上

アドバイス

税制改正大綱は、特に東京都特別区の試験で超頻出のテーマです。また、特別区は、2024年度の試験では2023年12月に閣議決定された「2024年度税制改正大綱」の内容が問われます。

① 税制改正大綱とは

* 税制は、経済や時代の流れに合わせて、仕組みや内容が毎年見直されます。毎年12月に与党の税制調査会が中心となり、各省庁の要望を整理し、翌年度以降における税制改正の方針をまとめたものが「税制改正大綱」です。

* そして、税制改正大綱をもとに税制改正法案が作成されます。この法案が翌年2月頃に国会で審議され、その後、改正法が3月末までに成立・公布、4月から改正法が施行されるのが一般的な税制改正の流れとなります。

② 2023年度税制改正大綱のポイント

改正される分野	2023年度における改正の概要
法人税 所得税 たばこ税	防衛費増額の財源を賄うため、法人税、所得税、たばこ税が増税される。(2027年度に向けて、段階的に実施される)
NISA	複数のNISAが一本化され、非課税期間の恒久化や限度額の拡充が行われる。
エコカー減税	半導体不足の状況を踏まえ、減税期間が延長される。
インボイス制度	インボイス制度の普及に向けて、軽減措置が導入される。

2023年度の税制改正大綱では、防衛費増額分の財源確保に向けた3つの税目の増税、NISA制度の変更、エコカー減税の延長、インボイス制度普及に向けた軽減措置の導入などが主なポイントでした。

参考
NISAは106ページを参照

用語
エコカー減税
燃費や排ガス性能が高い対象自動車に対する減税が受けられる特例制度のこと。

③ 2024年度税制改正大綱のポイント

改正される分野	2024年度における改正の概要
所得税 住民税	物価高対策として、所得税と個人住民税が定額減税される。
賃上げ	賃上げを実施した企業の法人税減税(賃上げ促進税制)が拡充される。
児童手当	所得制限が撤廃され、給付対象が高校生まで拡大されるが、扶養控除の縮小(案)が行われる。
住宅ローン減税	省エネ化に向けて、住宅ローン減税の優遇が維持される。

2024年度の税制改正大綱では、物価高への対応に向けた2つの税目の定額減税、賃上げ企業に対する減税の拡充、児童手当の拡充、住宅ローン減税の優遇の維持などが主なポイントでした。

参考
インボイス制度は102ページを参照

参考
2024年度税制改正大綱

(1) 物価高対策のための税制措置

- 2024年6月から、家計を助けるための減税措置として、一人当たり所得税3万円、個人住民税1万円（計4万円）の定額減税が実施されることになりました。

- なお、所得税等を納めていても年間の納税額が一人当たり4万円に満たない人には、減税額に達するまでの差額が1万円単位で給付されます。また、政府は定額減税とあわせて低所得者に対する給付措置も実施するとしています。

(2) 賃上げ税制

- 賃上げ税制（所得拡大促進税制）は、基準を超える賃上げを行った企業に対し、法人税の納税額から一定額を控除（減税）する制度で、賃上げ率が大きいほど控除率も大きくなります。政府は賃上げの流れを後押しするため賃上げ税制を3年間延長した上で、内容の見直しを行いました。

- 従業員が2000人を超える大企業について、給与・ボーナスの総額を前年度から7％以上増やした場合は、増加分の25％が控除されるなどの新たな基準を設けました。

- また、その年に赤字等となった中小企業でも、5年以内であれば黒字になるまで減税を繰り越すことができる「繰越控除措置」が新設されました。

(3) 児童手当の拡充と扶養控除の見直し

- これまでは児童手当がもらえるのは中学生までで所得制限もありましたが、児童手当の所得制限が撤廃され、給付対象が高校生年代（16～18歳）にまで拡大されます。

- そのため、高校生の子どもがいる世帯に対して、原則、第2子までは一人当たり月1万円、第3子以降は月3万円が支給されることとなります。

- 児童手当の高校生までの拡充に伴い、大綱では高校生などを扶養する場合の扶養控除を縮小する案が出ています。

(4) 住宅ローン減税

- 住宅ローン減税について、2024年の入居分から減税の対象となる借入額の上限が引き下げられます。

- しかし、省エネ性能の高い住宅等を購入する子育て世帯等に対し、上限の引き下げを見送るといった子育て世帯等の支援措置（2024年のみの暫定措置）が2024年度の税制改正大綱に盛り込まれました。

参考
減税は納税者本人に加え、配偶者を含めた扶養家族も対象ですが、この減税措置には所得制限が設けられており、納税者の合計所得金額が1805万円（給与収入の場合は2000万円）を超える人は減税の対象外となります。

発展
低所得者に対する給付措置
・住民税非課税の世帯には7万円を給付。
・所得税を納めていないものの住民税（均等割）は納めている世帯には10万円を給付。
・上記のうち子育て世帯には18歳以下の子ども一人あたり5万円を追加で給付。

発展
さらに、企業規模を問わず女性活躍や子育て支援に積極的だと認定を受けた企業には控除率が5％上乗せされるようになりました。

くわしく
扶養控除の縮小
実現すると、所得税の課税対象から差し引く控除額は年間38万円から25万円に、住民税は年間33万円から12万円になります。
なお、所得税は2026年度から、住民税は2027年度から適用される予定です。

用語
住宅ローン減税
ローンを組んで住宅を購入した際に所得税などの負担を減らす制度。

5 インボイス制度

出題可能性　73.6%

① インボイス制度の概要

(1) インボイス制度導入の背景

2019年10月の消費税引き上げで、食料品などに対する軽減税率8%と、通常の消費税10%の2種類の税率が混在することになりました。そこで、事業主がどの税率で取引を行ったかを正確に把握するため、2023年10月に事業主を対象とした「インボイス制度」が導入されました。

(2) インボイスとは

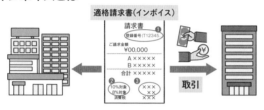

適格請求書（インボイス）とは、取引の際に用いられる登録番号と適用税率、消費税額等を記載した請求書のことです。

参考
記載事項として、従来の請求書（区分記載請求書）に以下の事項が追加されています。
❶登録番号
❷適用税率
❸消費税額

参考
適格請求書＝インボイス

② 仕入税額控除の仕組み

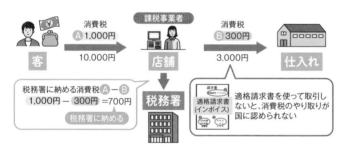

くわしく
例えば、お店が税込3300円で仕入れたものを、お客さんに税込11000円で売った場合、消費税の差額分となる700円を税務署に納める必要があります。

- 消費税を納付する義務がある法人や個人事業主（課税事業者）が、自社の売上時の消費税額（A）から自社が仕入などの購入時に支払った消費税額（B）を差し引いた差分を納税する仕組みを「仕入税額控除」といいます。

- そして、仕入れ等において、国が認めた適格請求書で取引が行われた仕入額のみ消費税が控除できる仕組みとなっています。

参考
例えば、取引の際に適格請求書を使用していなかった場合、店舗は購入時に300円の消費税を払っているにもかかわらず、仕入税額控除が認められないため、販売したときに手元に残った消費税1000円を納めなければならないことになります。

③ 課税事業者と免税事業者

課税事業者	課税売上高1000万円超	消費税を納付する義務がある事業者
免税事業者	課税売上高1000万円以下	消費税の納付が免除されている事業者

　消費税の納付が義務付けられている事業者を「課税事業者」といい、消費税の納付が免除されている事業者を「免税事業者」といいます。

④ インボイス発行事業者への登録

　インボイス発行事業者への登録は任意です。しかし、適格請求書を発行することができるのは、課税事業者だけです。そこで、免税事業者は、適格請求書を発行するために、インボイス発行事業者に登録し、課税事業者への転換を行う必要があります。

> **インボイス制度導入に伴う事業者への負担**
>
> 　免税事業者は適格請求書を発行することができないことから、免税事業者との取引は国に認められないことになります。大企業等の課税事業者は、基本的に適格請求書での取引が必須であることから、免税事業者との取引を嫌がる場合が多いです。そのため、免税事業者は「課税事業者への転換」を行い、適格請求書を発行できるようにしないと仕事がなくなっていってしまいます。しかし、事務的及び金銭的な面で大きな負担がかかることから、政府は様々な負担軽減措置を実施しています。

⑤ 負担軽減措置

- インボイス制度を機に免税事業者からインボイス発行事業者として課税事業者になった場合、消費税の納付について一律で2割だけ納めればよい（2割特例）という負担軽減措置を、2023年10月から2026年9月末まで実施しています。

- また、原則として、免税事業者から行った課税仕入は仕入税額控除の適用は受けられません。しかし、免税事業者に対する負担が大きすぎることから、免税事業者からの課税仕入について2026年9月末までは80%、2026年10月から2029年9月末までは50%が控除できる経過措置が設けられています。

- その他、事務負担に関しても様々な負担軽減措置が実施されています。

🔍 **くわしく**
課税事業者は、主に大企業や法人などが、免税事業者は個人事業主や小規模事業者などが該当します。

📖 **参考**
消費税の納付が義務付けられているのは課税事業者のみです。そのため、免税事業者は、例えば左ページの仕入において、差額分の700円を税務署に納付する必要はありません。

6 日本のODA

① ODA（政府開発援助）とは

　ODAとは、政府機関が開発途上国に対して行う贈与や貸付のことです。戦略的に行うことで日本の国益にもつながることから、開発協力大綱では「最も重要な手段の一つ」に位置づけられています。

> **用語**
> **ODA＝政府開発援助**
> Official Development Assistance の頭文字を取っています。

● ODAの主な種類と方法

二国間援助	日本政府と途上国との間で直接、経済的・技術的支援を行うもの。	【資金協力】 途上国へ資金提供を行うもの。 低利・長期の緩やかな貸付を行う有償資金協力と、返済義務を課さず資金を提供する無償資金協力がある。	【技術協力】 専門家や機材の提供、人材育成支援などを通して途上国を支援するもの。 途上国主体の自立や課題解決に重きを置いている点が特徴である。
多国間援助	日本政府が第三者となる国とともに国際機関に出資し、当該機関から途上国に対して支援を行うもの。		

> **くわしく**
> 大きな括りでは「二国間援助」と「多国間援助」の2つに分けることができ、また、具体的なODAの方法としては、主に「資金協力」と「技術協力」が挙げられます。

② 日本のODA実績

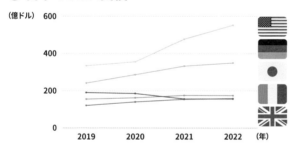

（億ドル）

日本のODA実績を見ると、2021年の日本のODAの金額は約176億ドルであり、アメリカ・ドイツに次いで世界3位となりました。2022年のODAの金額（暫定値）については約175億ドルとなっています。

> **参考**
> 日本の二国間ODAの相手国に目を向けると、アジア諸国への援助が多くを占めており、特にインドやバングラデシュ、東南アジア地域への援助が盛んに行われています。

③ 開発協力大綱

　2023年6月、政府はODAの基本指針を定めた「開発協力大綱」を閣議決定しました。指針の改定は2015年以来8年ぶりとなります。新たな大綱では、途上国を対等なパートナーとして、食料やエネルギーなどのサプライチェーン（供給網）の強化やデジタル技術の活用などの課題に協力して対処するとしています。

> **参考**
> 新たな開発協力大綱では、日本の強みである技術力を生かし、相手国の要請を待たずに提案するいわゆる「オファー型」の協力を強化するとしています。

7 国政選挙

出題可能性 73.6%

① 2022年の参議院議員選挙のポイント

投票率	期日前投票者数	女性候補者数	女性当選者の割合
52.05%	約1961万人 過去最多	181人 過去最多	28.0% 過去最高

　2022年の参院選では、投票率は52.05%と過去4番目に低い水準でした。一方、期日前投票を行った人は約1961万人と、参院選においては過去最多となりました。さらに、女性候補者は181人（約33%）と過去最多で、当選した女性議員数も35人（28%）と女性の政治参加が一歩前進した結果となりました。

② 衆議院議員選挙のポイント

(1) 改正公選法

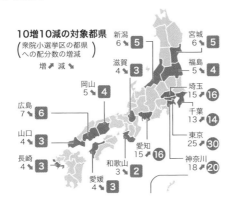

10増10減の対象都県
（衆院小選挙区の都県への配分数の増減）
増➚ 減➘

新潟 6➘5
宮城 6➘5
滋賀 4➚3
福島 5➘4
岡山 5➘4
埼玉 15➚16
広島 7➘6
千葉 13➚14
山口 4➘3
東京 25➚30
長崎 4➘3
愛知 15➚16
和歌山 3➘2
神奈川 18➚20
愛媛 4➘3

- 2022年11月、衆議院の小選挙区の数を「10増10減」する改正公職選挙法が成立し、同年12月に施行されました。「1票の格差」を是正する狙いがあります。

- この改正により、25の都道府県で過去最多となる140選挙区の区割りが変更されました。

(2) 衆議院で内閣不信任案：否決

　2023年6月、立憲民主党が内閣不信任決議案を衆議院に提出しました。衆議院本会議で採決が行われましたが、自民・公明両党と日本維新の会、国民民主党などの反対多数で否決されました。

用語

1票の格差
国政選挙の際、住んでいる地域によって1票の重みが違うという地域間の格差の問題。
最大2.096倍あった格差が1.999倍に改善される見込み。

参考

比例代表の定数
「3増3減」
東京ブロックで2、南関東ブロックで1増えます。一方、東北・北陸信越・中国の3つのブロックでは、1ずつ減ることになります。

用語

内閣不信任決議案
国会として内閣を「信任しない」という意思表示をする決議案で、衆議院だけに認められている。議決されれば、内閣は10日以内に衆議院を解散するか、総辞職しなければならないと憲法で規定されている。

8 新NISA制度

出題可能性 53.8%

① 投資とは

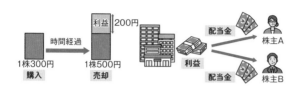

利益 200円
1株300円 **購入** → 時間経過 → 1株500円 **売却**

配当金 → 株主A
利益
配当金 → 株主B

投資とは、利益を見込んで事業等にお金を出すことです。例えば、株式や投資信託等を購入し一定期間後に売却して利益を得たり、配当金を受け取ったりして、資産を増やしていく方法があります。

② NISA制度とは

NISAは、株式・投資信託の税制優遇制度です。通常、投資で得た収益には約20%の税金がかかります。しかし、「NISA口座（非課税口座）」であれば、一定額までの投資で得た利益が非課税になります。

③ 新NISA制度

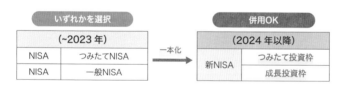

いずれかを選択

（～2023年）	
NISA	つみたてNISA
NISA	一般NISA

一本化 →

併用OK

（2024年以降）	
新NISA	つみたて投資枠
	成長投資枠

2023年度税制改正の大綱等において、新たなNISA制度の非課税期間の恒久化や限度額の拡充等のルールが示されました。2024年1月より、新たなNISA制度が始まります。具体的な変更点として、以下のようなものがあります。

	現行		新制度	
年間投資上限	つみたて	40万円	つみたて	120万円
	一般	120万円	成長投資	240万円
非課税期間	つみたて	20年	無期限	
	一般	5年		
生涯投資上限	つみたて	800万円		1,800万円
	一般	600万円	うち成長投資枠	1,200万円

用語
配当金
企業が利益が出たときに株主に配る「分配金」のこと。

参考
NISA制度は、2014年に導入されました。

参考
2020年度制度改正によりジュニアNISAは2023年末で終了となっています。

くわしく
つみたてNISAと一般NISAが一本化され、それぞれの役割を引き継ぐ「つみたて投資枠」「成長投資枠」が新設されました。そして、この2つの併用が可能になりました。

くわしく
年間の投資上限額が拡充され、非課税保有期間や口座開設可能期間が制限なしになります。
また、一生涯における「非課税運用限度額」が新たに設けられました。

9 ふるさと納税

出題可能性　59.8%

① ふるさと納税とは

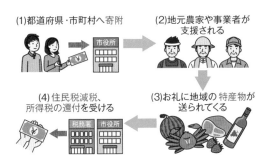

(1)都道府県・市町村へ寄附　(2)地元農家や事業者が支援される

(4)住民税減税、所得税の還付を受ける　(3)お礼に地域の特産物が送られてくる

- ふるさと納税とは、自分の選んだ地方公共団体に「寄附」を行った場合、お礼としてその自治体の「特産品等」のお礼の品がもらえるだけでなく、寄附をした金額に応じて「住民税や所得税が控除（還付）」される制度です。
- 2015年度税制改正により、控除の限度額が引き上げられたほか「ふるさと納税ワンストップ特例制度」が創設されました。

② ふるさと納税ワンストップ特例制度

　ワンストップ特例制度とは、確定申告の不要な給与所得者等が寄附を行う場合、確定申告を行わずにふるさと納税の寄附金控除を受けられる特例制度です。

③ ふるさと納税の受入額及び受入件数の推移

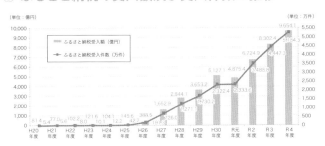

(単位：億円)　(単位：万件)

- ふるさと納税受入額（億円）
- ふるさと納税受入件数（万件）

　2022年度のふるさと納税の受入額は約9650億円、受入件数は約5200万件と右肩上がりで上昇しています。

🔍 **くわしく**

寄附額のうち2,000円を越える部分について、所得税と住民税から原則として全額が控除されます。（一定の上限はある）

📖 **参考**

原則として、税金の控除を受けるためには「確定申告」が必要です。

📖 **参考**

ワンストップ特例制度が活用できるのは、ふるさと納税先の自治体が、1年間で5自治体以内に限ります。

🔁 **発展**

2023年10月より、ふるさと納税制度が変更されています。
返礼品の調達費用や発送する際の費用等を含め、寄附金額の5割以下にしなければなりません。この5割ルールの適用が厳格化されました。
また、返礼品にする熟成肉・精米は、同一都道府県内産のみになりました。

10 金融政策 出題可能性 90%以上

① 金融政策とは

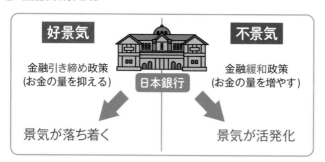

金融政策とは、日本銀行（以下、日銀）が物価の安定や経済の安定のために、金融市場を通じて「市場のお金の量を調整」することです。

② 金融政策の種類

金融政策には、(1) 金利政策（公定歩合政策）、(2) 公開市場操作、(3) 支払（預金）準備率操作の３つの代表的な手段があります。

(1) 金利政策（公定歩合政策）

好景気	公定歩合を上げる	金融引き締め
不景気	公定歩合を下げる	金融緩和

金利政策（公定歩合政策）とは、日銀が一般の銀行に融資する際の金利を操作することです。

参考
現在、公定歩合は「基準割引率及び基準貸付利率」と呼ばれています。

(2) 公開市場操作

好景気	売りオペレーション	金融引き締め
不景気	買いオペレーション	金融緩和

公開市場操作とは、日銀が、金融機関の持っている国債などを売り買いすることです。

アドバイス

現在、金融政策としてメインで行われているのは公開市場操作です。

不況の時は、市中銀行が持っている国債や株式などを日本銀行が買うこと（買いオペレーション）で、市中銀行の資金量を増やします。その結果、市中銀行から企業や個人にお金が流れやすくなり、景気が刺激されます。

くわしく

日銀が資産を購入することを買いオペレーションといい、マネタリーベース（日本銀行が世の中に供給するお金の全て）を供給します。
反対に、日銀が資産を売却してマネタリーベースを減らすことを売りオペレーションといいます。

(3) 支払（預金）準備率操作

好景気	支払準備率を上げる	金融引き締め
不景気	支払準備率を下げる	金融緩和

支払（預金）準備率操作とは、民間銀行が日銀に預けるお金の割合を操作することです。

くわしく

民間銀行は、受け入れた預金のうちの一定割合を日銀に預け入れることが法律で定められています。この割合を支払（預金）準備率といいます。
支払（預金）準備率は、1991年以降変更されていません。

③ 近年の金融政策

【白川総裁】2008年4月～2013年3月	
2010年10月	包括的な金融緩和政策
2013年1月	「物価安定の目標」を導入
【黒田総裁】2013年3月～2023年4月	
2013年4月	量的・質的金融緩和
2016年1月	マイナス金利付き量的・質的金融緩和
2016年9月	長短金利操作付き量的・質的金融緩和
2018年7月	長短金利操作付き量的・質的金融緩和の枠組み修正 政策金利のフォワードガイダンスを導入
2019年4月	フォワードガイダンス修正
2019年10月	フォワードガイダンス修正
2020年3月	コロナの影響で金融政策決定会合を前倒し。 追加の金融緩和決定
2020年9月	長短金利付き量的・質的金融緩和の継続
2021年4月	長短金利付き量的・質的金融緩和の継続
2021年10月	長短金利付き量的・質的金融緩和の継続
2022年1月	貸付実行期限を1年間延長
2022年9月	中小企業向けの融資延長を決定
2022年12月	長短金利付き量的・質的金融緩和の継続
【植田総裁】2023年4月～	
2023年4月	長短金利付き量的・質的金融緩和の継続
2023年7月	長短金利付き量的・質的金融緩和の継続

- 2013年1月に日本銀行は、消費者物価の前年度比上昇率2％の「物価安定目標」を導入しました。

- その後、就任した黒田前総裁は、最初の金融政策決定会合で「2％の物価目標」を2年程度で実現することを念頭に、市場に大規模な資金を供給する「量的・質的金融緩和」という新たな金融緩和の強化策を決定しました。

- 2016年1月には日銀史上初となる「マイナス金利政策」の導入に踏み切りました。同年9月にはマイナス金利政策を強化する形で、「長短金利操作付き量的・質的金融緩和」を導入しました。

- 2023年4月には、歴代最長の10年にわたって日銀総裁を務めた黒田氏が退任し、植田和男氏が新総裁に就任しました。

アドバイス

公務員試験で出題される金融政策の問題では、用語の意味や内容だけでなく、「時系列」も問われることがあります。また、特に2016年以降のトピックが試験に出やすいです。

参考

2023年7月の金融政策決定会合において、経済・物価を巡る不確実性が極めて高いことに鑑み、金融緩和の持続性を高めることとしました。

くわしく

一定の物価上昇率を目標とし、その目標に向けた金融政策を行うことをインフレターゲットといいます。
日本では、2013年に物価安定目標を2％と定めるインフレターゲットを導入しました。

くわしく

実際に政策目標の「物価上昇率2％」は2年で達成できませんでしたが、円安、株高で企業業績は回復し、雇用も改善しました。

④ 金融政策に関する重要用語

(1) 量的・質的金融緩和

　金融政策の操作対象を従来の「金利」から「マネタリーベース（資金供給量）」の「量」に変更し、その増大を図り、さらに「質」にも配慮して長期国債、上場投資信託 (ETF) 等の保有額を拡大するなど、リスク資産の買入れを積極的に行う政策を組み合わせた手法です。物価安定目標の達成に向け、2013 年 4 月に導入されました。

(2) マイナス金利付き量的・質的金融緩和

- マイナス金利とは、民間の金融機関が日銀に預けている預金金利をマイナスにすることです。2016 年までの量的・質的金融緩和で、年 0.1% の金利が付く日銀の当座預金には法律で定められた以上の準備預金が預けられていました。

- そこで、2016 年 1 月に導入した「マイナス金利付き量的・質的金融緩和」では、この超過準備預金部分の金利をマイナス 0.1% にすることで、日銀の当座預金に預けさせないようにしました。結果として、銀行が企業等にお金を貸しやすくなることで、企業活動の活発化等を促進する狙いがあります。

(3) 長短金利操作付き量的・質的金融緩和

- 2016 年 9 月、新たに「イールドカーブコントロール」と「オーバーシュート型コミットメント」を始めました。イールドカーブコントロールは、短期金利はマイナスを維持し、長期金利は長期国債の買い入れにより、10 年物国債の金利を 0 ％程度で推移するよう、操作することです。

- オーバーシュート型コミットメントは、消費者物価上昇率の実績値が安定的に 2 ％の「物価安定の目標」を超えるまで、マネタリーベースの拡大を継続することです。長期金利の下がりすぎを防ぎ、2 ％の「物価安定の目標」をできるだけ早期に実現する狙いがあります。

(4) 新総裁就任：植田和男氏

　2023 年 4 月に経済学者として戦後初となる東京大学名誉教授の植田氏が新総裁に就任しました。植田総裁は、これまでの長短金利付き量的・質的金融緩和を継続し、景気を下支えすることで企業の賃上げの動きを後押しし、2%の安定的な物価上昇を目指す方針を示しています。

用語
マネタリーベース
日本銀行が世の中に直接的に供給するお金のこと。

くわしく
量的・質的金融緩和
日銀が供給するお金の量（マネタリーベース）を 2 年間で 2 倍に増やすことで、今後 2 年程度で物価上昇率（インフレ率）2 ％達成を目指すというものです。

参考
フォワードガイダンス
中央銀行（日銀）が前もって将来の金融政策の方針を表明することです。金融政策が市場金利に与える影響を拡大すると同時に、消費や投資を活発にする目的があります。

用語
10 年物国債
国債には償還期限が 1 年以内の「短期国債」から 10 年以内の「長期国債」、さらには 15 ～ 40 年の「超長期国債」など様々な種類があります。このうち償還期限が 10 年の国債を 10 年物国債といい、長期金利の代表的指標とされています。

経済分野の重要ワード

① GDP（国内総生産）

- 「GDP」は、一定期間内に国内で産出された付加価値の総額で、「国が儲けたお金」を意味します。GDP が増えているということは、企業に例えると利益が増えている状態であり、それによって、私たちの生活面での所得や、企業での雇用が増えている好景気の状況を表します。

- 付加価値とは、サービスや商品などを販売したときの価値から、原材料や流通費用などを差し引いた価値のことで、簡単にいうと「儲け」の部分です。

② 名目 GDP と実質 GDP

　GDP は、経済規模が全く変わってない状況でも、物価が５％上昇したとすれば、数値上は GDP が５％上昇したように見えてしまいます。これでは、正確に経済状況を捉えることはできません。そこで、このような「物価変動を考慮して計算したGDP」のことを「実質 GDP」といいます。他方、このような「物価変動を考慮していない GDP」のことを「名目 GDP」といいます。

③ 日本の経済成長率

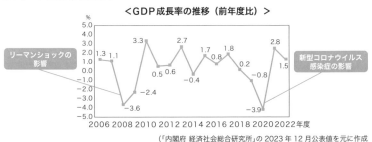

<GDP成長率の推移（前年度比）>

（「内閣府 経済社会総合研究所」の 2023 年 12 月公表値を元に作成）

- 経済成長率は、「一定期間内にその国家の経済規模が拡大する速度」を示しており、この速度は、「GDP」を前年と比べた伸び率で表されます。
- 2008 年度はリーマンショック、2020 年度は新型コロナウイルス感染症の影響で世界的に経済が悪化し、日本の GDP は大幅に減少しました。
- 2022 年度の実質 GDP 成長率は、前年度比プラス 1.5% 程度と、2 年連続のプラス成長となりました。

④ 経済全体の景気動向

　経済は、国や地方公共団体（政府）、外国の個人、企業や政府（海外）、会社（企業）、個人（家計）などの経済主体によって成り立っており、日本経済全体の景気動向を把握するために「GDP」が用いられます。

⑤ GDP の需要項目

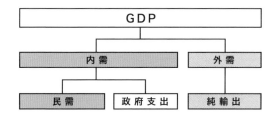

- GDP は、「国内需要（内需）」と「財・サービスの純輸出（外需）」の合計で表されます。
- 内需とは、日本国内で消費された財やサービスの合計であり、内需はさらに、「民間需要（民需）」と「公的需要（政府支出）」に分けられます。
- 外需は、財やサービスの輸出から輸入を差し引いた「純輸出」で表されます。また、各々が経済成長にどれだけ貢献したかを測る尺度を「寄与度」といいます。

⑥ 民間需要（民需）

　GDP に大きく寄与しているのが、日本で生活する人々が日常的に行う「消費」と、国内の企業が行う「投資」の合計金額である「民需」です。民需は大きく、「家計（個人）部門」と「企業部門」に分けられます。

⑦ 民需：個人消費（家計部門）

　一定期間に、企業を除く個人（家計）が財やサービスの購入に充てた金額の総計であり、GDP の半分以上を占めます。そのため個人消費の動向が景気に大きな影響を与えます。

⑧ 民需：設備投資（企業部門）

　企業が事業を継続し、さらに拡大するために必要な設備に対して投資をすることです。設備投資は、GDP の２割程度と高い割合を占めており、財やサービスの供給能力を形成するため、経済成長の原動力としての役割を果たしています。

⑨ 民需：経常利益（企業部門）

- 一定期間に企業が事業全体から得た「利益」を示しています。事業全体から得た利益であるため、本業以外の活動などによる収益と費用も反映されます。本業で営業利益を出していても、借金の返済や利息の支払いの負担が大きい場合は、経常利益は小さくなります。
- 経常利益は、企業の経営成績を最も把握しやすい数字とされています。

⑩ 外需：経常収支

- 経常収支は、日本と海外との間で、財やサービスの取引などで生じた収支を示す経済指標であり、貿易収支、サービス収支、第一次所得収支、第二次所得収支で構成されています。
- 貿易収支とは、財の輸出入の収支を示し、サービス収支とは、宿泊費や飛行機代などサービス取引の収支を示します。また、第一次所得収支とは投資における収益を示し、第二次所得収支とは不動産などの資産に係る収支を示します。
- 財務省が公表した国際収支統計（速報）によると、2022 年度の経常収支は、約 9.2 兆円の黒字と、2021 年度から 54% の大幅な減少となりました。円安や資源高で、貿易収支が過去最大の赤字額となったことが主な要因とされています。

⑪ 外需：日本の貿易

　財務省の貿易統計によると、2022年の日本の貿易における輸出額は98.2兆円（前年比プラス18.2%）、輸入額は118.1兆円（前年比プラス39.2%）となりました。輸出額から輸入額を差し引いた貿易収支は約20兆円の赤字となり、2021年と比較すると貿易赤字は大幅に膨らむ結果となりました。

⑫ 物価（インフレ・デフレ）

　インフレとは、物価が継続的に上がっていく状態のことであり、デフレとは、物価が継続的に下がっていく状態のことです。近年、コロナ禍での行動制限が緩和されたことにより、世界的な需要が一気に増え、供給が追いつかなくなった結果、モノ・サービスの価格が上昇しインフレ状態が進んでいます。

⑬ 消費者物価指数

　全国の世帯が購入する各種の財・サービスの価格の平均的な変動を測定するものです。消費者物価指数の変化をもって物価の変動を見ることができるため、国民の生活水準を示す指標のひとつとなっています。

⑭ 円安

- 円安とは、他国通貨に対して「円の価値が下がる」ことです。円安のメリットは、日本の輸出製品が値下がりすることから、国内製品を外国で販売しやすくなることです（輸出に有利）。他方、デメリットは、原材料などの輸入品のコストが高くなることです（輸入に不利）。円高はこの反対となります。
- 2022年10月、1米ドル＝150円台となり、1990年8月以来、約32年ぶりの円安水準となりました。その後、2023年10月にも円相場は一時1ドル＝150円台まで値下がりしました。

予想問題「ココが出る」

問題1　2022 年 12 月に「安全保障 3 文書」が閣議決定された。防衛力整備計画では、2023 年度から 2027 年度までの 5 年間で防衛力整備にかかる金額は 43 兆円程度としている。

問題2　2023 年 5 月 8 日、コロナの感染症法上の位置づけが、季節性インフルエンザなどと同じ「2 類相当」に移行した。

問題3　2018 年 12 月に TPP11（CPTPP）が発効したが、その後、新たに加入した国はいない。

問題4　事業主がどの税率で取引を行ったかを正確に把握するため、2023 年 10 月に事業主を対象とした「インボイス制度」が導入された。事業主に対し、インボイス制度への登録は義務付けられている。

問題5　2023 年 4 月に歴代最長の 10 年にわたって日銀総裁を務めた黒田東彦氏が退任し、経済学者として戦後初となる東京大学名誉教授の植田氏が新総裁に就任した。

答え

問題1　〇

問題2　×　2023 年 5 月 8 日に「2 類相当」から「5 類」に移行した。

問題3　×　2023 年 7 月に加盟国 11 カ国は、イギリスの CPTPP 加入を認める協定に署名し、正式に承認した。

問題4　×　インボイス発行事業者（インボイス制度）への登録は任意である。

問題5　〇

5

財政事情

1 日本の予算制度

出題可能性 81.3%

① 国家予算とは

国家規模

歳入（収入）	歳出（支出）
税収など	• 社会保障費　• 国債費など • 公共事業費

家庭規模

歳入（収入）	歳出（支出）
給料など	• 生活費　• ローン返済 • 教育費　　　など

　４月から翌年３月までの１会計年度の歳入（収入）と歳出（支出）の見積もりのことです。国家予算を家計で表すと、給料などの収入が歳入（税収等）、生活費や教育費等の支出が歳出（社会保障費や国債費等）に該当します。

② 予算の種類

　予算は「一般会計予算」「特別会計予算」「政府関係機関予算」に分かれています。また、予算が組まれるタイミングによって「本予算（当初予算）」「暫定予算」「補正予算」があります。

● 一般会計予算

　国の会計区分のひとつで、税金による収入を財源として、国の行政・防衛・文教・産業関係・社会保障などの支出を管理するための会計です。予算の成立には、国会の議決が必要です。

● 特別会計予算

　年金の管理や震災復興など、目的ごとに設置される会計のことです。「特別会計に関する法律」を制定し、国会の議決を得られた場合に成立します。また、特別会計の数は減少傾向にあります。一時期は 60 会計ありましたが、統廃合が行われた結果、2023 年度では 13 会計となっています。

● 政府関係機関予算

　特別の法律にもとづいて全額政府出資で設立された特殊法人の予算です。2023 年度時点では、日本政策金融公庫、国際協力銀行、沖縄振興開発金融公庫、国際協力機構有償資金協力部門の 4 機関があります。

アドバイス

「給料は大体いくらくらいで、大体どんなことにお金を使う予定か」といった家計の予算を国家規模で表したものが国家予算です。主に教養の社会科学や専門の財政学で出題されます。

アドバイス

１会計につき、１つの「通帳」を持っていると思って下さい。

年金事業の管理を行うための通帳（年金特別会計）や東日本大震災の復興に充てるお金を管理するための通帳（東日本大震災復興特別会計）など、お金のやり取りを分かりやすくするために事業ごとに分けて管理しています。

くわしく

例えば、東日本大震災復興特別会計は、東日本大震災からの復興資金の流れを透明化させ、復興債の適切な償還を目的として設置された特別会計です。

参考

2022 年度の特別会計の歳出総額は約 442 兆円で、一般会計予算の約 114 兆円と比較すると約 3.9 倍の規模となっています。

● 本予算（当初予算）

会計年度が始まるまでに成立する当初予算であり、国会の議決が必要です。

● 暫定予算

何らかの理由で年度の開始までに国会の議決が得られず、本予算（当初予算）が成立しない場合に組まれる「本予算の成立までの暫定的な予算」のことです。

● 補正予算

天変地異や経済情勢の変化などにより、当初の予定通りにいかない場合に本予算（当初予算）の内容を変更したものです。補正予算は1会計年度に2回以上組むこともでき、また、増額だけではなく減額補正も可能です。

参考
本予算の成立後に暫定予算は失効し、本予算に吸収されます。

参考
補正予算
近年では毎年度実施されています。2020年度はコロナ対策として3度の補正予算が組まれ、2021年度、2022年度は2度の補正予算が組まれました。なお、補正予算にも国会の議決が必要です。

③ 国家予算成立までの流れ

時期	担当	内容
4〜6月	各府省庁	【概算要求書作成の準備】 各府省庁は、次年度の1年間に必要な予算について考え始めていく。
7月	財務省	【概算要求基準の決定】 財務省が、各府省庁が次年度の予算を提案する際に、どのくらいの金額に収めればよいかなどの基準を示す「概算要求基準」を決定する。各府省庁はこの基準に基づいて、概算要求書の作成を進めていく。
8月末	各府省庁	【概算要求書の提出】 財務省に対し、各府省庁から次年に必要な予算を提案するものである「概算要求書」が提出される。
9月〜12月中旬	財務省	【予算編成作業】 財務省が各府省庁の要求をヒアリングした後、提案された金額や内容が妥当かどうかを査定し、調整していく。そして査定・調整された概算要求は「財務省原案」として閣議に提出される。
12月下旬	内閣	【予算案を閣議決定】 財務省から提出された財務省原案が閣議で最終調整された後、「政府予算案」として閣議決定される。政府予算案は国会に提出され、審議を受ける。
1月〜3月	国会	【国会審議】 「予算案」が衆議院・参議院で審議にかけられる。
3月中	国会	【予算成立】 予算案が衆参両議院で可決されると「予算」が成立する。

財務省が決定した「概算要求基準」に基づき、各府省庁が「概算要求書」を財務省に提出します。査定・調整された概算要求は「財務省原案」として閣議に提出され、「政府予算案」として閣議決定されます。この「予算案」は、国会の議決を経て初めて「予算」として成立します。

発展
予算案は、まず衆議院予算委員会で話し合われ、公聴会で関係者から意見を聴き、衆議院本会議にて採決が行われる。その後、参議院でも同様の流れで採決が行われるが、参議院が衆議院と異なった議決をしたときは、衆議院の議決が優先されます。

発展
衆議院の先議権：憲法60条1項
予算は、さきに衆議院に提出しなければならない。

衆議院の優越：憲法60条2項
参議院が衆議院と異なる議決を行った場合、衆議院の議決が優先される。

2 2023年度 一般会計当初予算 出題可能性 90%以上

アドバイス

まず、令和6年度の試験では、主に令和5年度の当初予算が出てきます。
特に「前年度の当初予算との比較（推移）」が出題されやすいので、把握したうえでポイントを見ていきましょう！

※数値等はすべて令和5年度（2023年度）当初予算のものです。

① 一般会計当初予算の推移

2023年度（令和5年度）当初予算における国の一般会計歳出は、過去最大の114.4兆円となっています。前年度予算と比べて約6.8兆円の大幅増加となり、5年連続で100兆円を超え、11年連続で過去最大を更新しました。

📖 **参考**

110兆円を超えたのは史上初です。

② 2023年度（令和5年度）一般会計歳出予算

（1）社会保障費

年金、医療、介護、子ども・子育て等のための支出

（2）国債費

国が抱える借金返済のための支出（国債の償還や利払いなどにかかる費用）

（3）地方交付税交付金等

地方自治体間での財政格差を少なくし、全国各地の行政サービス（医療・教育・福祉・警察・消防・ごみ回収など）において、一定の水準を維持するために、財政基盤の弱い自治体に対して行う支出

（注）「その他」には、新型コロナウイルス感染症及び原油価格・物価高騰対策予備費（3.5%（4.0兆円））及び ウクライナ情勢経済緊急対応予備費（0.9%（1.0兆円））が含まれる。
（「財務省 財政関係パンフレット・教材」を元に作成）

アドバイス

試験に出る令和5年度の一般会計当初予算（歳出）の重要ポイント
・全体の金額の推移
・社会保障費の推移
・防衛費の推移
・防衛力強化資金の新設

• 歳出に占める割合が高い順に、(1) 社会保障費、(2) 国債費、(3) 地方交付税交付金等となっており、これらで全体の約70%を占めています。

• また、社会保障費、国債費、防衛費は過去最高、地方交付税交付金等はリーマンショック後において最高となりました。

③ 社会保障関係費の推移 ....

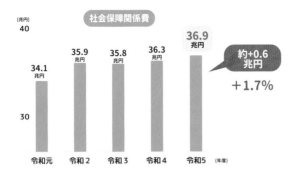

全体の3分の1を占める「(1) 社会保障関係費」は、高齢化の進展などに伴い、前年度の当初予算より約0.6兆円多い、過去最大の約36.9兆円となりました。

④ 防衛関係費の推移 ....

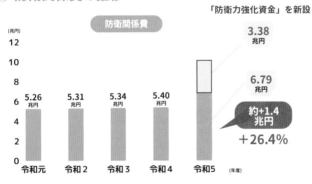

参考
国家安全保障戦略
→ 92ページ参照

- 政府は、国家安全保障戦略等に基づき、防衛力を5年以内（2023年度〜2027年度）に抜本的に強化することを目指しています。そこで、2023年度の当初予算における「防衛関係費」は、前年度比で約＋1.4兆円と大幅に増加し、過去最大の約6.8兆円となりました。防衛費の増額は11年連続です。

- また、今後の5年間で大幅増額する防衛費の財源にあてるため、新たな枠組みとなる「防衛力強化資金」を設けました。金額として約3.4兆円を計上しており、これを合わせると防衛関係の予算は、10兆円を超える規模となります。

⑤ 国債費・地方交付税交付金等の推移・・・・・・・・・・・・・・・・・・・・・・・・・・・・・・・

- 「国債費」は、過去最大の約 25.3 兆円と、前年度比で約 0.9 兆円の増加となりました。

- 「地方交付税交付金等」は、リーマンショック後では最高となる約 16.4 兆円と、前年度比で約 0.5 兆円の増加となりました。

⑥ 予備費の推移・・・

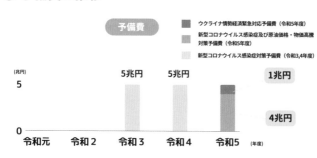

新型コロナウイルス、ウクライナ情勢、物価の高騰など、国際情勢の急変に対応するための「予備費」として、5兆円が盛り込まれています。

⑦ 2023年度（令和5年度）一般会計歳入予算・・・・・・・・・・・・

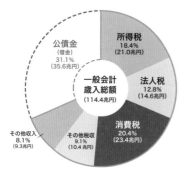

(1) 税収等
消費税、所得税、法人税、その他税収などの「税による収入」と「その他収入」の合計

(2) 公債金
歳入の不足分を賄うため、国債（借金）により調達される収入

（「財務省 財政関係パンフレット・教材」を元に作成）

歳入は大きく分けて、(1) 税収等と (2) 公債金（借金）で構成されています。現在、(1) 税収等では、歳出全体の約3分の2しか賄えておらず、残りの約3分の1は、(2) 公債金（借金）に依存している状況です。

⚠ **ひっかけ注意**
合計は 5 兆円と前年度と同じでしたが、内訳が変わりました。
令和 5 年度は、ウクライナ関係で 1 兆円、コロナ・原油価格・物価高騰対策で 4 兆円計上しています。

📖 **発展**
憲法 87 条は「予見し難い予算の不足に充てるため、国会の議決に基いて予備費を設け、内閣の責任でこれを支出することができる」と予備費について規定しています。

📖 **参考**
その他税収には、相続税、たばこ税、酒税、印紙収入等があります。

📖 **参考**
その他収入には、前年度の余剰金や国有財産の利用料などがあります。

📖 **発展**
その他収入には「防衛力強化のための対応」の約 4.6 兆円が含まれます。

⑧ 税収等の推移

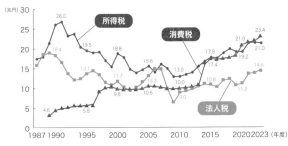

(注) 2021年度以前は決算額、2022年度は補正後予算額、2023年度は予算額である。
(「財務省 財政関係パンフレット・教材」を元に作成)

「(1) 税収」の見積もり（その他収入除く）は、過去最高の 69.4 兆円となりました。内訳は大きい順に、消費税が最大で、その次に所得税、法人税、その他税収となっています。

消費税 (23.4兆円)	商品の販売やサービスの提供に対してかかる税金。消費税は、景気の変化に左右されにくく安定した税収である。
所得税 (21.0兆円)	個人の所得（給与）に対してかかる税金。所得税は主に勤労世代が負担するが、今後は勤労世代の減少が見込まれている。
法人税 (14.6兆円)	法人（会社）の所得に対してかかる税金。法人税は、景気の動向に比較的左右されやすい税収である。

⑨ 公債依存度（当初予算比較）

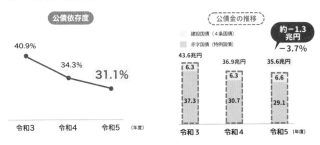

(注) すべて当初予算での比較になる。(注) 四捨五入の関係で数値が完全に一致しない場合があります。

「(2) 公債金（借金）」が歳入総額に占める割合を示す「公債依存度」は 31.1% で、前年度よりも低下しました。また、公債金は前年度当初予算と比較して、約 1.3 兆円の減少となりました。

アドバイス

試験に出る令和5年度の一般会計当初予算（歳入）の重要ポイント
・税収等の推移
・税収等の内訳（順番）
・公債依存度
・公債金の推移（赤字国債、建設国債の推移）

参考

税収は「租税及び印紙収入」と表すこともあります。

くわしく

税収の内訳は、4年連続で消費税がトップとなっています。

用語

公債依存度
$\frac{公債発行額}{歳入総額} \times 100$

くわしく

公債金は全体でみると減少していますが、建設国債は約0.3兆円の増加となりました。
これは、従来の方針を改め2023年度から防衛費の一部を建設国債の対象としたことが主な要因です。

3 政府の債務

① 税収(収入)と歳出(支出)の差

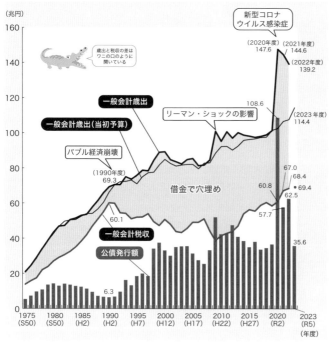

(注)2021年度までは決算、2022年度は第2次補正後予算、2023年度は予算による。(前ページの国債発行額の推移は「当初予算」での比較なので、2021年度と2022年度の値は、このグラフの値と異なる。)

- 上のグラフは、政府の歳出と税収、国債発行額をまとめたものです。これまで「歳出」は一貫して伸び続ける一方、「税収」はバブル経済が崩壊した1990年度を境に伸び悩み、その差はワニの口のように開いてしまっています。

- そして、その差は借金である「公債の発行」で穴埋めされている現状にあります。

● 国債と公債の違い

国債	国が資金の不足を賄うために発行する債券のこと。	この2つを合わせて「公債」という。
地方債	地方公共団体が資金の不足を賄うために発行する債券のこと。	

くわしく
図の「借金で穴埋め」のところが不足したお金です。足りないお金は借金(公債金)に頼るしかありません。

参考
2020年度は新型コロナウイルス感染症への対応のため、歳出が拡大しています。

データ・資料
財務省「財政関係パンフレット・教材」

確認
公債金
歳入の不足分を賄うため、国債(借金)により調達される収入

国債費
国が抱える借金返済のための支出(国債の償還や利払いなどにかかる費用)

② 普通国債残高とは

新たな借金
30万円/月

返済額（償還）
10万円/月

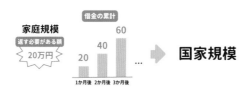

国債残高は、償還されずに残っている国債の総額のことです。「新規国債の発行額」が「償還額」を上回ると「国債残高」が累増していきます。

● 主な普通国債の種類

建設国債 （4条国債）	道路やダム、港湾などの社会資本を建設するための財源として発行する国債。
赤字国債 （特例国債）	建設国債を発行しても歳入が不足する時に、不足分を補填するために発行する国債。（公共事業費以外の歳出に充てる）
復興債	東日本大震災からの復旧・復興事業に必要な財源を確保するための国債。

③ 日本の普通国債残高の推移

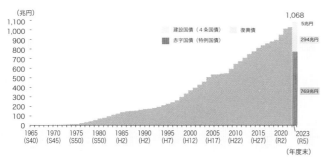

(注) 2021年度までは実績、2022年度は第2次補正後予算、2023年度は予算に基づく見込み。

普通国債残高は累増の一途をたどり、2022年度末に初めて1000兆円を超え、2023年度末には、建設国債が約294兆円、赤字国債が約769兆円になる見込みです。東日本大震災の復興債を含めた「普通国債残高」は、約1068兆円となる見通しです。

5

財政事情

用語
償還
満期になった投資信託などを債券の保有者に返すこと。

くわしく
例えば、月初めに30万円借りて、月末に10万円返済したら、あと20万円は返済する必要があります。これを繰り返すと借金は膨れ上がります。

参考
新たな借金
→公債金（35.6兆円）
返済額（償還）
→国債費（25.3兆円）
※当初予算の額

用語
借換債
国債や地方債など、既に発行している債券の償還資金を調達するために、新たに発行する債券のこと。

アドバイス
全体の推移だけではなく、建設国債や赤字国債の比率等も試験に出やすいです。
建設：赤字 ＝ 3：7 程度

データ・資料
財務省「財政関係パンフレット・教材」

④ 国と地方の長期債務残高

普通国債以外にも借入金や地方債などの長期債務が存在します。これらを国・地方の双方について集計した「国と地方の長期債務残高」は、2023年度末に1280兆円程度に達する見込みです。

⑤ 債務残高の国際比較（対GDP比）

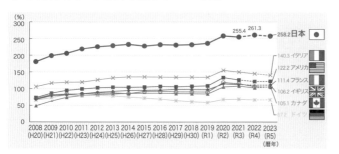

財政の持続可能性を見る上では、税収を生み出す元となる国の経済規模（GDP）に対して、総額でどのぐらいの借金をしているのかを把握するのが重要です。日本の債務残高は1年間の経済活動の規模（GDP）の約2.6倍に達しており、主要先進国の中で最悪の水準となっています。

⑥ 日銀の国債保有率

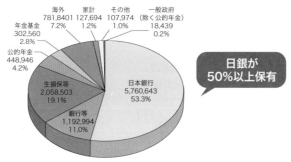

出典：財務省「国債等の保有者別内訳（令和5年3月末（速報））」

2023年3月末時点で、日銀が全国債のうち約5割を保有しており、金額は500兆円を超えている状況です。

📋 データ・資料

財務省「国債等の保有者別内訳（令和5年3月末（速報））」

4 国民負担率

出題可能性　74.8%

① 国民負担率とは

　国民負担率とは、「国民全体の所得」に占める「税金と社会保障費」の負担の割合のことです。つまり、国民がどれだけ公的な負担をしているかを示し、福祉サービスの充実度を測る指標とされています。

② 国民負担率の推移

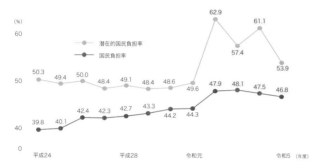

令和3年度までは実績、令和4年度は実績見込み、令和5年度は見通しである。

　国民負担率は、40%～50%程度で推移しており、全体的に見ると増加傾向にあります。近年は45%～48%程度となっています。一方、潜在的国民負担率は、2019年（令和元年）までは50%前後、それ以降は60%前後で推移しており、2023年度（令和5年度）は53.9%になる見込みです。

用語

それぞれ以下のような意味になります。

租税負担率
$\dfrac{租税収入金額}{国民所得}×100$

社会保障負担率
$\dfrac{社会保障負担金額}{国民所得}×100$

国民負担率
租税負担率 ＋ 社会保障負担率

潜在的国民負担率
国民負担率 ＋ 財政赤字対国民所得比

用語

潜在的国民負担率
国民負担率に次世代の国民負担となる財政赤字分を加えて算出したもの。

○ 国民負担率の国際比較 ○

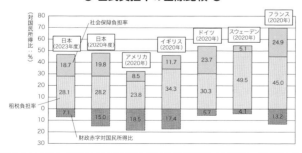

	日本 (2023年度)	日本 (2020年度)	アメリカ (2020年)	イギリス (2020年)	ドイツ (2020年)	スウェーデン (2020年)	フランス (2020年)
国民負担率	46.8(34.5)	47.9(33.5)	32.3(26.1)	46.0(34.7)	54.0(40.7)	54.5(36.7)	69.9(47.7)
潜在的 国民負担率	53.9(39.7)	62.9(43.9)	50.8(41.1)	63.4(47.8)	59.7(45.1)	58.6(39.5)	83.0(56.7)

(対国民所得比%(括弧内は対GDP比))

日本の2023年度は見通し、2020年度は実績。諸外国は推計による2020年暫定値。

データ・資料
財務省「国民負担率」

127

5 プライマリーバランス（PB） 出題可能性 78.2%

① プライマリーバランス

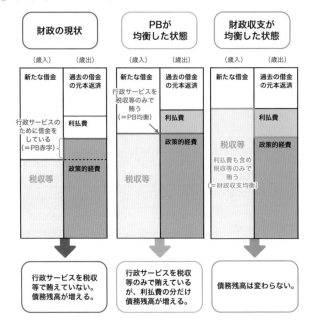

参考
基礎的財政収支 ＝ プライマリーバランス

用語
基礎的財政収支対象経費（政策的経費）
「歳出総額」のうち「国債費の一部」を除いた経費のことで、当年度の政策的経費を表す指標とされています。

発展
基礎的財政収支対象経費は約89.5兆円と歳出全体の約78%を占めています。
また、基礎的財政収支対象経費に占める社会保障費の割合は約41%です。

プライマリーバランス（以下PB）とは、社会保障や公共事業をはじめ、さまざまな行政サービスを提供するための「支出（政策的経費）」を、借金をせずに「税収等の歳入」だけで賄えているかどうかを示す指標のことです。

② 日本の財政の現状

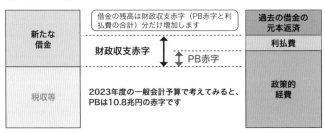

参考
なお、政策的経費には、予備費（5.0兆円）が含まれており、その分だけPBの赤字が増加しています。

日本のPBは赤字で、政策的経費を借金で賄っている状況です。2023年度の一般会計予算（当初予算）では、政策的経費が89.5兆円、税収等が78.8兆円であり、PBは約10.8兆円の赤字になっています。

参考
PBの正式な計算
78兆7582億円（税収）
－89兆5195億円（政策的経費）
＝－10兆7613億円

③ 財政収支の国際比較（対GDP比）

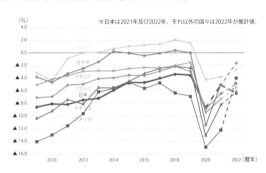

　財政収支は、2008年のリーマンショックの影響で他の主要国と同様に悪化しました。その後は改善傾向にありましたが、新型コロナウイルス感染症や物価高騰等への対応のため、2020年以降は大幅な赤字となっています。

④ プライマリーバランスの国際比較（対GDP比）

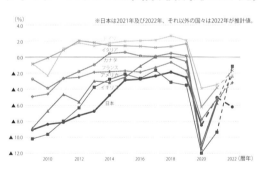

　プライマリーバランスについても財政収支と同様、2020年以降に大幅な赤字となっています。

⑤ 政府の目標

　政府は、財政健全化目標として「2025年度までに国・地方を合わせたPBの黒字化」を掲げています。

参考
PB黒字化と同時に、債務残高対GDP比の安定的な引き下げも目標としています。

6 地方財政計画

出題可能性　75.0%

① 地方財政とは

- 地方財政とは、約 1,800 の地方公共団体の財政の総称です。税金などの収入を得て、福祉、教育、警察、消防、道路や河川等の社会基盤の整備を始めとした国民生活に密接に関連する行政サービスが提供されています。

- 地方公共団体の多くは財政力の弱い市町村です。近年、税収の落込みや減税などにより、地方の財源不足は拡大しています。なお、2023 年度も社会保障関係費の増加などにより、約 2 兆円の財源不足が生じています。

② 地方財政計画とは

- 地方財政計画とは、地方財政を全体として捉えて歳入・歳出の総額を見込んだものです。毎年度、内閣が作成し、国会に提出します。

- 地方財政計画には、主に国家財政との調整、地方財源の保障、地方団体の財政運営の指針という役割があります。

(1) 2023年度：地方財政計画歳出（通常収支分）

項目（歳出）	2023 年度	前年比
①地方財政計画の規模	92兆350億円	+1.6%
②地方一般歳出	76兆4839億円	+0.8%
③一般財源総額	62兆1635億円	+0.2%
④地方交付税の総額	18兆3611億円	+1.7%
⑤地方税及び地方譲与税	45兆4752億円	+3.8%
⑥地方特例交付金等	2169億円	▲4.3%
⑦臨時財政対策債	9946億円	▲44.1%
⑧財源不足額	1兆9900億円	▲22.1%

　2023 年度地方財政計画では、歳出面につき、計画全体の規模を約 92 兆円としており、前年度比で約 1.4 兆円の増加となっています。地域のデジタル化や脱炭素化、施設の光熱費高騰への対応に主に歳出されます。

(2) 2023年度：地方財政計画歳入（通常収支分）

項目（歳入）	2023年度	前年比	構成比
一般財源（交付団体ベース）の総額	62兆1635億円	+0.2%	－
・地方税	42兆8751億円	+4.0%	65.9%
・地方譲与税	2兆6001億円	+0.1%	4%
・地方交付税	18兆3611億円	+1.7%	28.2%
・地方特例交付金等	2169億円	▲4.3%	0.3%
・臨時財政対策費	9946億円	▲44.1%	1.5%
地方債	6兆8163億円	▲10.4%	－

　一般財源総額について、歳入面では約62.2兆円を確保しました。前年度比で約1500億円の増加となっています。この総額のうち、地方税が約65.9%と最も大きい割合を占めています。

③ 地方交付税とは

- 地方交付税とは、国が地方公共団体に交付する税金（交付金）です。地方公共団体間の財源の不均衡を調整し、どの地域に住む住民にも一定の行政サービスができるよう財源を保障する目的があります。

- 地方交付税の総額は、国税のうち所得税、法人税、酒税、消費税、たばこ税の一定割合および地方法人税の全額とされており、2022年度の総額は約18.4兆円となっています。

- また、地方交付税は一般財源とされ、その使途（使い道）に制限はありません。

普通交付税と特別交付税

　地方交付税には「普通交付税（総額の94%）」と「特別交付税（総額の6%）」の2種類があります。普通交付税とは、各自治体等が行う行政サービスの運営・維持において、財源が不足した際に交付される税金です。各団体ごとの普通交付税額は「基準財政需要額－基準財政収入額」という式で算出されます。一方、特別交付税は、例えば、地震や台風など緊急の財政需要があった際に交付される税金です。

---

④ 地方債

　地方公共団体は、当該年度の歳入だけでは不足する場合などに限り「地方債」を発行して資金調達を行います。なお、2023年度の地方の長期債務残高は約183兆円となっています。

参考
水準超経費を含めた一般財源総額は65.1兆円です。構成比は、この額に占めるそれぞれの項目の割合を示しています。

くわしく
法定率分は「所得税及び法人税の33.1%＋酒税の50%＋消費税の19.5%＋地方法人税の100%」です。

ひっかけ注意
使途の制限があるかないかがひっかけポイントになります。
地方交付税は、使途の制限がありません。

発展
基準財政需要額は、単位費用（法定）×測定単位（国調人口等）×補正係数（寒冷補正等）で決定されます。
また、基準財政収入額は標準的な地方税収入見込額×留保財源率（原則75%）で決定されます。

参考
自治体の独自税収だけで運営できる財源不足のない地方公共団体を「不交付団体」といいます。2023年度は全国で東京都と76市町村の計77自治体のみが不交付団体でした。

予想問題「ココが出る」

問題1 2023年度（令和5年度）の一般会計当初予算の規模は、前年度当初予算と比べて20%以上増加し、120兆円を超え、過去最大となった。

問題2 2023年度（令和5年度）一般会計当初予算の歳出のうち社会保障関係費についてみると、前年度比で約0.6兆円増加しており、歳出総額に占める割合は3割を超えている。

問題3 2023年度（令和5年度）一般会計当初予算の歳入についてみると、租税及び印紙収入は約60兆円であり、そのうち最も多くを占めるのが法人税であり、続いて所得税、消費税の順となっている。

問題4 2023年度（令和5年度）の一般会計当初予算における公債金収入は50兆円を超えており、前年度当初予算よりも大幅に増加し、公債依存度は50%程度に上昇した。

問題5 国の普通国債残高（復興債を含む。）は、近年増加の一途をたどっており、2022年度末（令和4年度末）には1000兆円を超えている。また、同年度末における普通国債残高の内訳をみると、赤字国債（特例国債）の残高が全体の6割以上を占めている。

答え

問題1 ✕ 前年度予算と比べて6.3%（約6.8兆円）の増加で、規模は114.4兆円と120兆円は超えていない。

問題2 ○

問題3 ✕ 税収（租税及び印紙収入）の見積もりは69.4兆円であり、消費税、所得税、法人税の順に額が大きい。

問題4 ✕ 公債金収入は35.6兆円であり、前年度比で1.3兆円減少している。また、公債依存度は31.1%となっている。

問題5 ○

6

社会保障

① 人口問題
② 少子高齢化
③ 少子化対策
▶少子高齢化の重要ワード
④ 社会保障給付費
⑤ 医療・健康
⑥ 社会保障・社会保険制度
⑦ 年金制度
⑧ 医療保険制度
⑨ 介護保険制度
⑩ 都道府県別人口 2022

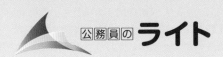

1 人口問題

出題可能性　90%以上

① 日本の総人口の推移

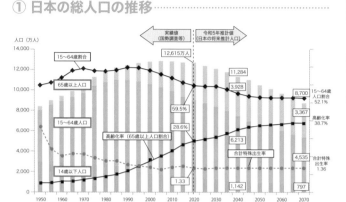

アドバイス

人口問題や少子高齢化は、公務員試験の鉄板テーマです！

データ・資料

出典：総務省 人口推計及び厚生労働省 我が国の人口について

　日本の総人口は 2008 年をピークに減少に転じ、2011 年から 12 年連続で減少しており、今後も減少していくことが見込まれています。2022 年 10 月時点で、日本の総人口は約 1 億 2500 万人となっています。

② 日本の人口構造（少子高齢化）

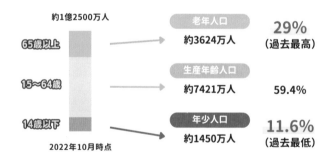

用語

年少人口比率

総人口に占める 14 歳以下人口の割合。

高齢化率

総人口に占める 65 歳以上人口の割合。

参考

2070 年には総人口が 9000 万人を割り込み、高齢化率は39%の水準になると推計されています。

- 少子高齢化とは、少子化と高齢化を組み合わせた言葉で、「子どもが少なく高齢者が多い社会」のことです。

- 日本は 65 歳以上の高齢者の数が約 3624 万人で、高齢化率は約 29％と過去最高でした。一方、14 歳以下の子どもの数は約 1450 万人で、年少人口比率は約 11.6％と過去最低となりました。日本は、少子高齢化が急速に進んでおり、現時点で世界最悪の水準となっています。

③ 日本の人口ピラミッド

名称（定義）	総人口に占める 65 歳以上人口の割合
高齢化社会	7%以上
高齢社会	14%以上
超高齢社会	21%以上

参考

2022 年には日本の高齢化率は 29%となりましたが、高齢化率を世界で比較すると日本は世界 1 位となっています。

日本の高齢化率は、1950 年以降、一貫して上昇し続け、1970 年に「高齢化社会」へ移行し、1994 年に「高齢社会」へ、2007 年に「超高齢社会」へ移行しました。

④ 日本の人口ピラミッド

富士山型	つりがね型	つぼ型
多産多死、多産少死で人口増加を示す。発展途上国に多い。	低年齢層と高年齢層の差が小さい。少産少死で人口の停滞を示す。先進国に多い。	先進国でつりがね型が進行した型。壮年層・老年層が多い。自然増加がマイナスで人口減少型を示す。
1935年ごろの日本	→	現在の日本

用語

人口ピラミッド
男女別に年齢ごとの人口を表したグラフのこと。縦軸は上側が高齢者層、下側が若年層を意味します。

用語

壮年層
概ね 25 〜 44 歳
生産年齢人口（15 〜 64 歳）に属する年齢層のうち中盤から後半にかけての年齢層に相当します。

近年、日本の人口ピラミッドは、100 年前の「富士山型」から「つりがね型」を経て、現在は「つぼ型」に変化しています。

⑤ 世界の人口

約 79 億 5400 万人

1位：中国
2位：インド
3位：アメリカ
　⋮
10 位：メキシコ
11 位：日本

2022年

約 80 億 4500 万人

1位：インド
2位：中国
3位：アメリカ
　⋮
10 位：メキシコ
11 位：エチオピア
12 位：日本

2023年

データ・資料

出典：世界人口白書
2022、2023

世界の人口は、2022 年 11 月に 80 億人を上回ったことが発表されました。また、世界の人口ランキングでは、インドが 1 位、中国が 2 位になったことが大きな話題となりました。

2 少子高齢化

① 合計特殊出生率とは

合計特殊出生率とは

15 〜 49 歳までの女性の年齢別出生率を合計したもの

➡ 1人の女性が一生の間に産む子どもの数の平均

1人

例：合計特殊出生率が 1.0 なら
1人の女性が一生のうちに
子どもを平均 1.0 人産むということ

アドバイス

試験に出る重要ポイント
・合計特殊出生率の推移
・出生数の推移
知識は択一だけでなく、論文等でも活用できます。

参考

当然、合計特殊出生率が 1.0 なら人口はどんどん減少してしまいます。

② 人口置換水準とは

人口置換水準とは

人口が増加も減少もしない均衡した状態となる合計特殊出生率のこと。2.07 が基準とされている。

2.07 **あれば** 今の人口の水準が維持できる

③ 政府目標：希望出生率1.8

　日本の合計特殊出生率が人口置換水準に遠く及ばない状況であることから、政府は第一段階として「希望通り子どもを持てた場合の出生率（希望出生率）を 1.8」にするという目標を掲げています。

④ 合計特殊出生率と出生数の推移

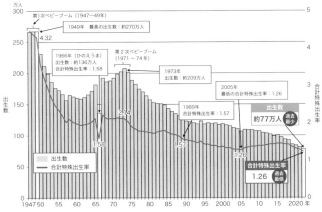

発展

都道府県別の合計特殊出生率ランキング
高い順
①沖縄県：1.70
②宮崎県：1.63
③鳥取県：1.60
低い順
①東京都：1.04
②宮城県：1.09
③北海道：1.12

データ・資料

出典：厚生労働省「人口動態統計」

● 合計特殊出生率

2022年の合計特殊出生率は1.26で、過去最低値（2005年）と同水準でした。7年連続の減少になります。前年の1.30より低下しており、人口置換水準（2.07）並びに政府の目標（希望出生率1.8）を大きく下回っている状況です。

● 出生数

日本の出生数は、第1次ベビーブーム期には約270万人、第2次ベビーブーム期の1973年には約209万人でしたが、1975年に200万人を割り込み、これ以降は増加と減少を繰り返しながら緩やかに減少しています。2022年は約77万人とはじめて80万人を下回り、過去最少となりました。

発展

2022年の出生数が約77万人である一方、死亡数は**約156万人**と過去最多でした。
死因別（多い順）
①がん：約38.6万人
②心疾患：約23.3万人
③老衰：約18万人など

用語

ベビーブーム
出生率が急激に上昇すること。

団塊の世代
1947～1949年に生まれた第1次ベビーブーム世代。

団塊ジュニア世代
1971～1974年に生まれた第2次ベビーブーム世代。
団塊の世代が親になって子を産んだことで第2次ベビーブームが起きています。

> ### 少子高齢化の進展
>
> 少子化が進む中で2014年に団塊世代全員が65歳以上となり、一気に高齢化が加速したという背景があります。また、団塊世代全員が75歳となる2025年には75歳以上人口が総人口の約18%に、団塊ジュニア世代全員が65歳以上となる2040年には、65歳以上人口が総人口の約35%になる見込みです。これらの人口構造の変化により起こる医療や介護などのさまざまな問題をそれぞれ「2025年問題」「2040年問題」と呼びます。

⑤ 非婚化や晩婚化の進行

婚姻件数	平均初婚年齢	第1子出生時の母の平均年齢
50万4930組	夫：31.1歳　妻：29.7歳	30.9歳

- 非婚化とは、結婚しない人が増加することで、晩婚化とは、平均初婚年齢が上昇することです。日本は、非婚化・晩婚化ともに進行しており、これに伴う出生数の低下が少子高齢化を加速させています。

- また、晩産化とは、女性の出産する年齢が高くなることです。日本は晩産化も進行しており、2022年の第1子出生時の母の平均年齢は30.9歳と、6年ぶりの上昇となった2021年と同じでした。

📖 **参考**

2021年（前年のデータ）
婚姻件数
50万1138組
2022年は、約50.5万組と3年ぶりに増加に転じました。

平均初婚年齢
夫：31.0歳
妻：29.5歳

第1子出生時の母の平均年齢
30.9歳

⑥ 平均寿命の延伸

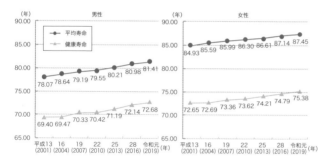

📘 **用語**

健康寿命
「平均寿命」から寝たきりや認知症など「介護状態の期間」を差し引いた期間のこと。
つまり、人が病気等により介護を必要とすることなく元気に生きることのできる期間。

📄 **データ・資料**

出典：内閣府「令和5年版高齢社会白書」

2022年の日本人の平均寿命は男性が81.05歳（世界4位）、女性が87.09歳（世界1位）と、2年連続で前年を下回りました。前年と比較すると、男性は0.42歳、女性は0.49歳の低下となりましたが、依然として高い水準にあります。このように、日本は世界トップクラスの長寿国であるため、高齢化の進展も著しくなっています。

📖 **参考**

男性の平均寿命ランキング
1位：スイス
2位：スウェーデン
3位：オーストラリア

不妊治療のサポート

不妊治療は高額であり、経済的な負担から子どもを諦めてしまう人が多くいたことも少子化の進展の要因の1つと考えられていました。そこで、2022年4月から不妊治療の保険の適用対象範囲が拡大され、高額な費用がかかる人工授精や体外受精、顕微授精等も保険が適用されるようになりました。

---

⑦ 少子高齢化によって起こる問題

国民の社会保障負担率の増加
経済成長の低迷
医療・介護分野での人手不足

高齢者を支える現代世代の数

	1950年	2022年	2065年
65歳以上			
15〜64歳			
	12.1人	2.0人	1.3人

- 総人口の減少、さらに少子高齢化社会が進行することで、国民の社会保障負担率の増加や労働力人口の減少による働き手・担い手不足、医療・介護の現場での人手不足など、さまざまな問題が生じます。

- 高齢社会白書によると、1950年には1人の高齢者（65歳以上）に対して12.1人の現役世代（15〜64歳）がいたのに対し、2022年では現役世代が2.0人になっています。今後、2065年には現役世代1.3人で1人の高齢者を支えなければならない時代がくることが見込まれています。

用語
労働力人口
「就業者＋完全失業者」つまり「現在働いている人」と「働く意思・意欲がある人」の合計。

用語
現役世代
厚生労働白書の定義では、「15〜64歳の者」とされています。

⑧ 少子高齢化問題に対する政府の政策

少子化社会対策大綱	高齢社会対策大綱
① 結婚支援 ② 妊娠・出産への支援 ③ 仕事と子育ての両立支援 ④ 地域・社会による子育て支援 ⑤ 経済的支援	① 高齢者の就業支援 ② 健康・福祉の増進 ③ 学習・社会参加の支援 ④ 生活環境（バリアフリー・交通安全等）の整備

- 政府は「少子化社会対策大綱」「高齢社会対策大綱」を策定し、少子高齢化社会に向けた政策の方向性を定めています。

- 少子化社会対策について、結婚、出産、育児といったライフステージに応じた切れ目のない支援を各省庁と自治体が連携しながら進めています。

- 高齢社会対策としては、全世代の高齢者が生涯にわたり、生きがいをもって活躍できる「エイジレス社会」の実現を目指し、高齢者の生活をサポートしています。

用語
エイジレス社会
年齢で区別することなく、すべての年代の人々が意欲や能力に応じて活躍できる社会のこと。

3 少子化対策

① 異次元の少子化対策

- 急速な少子化・人口減少に歯止めをかけるため、政府はこども家庭庁を創設するなど、様々な手を打っています。

- そんな中、2023年6月、「異次元の少子化対策」実現に向け、児童手当や育児休業給付の拡充などを盛り込んだ「こども未来戦略方針」が閣議決定されました。

- そして、2023年12月に「こども大綱」「こども未来戦略」が閣議決定されました。

- 「こども大綱」は、2023年4月に施行されたこども基本法に基づく、初の大綱であり、幅広いこども施策を総合的に推進するため、今後5年程度の基本的な方針や重要事項を一元的に定めています。

> **こども大綱の重点項目と数値目標**
>
> 重点項目として、子どもの貧困対策や障害児などへの支援、学校での体罰と不適切な指導の防止、児童虐待や自殺を防ぐ取り組みの強化などを掲げています。また、今後5年程度で「こども政策に関して自身の意見が聴いてもらえていると思うこども・若者の割合」を70％にするなどの数値目標も設定しています。

② こども未来戦略方針：3つの基本理念

❶ 若い世代の所得を増やす	賃上げ・雇用を助けるなど子育てに係る経済的支援強化
❷ 社会全体の構造・意識を変える	共働き・共育ての推進などに対する意識改革
❸ 子育て世帯を切れ目なく支援する	全ての子ども・子育て世帯を対象とするサービスの拡充

　こども未来戦略では深刻化する少子化問題に対して少子化傾向の反転を目的として3つの基本理念が掲げられています。

③ 加速化プラン

- 政府は、2030年代に入るまでが少子化傾向を反転できるかどうかのラストチャンスだとし、2024年度から2026年度の3年間を集中取組期間と位置付けています。

- そして、集中取組期間における具体的な政策を「加速化プラン」として掲げています。

④ 加速化プランの主な施策

● 児童手当拡充

2024年10月から児童手当が拡充されます。所得制限が撤廃され、支給対象が中学生までから高校生までになります（拡充後の初回の支給は同年12月）。また、第3子以降の支給額も月額3万円に引き上げられます。

● 出産・子育て応援交付金

出産・子育て応援交付金は、市町村が子育て家庭等に対し、妊娠期から出産・子育てまで一貫して身近で相談に応じ、必要な支援につなぐ「伴走型相談支援」と、10万円相当の応援ギフト等の「経済的支援」を一体として実施する事業です。2024年度も継続して実施されることになりました。

● 高等教育費の負担軽減

高等教育費の支援では、2025年度から多子世帯（扶養する子供が3人以上の世帯）の大学・短大・高専・専門学校の授業料・入学金を、所得制限を設けず無償とする措置が講じられます。

● 育児休業給付金の給付率の引き上げ

• 育児休業給付金は非課税で、さらに育児休業中は社会保険料が免除されます。現行制度では賃金の67%が支給されるため、社会保障保険料の免除分をプラスして、実質的に手取り額で8割相当の金額が給付されています。

• 新制度では、出生時育児休業給付金の「給付率」が「67%から80%程度」に引き上げられます。 これにより、社会保険料の免除分を含めると、給付金の支給額は「手取りで10割相当」になります。この新制度は、2025年度から実施される見込みです。

● こども誰でも通園制度

保育所などの利用要件を緩和し、親が就労していなくても時間単位等で、こどもを預けることができる新たな通園制度である「こども誰でも通園制度（仮称）」が、2024年から全国で実施されます。

● その他

その他、「年収の壁（106万円/130万円）」への対応、子育て世帯への住宅支援強化、個人の主体的なリ・スキリングへの直接支援、男性育休の取得促進などが盛り込まれています。

📖 参考
児童手当の拡充について、これまでは年収が高い世帯は減額・不支給とされている制度でしたが、所得制限がなくなり、すべての子育て世帯に支給されるようになります。（詳細は100ページ）

📖 参考
出産育児一時金
2023年4月以降の出産については、支給額が42万円から原則50万円に引き上げられています。

📖 参考
2026年を目途に出産費用（正常分娩）の保険適用の導入等が進められます。

📈 発展
現行制度と同様、支援の上限は、大学の場合で授業料が国公立約54万円、私立約70万円、入学金が国公立約28万円、私立約26万円となる予定です。

用語
育児休業給付金
育児休業を取得した際に受け取れる手当のことです。給付率については、最初の180日間は、育児休業開始時賃金日額の67%が支給され、これ以降は50%になります。

用語
リ・スキリング
(Re-skilling)
新しい職業に就くため、あるいは、今の職業で必要とされるスキルの大幅な変化に適応するために必要なスキルを獲得する（させる）こと。

少子高齢化の重要ワード

● 価値観やライフスタイルの多様化

　これまでは、成人になったら結婚して、子を産み育てていくことが当たり前とされていた時代もありました。しかし、社会情勢の変化やグローバル化によって、人の価値観やライフスタイル（子を産む・産まない等）が多様化してきました。

● 女性の社会進出の進展

　女性の社会進出が進展して、非婚化・晩婚化が進み、一人の女性が生涯において出産する子どもの数（合計特殊出生率）が減少しました。

● 共働き世帯の増加と核家族化

　共働き世帯が増加した反面、核家族化が進行したことで、祖父母等に子どもを預かってもらうことが難しくなり、共働き世帯の仕事と家事・育児の負担が増えました。その結果、第二子や第三子の出産にもためらいが生じています。

● 自治体の婚活・結婚支援事業

　各自治体も独自に結婚支援センターの開設・運営、マッチングシステムの構築・運用、婚活イベントの開催等とさまざまな事業を展開しています。

● 子育て支援策

　子どもを産み育てやすい環境を作るための取組のことです。例えば、出産祝い金の給付、児童手当の支給、保育料軽減、給食費の一部助成、医療費の助成、児童の一時預かりサービス、子育てアドバイザーによる無料相談、子育て世帯への住宅支援、育児用品購入のためのクーポン券配布などがあります。

● ワークライフバランス（仕事と生活の調和）

　仕事と生活（育児等）の両立を図るために、長時間労働の是正や育児休業の取得推進など働き方改革を進めていくことで、仕事をしながらでも子どもを産み育てやすい労働環境を整備していく必要があります。

● 健康寿命の延伸

　政府は、高齢社会対策の基本方針として「健康寿命の延伸」を掲げています。健康寿命とは、介護などを受けずに健康的に社会生活が送れる期間のことで、2040年までに健康寿命を男女ともに 2016 年（男性 72.14 歳、女性 74.79 歳）に比べて 3 年以上延伸し、75 歳（男性 75.14 歳、女性 77.79 歳）以上とすることを目指しています。

● フレイル予防

　「健康寿命の延伸」を進めるうえで重要になるのが、高齢者の「フレイル予防」です。フレイルとは、健康な状態と要介護状態の中間の状態であり、早期の対策を取れば健康な状態に戻ることができますが、そのままにしておくと寝たきりなど介護が必要となってしまいます。フレイル予防で重要となるのが、日々の「食事」「運動」「社会参加」です。

● 高齢者の社会参加

　高齢化が進行するなかで、高齢者の孤立という問題が顕在化しています。家族や友人、地域コミュニティとのつながりが希薄化していくと、孤独死や生きがい喪失といった問題だけでなく、災害時の避難困難やフレイルのリスク向上などのさまざまな問題が生じてしまいます。そこで、人生 100 年時代といわれる現在、高齢者が、地域において健康で生きがいを持った生活を送るために高齢者の社会参加や居場所・生きがいづくりが重要になります。

● 高齢者の雇用制度改革

　政府は、生涯現役社会を目指して、①定年年齢 60 歳から 65 歳への引き上げ、②再雇用制度の導入、③定年制度の廃止など雇用制度改革を進めています。働く意欲のある高齢者に働いてもらうことで、労働力人口の確保や、税収の増加が期待されています。

● 介護ロボットの開発・普及の促進

　高齢化の進行に伴い、介護サービスの需要は高まりつつある一方で、介護スタッフの人員不足が懸念されています。そのため現在では、介護ロボットの導入が進められており、今後、ロボット技術が普及すれば、介護負担を減らすことができます。

4 社会保障給付費　出題可能性 78.5%

① 社会保障給付費とは

子ども・子育て	介護
保育所の整備や児童手当の支給	高齢などにより、寝たきりや認知症等で介護が必要になった時のリスクを社会全体で支え合う

医療	年金
病気やケガをした時のリスクを社会全体で支え合う	老後の生活の安定のための年金の支給

アドバイス

特に社会保障給付費の内訳が試験で出題されやすく、2024年度の試験であれば国立社会保障・人口問題研究所「社会保障費用統計」の「2021年度」の決算ベースの数値が出ます。また、国家系の試験では頻出ですが、地方の試験ではそこまで頻出ではありません。

　社会保障給付費とは、社会保障制度を通じ、年金、医療、福祉等で国民に給付される金銭やサービスのことです。

② 社会保障給付費の仕組み

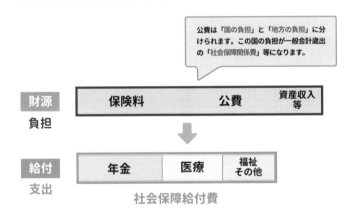

公費は「国の負担」と「地方の負担」に分けられます。この国の負担が一般会計歳出の「社会保障関係費」等になります。

| 財源 負担 | 保険料 | 公費 | 資産収入 等 |

↓

| 給付 支出 | 年金 | 医療 | 福祉 その他 |

社会保障給付費

⚠ ひっかけ注意

「社会保障給付費」は国の一般会計歳出で使う「社会保障関係費」とは意味が違うので注意が必要です。

✔ 確認

社会保障関係費は財源の一部、そして社会保障給付費が年金や医療などで国民に給付するお金等のことです。

- 社会保障の財源には、保険料のほか、多額の「公費」が使われており、社会保障のための「公費（社会保障関係費）」は、国の歳入の約３分の１を占める最大の支出項目となっています。

- そして、このような「お金（財源）」を、年金や医療などの「給付」に充てるといった仕組みで運営されています。

③ 社会保障給付費のポイント

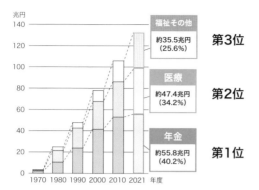

兆円

福祉その他	第3位
約35.5兆円 (25.6%)	
医療	第2位
約47.4兆円 (34.2%)	
年金	第1位
約55.8兆円 (40.2%)	

1970 1980 1990 2000 2010 2021 年度

アドバイス

部門別に見たときの内訳や順位（大きい順）などが試験で問われやすいです。

データ・資料

「国立社会保障・人口問題研究所 社会保障費用統計の概要」

給付

- 2021年度の年金や医療、雇用保険などに支払われた社会保障給付費は約138.7兆円で、過去最高を更新しました。人口1人当たりの社会保障給付費も110万5500円と、過去最高となりました。

- 分野別でみると、大きい順に「年金」「医療」「介護・福祉 その他」と、いずれも前年度比で増加しました。特に「医療」については、前年度比で約4.7兆円（＋11.0%）の大幅な増加となりました。

財源

2021年度の社会保障財源の総額は約163.4兆円で、前年度に比べ約21.3兆円、11.5%の減少となりました。

参考

社会保障給付費は、前年度比で約6.5兆円の増加。

発展

「医療」の増加
新型コロナのワクチン接種関連費用、医療保険給付の増加が主な要因とされています。
「福祉その他」の増加
子育て世帯等臨時特別支援事業費補助金による増加が大きくなっています。

発展

財源の減少
2020年度は、年金積立金の運用実績が伸びたことにより「資産収入」が約43.9兆円と、例年を超える規模でした。この資産収入が減少したことにより、2021年度は減少になっています。

「高齢者中心」から「全世代型」の社会保障へ

社会保障制度の基本は保険料による支え合いですが、保険料のみでは負担が現役世代に集中してしまうため、税金を充てることとしています。しかし、この税金でも賄いきれておらず、借金（国債）に頼り、負担を私たちの子や孫の世代に先送りしている状況です。さらに、高齢化の進行に伴い社会保障の費用は増え続けており、政府は現在、「社会保障と税の一体改革」を行っています。具体的には、税の使い道を「高齢者中心」ではなく、待機児童の解消や幼児教育・保育の無償化など子育て世代を含めた「全世代型」の社会保障制度に転換していく等です。

6

社会保障

145

5 医療・健康 出題可能性 61.3%

① 2025年問題

1947年〜1949年   2025年

【1949年】
合計特殊出生率：4.32
出生数：約270万人

「団塊の世代」
全員が
75歳以上に

> 📍 確認
> 団塊世代が子どもを産んだことで第2次ベビーブームが起きました。このときに生まれた人たちを「団塊ジュニア世代」といいます。

- 2025年問題とは、「団塊の世代」全員が、75歳以上の「後期高齢者」となることで生じる「医療費・介護費の増大」や「働き手不足」などの様々な問題のことです。
- 第1次ベビーブーム（1947年〜1949年）で一気に子どもが生まれましたが、実際にこの世代の人たち全員が、2025年に75歳以上になることで、日本の人口の年齢別比率が劇的に変化することが見込まれています。

> 📖 参考
> 2040年問題
> 2040年に団塊ジュニア世代全員が65歳以上の高齢者になることが見込まれています。これにより、社会保障費の増大や労働力不足の深刻化など様々な問題が起こります。

② 医療費・介護費の問題

75歳以上人口の増加と1人当たり医療費・介護費

年齢別の人口数		
	2020年	2025年
65〜74歳	1,742万人	1,498万人
	▲約244万人	
75歳以上	1,860万人	2,155万人
	＋約294万人	

わずか5年で75歳以上人口が急増。

	医療（2020年）		介護（2020年）	
	1人当たり国民医療費	1人当たり国庫負担	1人当たり介護費	1人当たり国庫負担
65〜74歳	55.4万円	8.2万円	5.0万円	1.3万円
		約4倍		約10倍
75歳以上	90.2万円	32.6万円	47.8万円	12.7万円

75歳以上になると、1人当たりの医療や介護の費用が急増。

> 📄 データ・資料
> 財務省「財政パンフレット（2023年10月）」

後期高齢者になると、国民1人当たりにかかる医療費や介護費が急増してしまいます。2025年以降、後期高齢者の対象者が一気に増えていくことから「医療費や介護費の増大」が起こり、同時に現役世代の負担が大きくなることが予想され、大きな問題となっています。

③ 医療費や介護費の推移

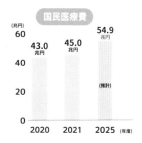

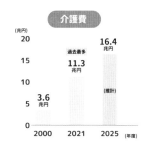

データ・資料
出典：厚生労働省の国民医療費の概況、介護給付費等実態統計及び財務省の社会保障（参考資料）

6

社会保障

参考
2020 年度の国民医療費は新型コロナ感染症拡大により、
・入院や手術の延期
・コロナ病床への転換や病棟の一部閉鎖
・患者の受診控え
などの影響で前年度に比べて減少しました。

2021 年度の国民医療費は約 45 兆円となりました。2025 年度には約 55 兆円に達することが予想されています。また、介護保険制度で 2021 年度にかかった介護費用の総額は約 11.3 兆円となり、過去最多を更新しました。

④ 政府の取組

国民医療費抑制策

- 後発医薬品（ジェネリック医薬品）を利用すること
- かかりつけ医を持つこと
- 重複受診・時間外受診はやめること
- 定期的に健康診断を受けること … 等

参考
ジェネリック医薬品利用率
数量シェアを 2023 年度末までに全都道府県で 80% 以上とする目標を掲げています。2023 年3 月診療分の全国平均は 80.89% でした。

政府は、2024 年 4 月から都道府県ごとに医療費抑制策の策定を義務付け、国民健康保険に関する各自治体の運営方針に記載することを決定しました。さらに、医療費の抑制策として、各自治体と協力し、様々な啓発活動を行っています。

介護（保険）給付費抑制策

- ケアマネジメントの利用者負担を導入すること
- 地域支援事業を有効活用すること
- 利用者負担の更なる見直しを行うこと
- 補足給付の要件見直しを行うこと … 等

用語
ケアマネジメント
介護支援を必要とする方等に対して、それぞれのニーズに合った相談・調整を行い、効果的なサービスを提供すること。

少子高齢化が進む中、介護（保険）給付費は現役世代にも大きな負担がかかるものであるため、介護（保険）給付費抑制対策も重要な課題となっています。

用語
地域支援事業
要支援や要介護になる恐れのある高齢者に対して、介護予防のためのサービスが地域包括から提供される事業です。

6 社会保障・社会保険制度　出題可能性　88.9%

① 日本の社会保障制度

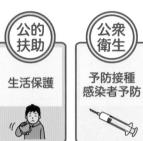
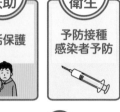

社会保険	社会福祉	公的扶助	公衆衛生
医療保険 年金保険 雇用保険など	児童福祉 身体障害者福祉 高齢者福祉	生活保護	予防接種 感染者予防

| 保険証 社会保険 | 社会福祉 | 公的扶助 | 公衆衛生 |

📖 参考

社会保障制度は、憲法25条の「生存権」の理念に基づいて整備されています。この「生存権」を保障するため、病気や失業、労働災害、退職などがあっても、国民が最低限度の生活を営むことができるよう4つの柱から様々な制度を実施しています。これらを総称して「社会保障制度」と呼びます。

📖 参考

左の「公衆衛生」は保険医療・公衆衛生を意味しています。

● 社会保障制度の分類

社会保険	病気、失業、事故など、国民が生活に困難をもたらすリスクに遭遇した際、一定の給付を行うことで、その生活の安定を図ることを目的に作られた保険制度。強制加入である。
社会福祉	障がい者や高齢者、母子家庭などの社会的困窮者に対し、公的な支援を行う制度。
公的扶助	生活困窮者に対して必要最低限の生活を保障することで、自立を助ける制度。
保険医療・公衆衛生	国民が健康に生活できるよう、予防接種や感染症予防など、予防・衛生活動を行うための制度。

📖 参考

現代の日本の社会保障制度の基礎が作られたのは、1961年で、国民皆保険・皆年金制度としてスタートしました。

- 日本の「社会保障制度」は、全ての国民の生活を生涯にわたって支えるための「社会保険」「社会福祉」「公的扶助」「保健医療・公衆衛生」の4つの分類からなるセーフティネットです。全ての国民の「安心」や生活の「安定」のため、健康面や生活面の様々な支援を行う制度です。

- そして、社会保障制度は、国と地方公共団体が連携し、それぞれの機関が役割を担いながら運用されています。

② 社会保険制度

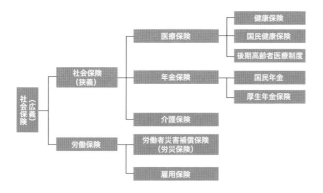

- 「社会保険」とは、病気、失業、事故など、国民が生活に困難をもたらすリスクに遭遇した際、一定の給付を行うことで、その生活の安定を図ることを目的に作られた保険制度です。
- そして、広義の社会保険には「医療保険」「年金保険」「介護保険」「労災保険」「雇用保険」の計5つの分類があります。

年金保険	あらかじめ「保険料」を支払うことで、障害を抱えた際や老齢になった際に「給付」を受けられる保険制度。
医療保険	医療が必要な際に誰もが医療を受けることのできる制度。
介護保険	介護が必要となった際に、介護サービス等を受けられるようにする制度。
労働者災害補償保険（労災保険）	業務上・通勤中に発生した病気やけがなどの災害（「業務災害」と「通勤災害」）にかかった際に必要となった医療費等を補償する保険制度。
雇用保険	失業した者や就労が困難な者、子どもを養育する労働者等に給付を行うことで、生活及び雇用の安定を図るための保険制度。

　社会保険の財源は、国民の納付する「保険料」と、国や地方自治体の「公費」により成り立っています。このような、個人では対応が困難なリスクに社会全体で対応する仕組みを「相互扶助」といいます。

📖 参考

労働保険や国民健康保険、国民年金を除いた、健康保険や介護保険、厚生年金保険の3つを指して「狭義の社会保険」という場合もあります。

🔍 くわしく

公的年金には「国民年金（基礎年金）」と「厚生年金保険」の2つがあります。また、それぞれに、老齢年金、障害年金、遺族年金の3種類があります。

🔍 くわしく

医療保険は、例として、健康保険、国民健康保険、後期高齢者医療制度等があります。

7 年金制度

出題可能性 90%以上

アドバイス

社会保障分野の中では、特に「公的年金制度」の出題頻度が高いです！
日本の公的年金は国民年金と厚生年金保険の「2階建て」になっています。
これに上乗せする私的年金等を含めると「3階建て」になります。

① 公的年金制度の概要

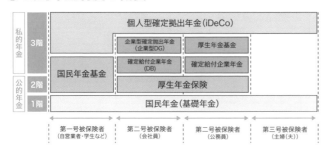

- 「公的年金制度」には、20歳以上60歳未満の全国民が加入する「国民年金（1階）」と、公務員及び会社員が加入する、被用者保険である「厚生年金保険（2階）」があります。

- また、公的年金に上乗せして給付する制度として、確定拠出年金（個人型・企業型）、確定給付企業年金等の「私的年金（3階）」があります。

用語

国民皆年金

自営業者や無業者も含め、基本的に20歳以上60歳未満のすべての人が公的年金制度（1階と2階）に加入しなければなりません。これを国民皆年金といいます。

② 賦課方式と積立方式

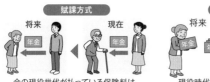

今の現役世代が払っている保険料は今の年金受給者に給付される仕組み。

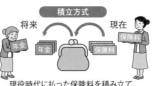

現役時代に払った保険料を積み立て、老後にそのお金を受け取る仕組み。

　公的年金制度は、現役世代が支払った保険料を、仕送りのように、その時の現役の高齢者等の年金給付に充てるという「世代と世代の支え合い」という考え方（賦課方式）を基本とした財政方式により運用されています。

ひっかけ注意

賦課方式は超頻出です。公的年金制度が発足した当時は、現役時代に将来受給する年金に充てる財源を積み立てておく方式（積立方式）がとられていました。
しかし、現代の日本の公的年金は「賦課方式」を基本にしています。

③ 公的年金被保険者数

　公的年金被保険者数は、2021年度末時点で約6729万人となっています。

第1号被保険者
20歳以上60際未満の農業者・自営業者・学生・無職の人など
1431万人

第2号被保険者
会社員・公務員など
4535万人

第3号被保険者
性別を問わず第2号被保険者に扶養されている20歳以上60歳未満の配偶者（年収130万円未満）
763万人

合計：6729万人

アドバイス
1号、2号、3号被保険者は、それぞれどんな人が該当するか、チェックしておきましょう。

6

社会保障

④ マクロ経済スライド

マクロ経済スライドとは、2004 年の年金制度改正で導入されたもので、賃金や物価による年金額の改定率を調整し、年金の給付水準を調整する仕組みです。

発展
2023 年度の年金額改定
67 歳以下の方
2022年度から2.2%の引き上げ
68 歳以上の方
2022年度から1.9%の引き上げ

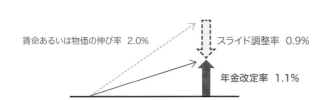

----> 資金あるいは物価の伸び率　——→ 年金改定率　---→ スライド調整率

賃命あるいは物価の伸び率　2.0%　　スライド調整率　0.9%

年金改定率　1.1%

例えば、物価が大きく上昇しているのに、毎回同じ年金給付額では、同じ水準の生活ができません。そこで「賃金・物価の伸び率」から現役の被保険者の減少と平均余命の伸びに応じて算出した「スライド調整率」を差し引くことによって、年金の給付水準を調整しています。

⑤ 近年の年金改正

- 人手不足や少子高齢化が進行し、中長期的に現役世代人口の急速な減少が見込まれる中で、特に高齢者や女性の就業が進み、より多くの人が多様な形で働くことが見込まれています。

- そこで、社会・経済の変化を年金制度に反映し、長期化する高齢期の経済基盤の充実を図るため、2020 年 5 月に年金制度改正法が成立し、2022 年 4 月から施行されています。

● 改正点(1)：被用者保険の対象者拡大

	変更前	変更後
労働時間	週20時間以上	変更なし
賃金	月額8.8万円以上	変更なし
勤務期間	1年間以上の見込み	2ケ月超
身分	学生は除外	変更なし
企業規模	従業員100人超	従業員50人超

企業規模は段階的に引き下げられる
2022年10月～：100人超
2024年10月～：50人超

- 短時間労働者（パート・アルバイト等）について、厚生年金保険・健康保険の対象となる条件が緩和されました。
- 2022年10月から勤務期間の条件が「1年以上の見込み」から「2ケ月以上」となり、企業規模の条件は「500人以上の企業」から「100人以上の企業」となりました。
- また、企業規模の条件は、段階的に引き下げられ、2024年10月から「50人以上の企業」になります。

● 改正点(2)：在職老齢年金制度の見直し

変更前	変更後
年金＋給料　月額28万円以上　**減額**	年金＋給料　月額47万円以上　**減額**

現行制度では、60歳～64歳がもらえる特別支給の老齢厚生年金は、賃金と年金の合計が「月額28万円以上」の場合に減額される仕組みでしたが、2022年4月から基準額が緩和され、「月額47万円以上」が減額の対象となりました。

● 改正点(3)：在職定時改定の導入

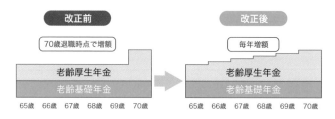

- 現行制度では「退職」や「70歳到達時」から、厚生年金被保険者の資格を喪失するまでは、年金額が増額されることはありませんでした。
- しかし、2022年4月から新たに「在職定時改定」が創設され、在職中の65歳以上の人は、毎年決まった時期に加入実績を踏まえた年金額が随時、増額されることになりました。

● 改正点(4)：受給開始時期の選択肢の拡大

　現行制度では、公的年金の受給は 60 歳から 70 歳の間で、「繰り上げ（早くもらう）」「繰り下げ（遅くもらう）」を自由に選ぶことができましたが、2022 年 4 月から受給開始時期の選択肢が広がり、「60 歳〜 75 歳」の間で選べるようになりました。

● 改正点(5)：iDeCo加入要件の見直し等

　iDeCo の加入要件が、公的年金の被保険者のうち 60 歳未満から「65 歳未満」に拡大されました。また、企業型 DC や iDeCo の老齢給付金の受給開始時期は、60 歳〜 70 歳まででしたが、2022 年 4 月から「60 歳〜 75 歳」に拡大されました。

⑥ 特例的な繰下げみなし増額制度

　年金は原則 65 歳から受け取ることができますが、受給開始時期を 1 ヶ月繰り下げる（遅らせる）ごとに 0.7％増額される仕組みになっています。

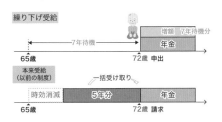

　また、一定期間待機した後、「繰り下げ受給」か「本来受給」かを選択することもでき「本来受給」を選択した場合は、過去に待機した分を一括で受け取ることができる仕組みでした。

　しかし、年金を受け取る権利（支分権）は 5 年で時効消滅してしまうことから、現行制度では、例えば、72 歳まで待機した後に「本来受給」を選択した人が不利益になってしまうルールでした。

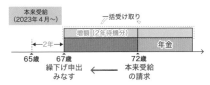

　そのため、2023 年 4 月より、特例的な繰下げみなし増額制度が適用され、70 歳を過ぎてから「本来受給」を選択した場合、その 5 年前に繰り下げ請求の申出があったものとみなされることになりました。

① 医療保険制度の概要

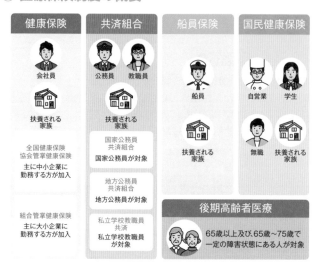

- 「医療保険制度」とは、病気やけが等により治療が必要な際、誰もが医療を受けることのできる制度です。日本では「国民皆保険制度」により、全ての国民が保険制度に加入しなければならないとされています。

- 医療保険制度には、自営業者や無職の者が対象の地域保険である「国民健康保険」と、会社等に雇用されている者（会社員、公務員、船員など）を対象とする職域保険の「被用者保険」があります。また、75歳以上を対象とする「後期高齢者医療制度」もあります。

📖 参考

医療保険制度の財源は、社会保険方式を基本としつつ、国民皆保険制度を維持するため、被保険者の「自己負担（一部負担金）」と「保険料」に加えて、「公費」も投入されています。

② 医療費の自己負担割合

📖 参考

義務教育就業前までは2割が原則ですが、地方自治体によっては、別途助成がある場合があります。

病院で診察・投薬・治療など医療サービスを受けた際に、窓口で支払う「自己負担割合」は、表のようになっています。以前は75歳以上は、1割もしくは3割負担でしたが、2022年10月から一定以上の所得がある方は、現役並み所得者（3割負担）を除き、自己負担割合が「2割」に変更されています。

③ 健康保険法等改正のポイント

- 国民医療費は2021年度で約45兆円ですが、これを年齢階級別にみると、75歳以上の後期高齢者が約16.8兆円（39%）となっています。

- 後期高齢者の医療費のうち、窓口負担を除いて約4割は現役世代の負担となっており、2025年問題などもあり、今後も拡大する見通しです。

- そこで、現役世代の負担上昇を抑えるため、また、全世代に対応した社会保障制度の構築に向け、2023年5月に健康保険法等の改正案が成立・交付されました。

(1) 出産育児一時金の引き上げ

出産育児一時金とは、出産費用の自己負担を軽減するため、出産時に一定の金額が支給される国の制度のことです。健康保険法の改正により、2023年4月以降の出産については、支給額が42万円から50万円に引き上げられました。

(2) 後期高齢者医療制度の保険料の上限額引き上げ

出産育児一時金の支給額引き上げに伴い、この財源の一部を75歳以上の人が加入する後期高齢者医療制度でも負担することになります。そのため、具体的には、後期高齢者医療制度の保険料の上限額について、2024年度からは年収211万円を超える人を対象に66万円から73万円に、2025年度からは年収153万円を超える人を対象に80万円に引き上げる方針となっています。

(3) 医療保険制度の基盤強化等

その他、地域の身近な医師が日常的な医療の提供や健康管理の相談などに応じる「かかりつけ医」機能を制度化し、地域完結型の医療・介護提供体制を整備することも盛り込まれています。

参考

配慮措置
窓口負担割合が2割となる後期高齢者に対して、2022年10月から2025年9月末までの間は、1ケ月の外来医療の窓口負担割合の引き上げに伴う負担増加額を3000円までに抑える配慮措置があります（入院の医療費は対象外）。

発展

産科医療補償制度未加入や妊娠22週未満の場合は40.8万円でしたが、48.8万円に引き上げられました。

発展

後期高齢者医療制度は、75歳以上の約1890万人が加入しています。健康保険法の改正により、2年間で加入者全体の約4割の保険料が増える見通しです。

発展

子育て世帯の負担軽減に向け、自営業者などが加入する国民健康保険について、2024年1月から加入者の女性が支払う保険料を出産前後の4ケ月間、免除する措置を創設することも盛り込まれました。

9 介護保険制度

出題可能性 73.4%

① 介護保険制度の概要

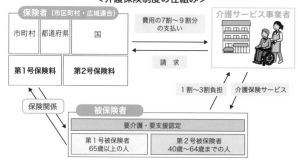

<介護保険制度の仕組み>

- 「介護保険制度」は、高齢者の介護を社会全体で支えることを目的として、介護が必要となった際に介護サービスなどの給付を受けられるようにするための制度です。

- 保険者は、市区町村等になります。一方で、介護保険の被保険者は、第1号被保険者（65歳以上）と第2号被保険者（40歳以上64歳以下）になります。つまり、原則、40歳以上のすべての人に対して、介護保険料の支払いの義務が生じます。

📖 参考
介護保険制度は、2000年に創設されました。

② 介護保険制度の財源

- 介護保険の財源は、公費50%、保険料50%となっています。介護費用の増大に伴い、保険料は右肩上がりに増え続けており、第1号被保険者の保険料は、介護保険制度創設時には全国平均2911円でしたが、2021〜2023年度は6014円でした。

- なお、介護保険の自己負担割合は原則1割で、一定の所得がある高齢者の場合は2割または3割になります。

🔍 くわしく
公費
公費の半分（1/2）は国が、残りの半分を都道府県と市町村が1／4ずつ負担することになります。

③ 介護サービスの利用者と介護費用

　介護サービスの利用者は在宅サービスを中心に増加し、2000年4月には149万人であったサービス利用者数は、2021年3月には509万人と、約3.4倍になっています。

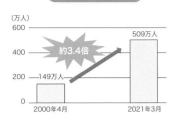

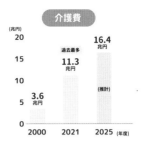

くわしく

高齢化のさらなる進展に伴い「団塊の世代」の全員が75歳以上となる2025年には、およそ5.5人に1人が75歳以上の高齢者となると推計されています。

データ・資料

出典：厚生労働省「介護保険事業状況報告および介護保険制度をめぐる最近の動向について」

- サービス利用者の増加に伴い「介護費用」が増大しており、介護保険制度開始当時の2000年度は約3.6兆円だった介護費用は、2021年度には11.3兆円となっています。

- また「団塊の世代」の全員が75歳以上となる2025年には約16.4兆円になると推計されています。

④ 介護報酬改定

参考

政府は2024年度の介護報酬の改定率をプラス1.59%とすることを決定しています。

- 介護保険制度は原則3年を1期とするサイクルで制度を見直しています。2021年度の介護報酬改定では、介護職員の人材確保・処遇改善にも配慮しつつ、事業者の経営状況等を踏まえ、改定率をプラス0.7%としました。

- 2022年度において臨時の介護報酬改定を行い、2022年10月から新たに月額平均9000円相当の引き上げ措置を講じました（介護職員等ベースアップ等支援加算）。

⑤ 地域包括ケアシステム

地域包括ケアシステムとは、「地域の実情に応じて高齢者が、可能な限り、住み慣れた地域で、その有する能力に応じ、自立した日常生活を営むことができるよう、医療、介護、介護予防、住まい、および自立した日常生活の支援が包括的に確保される体制」のことです。

くわしく

政府は、団塊の世代が75歳以上となる2025年を目処に地域包括ケアシステムの構築を推進しています。

介護職員の人手不足問題

介護職員は2019年度には全国で211万人いましたが、2025年度には243万人、2040年度には280万人必要になると推計されています。そのため、介護職員の数を増やすことができないと、2025年には32万人、2040年度には69万人もの職員が不足する可能性があります。そのため、新たな人材確保に向けた介護職員の給与の引き上げや、介護ロボットやITなどのテクノロジーの活用を通した職員の負担軽減などが求められています。

10 都道府県別人口 2022

出題可能性 90%以上

アドバイス

特に行政や警察・消防などの地方公務員の試験では、超頻出です。その中で、全体の推移だけでなく、都道府県別の人口の推移等もよく出てきます。

① 都道府県別の人口問題

2021 年	2022 年
東京：26 年ぶりの減少 沖縄：沖縄のみ増加	東京：2 年ぶりの増加 沖縄：初の人口減少

2022 年 10 月時点での都道府県別人口を見ると、人口が増加しているのは東京都のみで、他の 46 道府県は人口が減少しています。沖縄県は、1972 年に日本に復帰して以来、初めて人口減少を迎え、沖縄県が自然減少に転じたことで、すべての都道府県で自然減少となりました。

自然増減	「出生数」と「死亡数」の差のこと。 死亡数よりも出生数が多い状態を「自然増加」、死亡数が出生数よりも多い状態のことを「自然減少」と呼ぶ。
社会増減	住民の「転入数」と「転出数」の差のこと。 転入数が転出数よりも多い状態を「社会増加」、転出数が転入数よりも多い状態を「社会減少」と呼ぶ。

データ・資料

出典：総務省統計局の人口推計及び住民基本台帳人口移動報告、厚生労働省の人口動態統計

くわしく

少子高齢化の進展が著しいですが、沖縄だけは死亡数よりも出生数が多い自然増加の状況が 2021 年まで続いていました。また、東京は自然減少ですが、社会増加です。そしてこの社会増加の方が多いので、全体としては人口増加となっています。

② 都道府県別の高齢化率ランキング

高い順	低い順
🥇 秋田（38.6%）	🥇 東京（22.8%）
🥈 高知（36.1%）	🥈 沖縄（23.5%）
🥉 山口（35.2%）	🥉 愛知（25.6%）

高齢化率は、傾向として都市部が低く、地方にいくにつれて高くなっています。

参考

その他、徳島 35.0%、青森 34.8%、山形 34.8%、岩手 34.6%など東北や四国地方の高齢化率が高くなっています。
また、75 歳以上人口の割合では、秋田が初めて 20%を上回りました。

③ 都道府県別の年少人口比率ランキング

高い順	低い順
🥇 沖縄（16.3%）	🥇 秋田（9.3%）
🥈 佐賀（13.2%）	🥈 青森（10.2%）
🥉 滋賀（13.2%）	🥉 北海道（10.3%）

くわしく

沖縄県は 47 都道府県で唯一、年少人口の割合が 75 歳以上人口の割合を上回っています。また、65 歳以上人口及び 75 歳以上人口の割合が最も高いのはいずれも秋田県となっています。

年少人口比率は、傾向として関東や東北、北海道等が低く、九州や中国等が高くなっています。

④ 都道府県別の合計特殊出生率ランキング

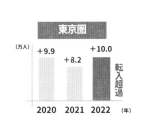

高い順	低い順
沖縄 (1.70)	東京 (1.04)
宮崎 (1.63)	宮城 (1.09)
鳥取 (1.60)	北海道 (1.12)

合計特殊出生率も年少人口比率と同様、傾向として関東や東北、北海道等が低く、九州や中国等が高くなっています。

⑤ 3大都市圏の人口移動(転入・転出)

転入超過	一定期間における「転入者数」が「転出者数」を上回っている状態。 (転入者数>転出者数)
転出超過	一定期間における「転出者数」が「転入者数」を上回っている状態。 (転入者数<転出者数)

転入とは、他の土地からその土地に移り住むことで、転出はこの反対です。近年、東京圏は大幅な転入超過が続いており、名古屋圏や大阪圏は転出超過が続いています。

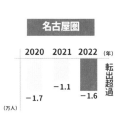

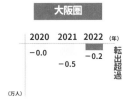

 参考

都道府県別人口ランキング
1位:東京都 (11.2%)
2位:神奈川県 (7.4%)
3位:大阪府 (7.0%)

アドバイス

「東京は少子化が最もひどい地域だけど高齢者が最も少なく、沖縄は少子高齢化が一番マシな地域」と覚えておきましょう。

参考

3大都市圏
東京圏、名古屋圏、大阪圏の人口の合計は約6600万人で全体の人口の52.9%を占めています。

発展

都市部に人口が集中すると、都市における過密化等による感染症リスクや自然災害リスクの増加、交通混雑等を引き起こす一方で、地方においては都市部への人口流出による地域経済・産業の担い手不足やコミュニティ維持の困難も引き起こす要因となります。

予想問題「ココが出る」

問題1 2022年10月時点で日本の総人口は約1億2500万人となっているが、その中でも65歳以上人口は約5100万人となっており、高齢化率は約40%を超え、過去最高となった。

問題2 2022年10月時点の14歳以下の子どもの数は約720万人と少子化が進んでおり、年少人口比率（割合）は5.8%と、過去最低の値となった。

問題3 日本の合計特殊出生率は、2005年に1.26となったものの、2022年は1.4を超えるまでに改善した。

問題4 2023年6月、「異次元の少子化対策」実現に向け、児童手当や育児休業給付の拡充などを盛り込んだ「こども未来戦略方針」が閣議決定された。

問題5 2022年10月時点の都道府県別の高齢化率を見ると、秋田県が最も高く、次いで高知県、山口県となっている。都道府県別の合計特殊出生率を見ると、沖縄が最も高く、東京が最も低くなっている。

答え

問題1 ✕ 2022年10月時点の65歳以上人口は約3624万人であり、高齢化率は29.0%と過去最高であったが、40%は超えていない。

問題2 ✕ 2022年10月時点の14歳以下の子どもの数は約1450万人で、年少人口比率は11.6%と過去最低であった。

問題3 ✕ 合計特殊出生率は2005年が1.26で、その後、穏やかに上昇し、1.3~1.4前後で推移していたが、2022年は1.26と過去最低と同じ値であった。

問題4 ○

問題5 ○

労働事情

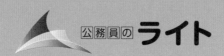

1 働き方改革

出題可能性 90%以上

① 働き方改革とは

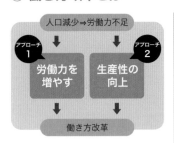

働き方改革の9つのポイント

- 非正規雇用者の処遇改善
- 賃金引き上げと労働生産性の向上
- 長時間労働の是正
- 転職・再就職支援、人材育成の強化
- 柔軟な働き方（テレワークや副業・兼業等）
- 女性や若者が活躍しやすい環境整備
- 高齢者の就業促進
- 子育て・介護と仕事の両立
- 外国人材の受入れ

用語

労働力人口
「就業者＋完全失業者」
15歳以上の労働する能力と働く意思を持つ人の合計。

働き方改革とは、働く人々が個々の事情に応じた、多様で柔軟な働き方を自分で「選択」できるようにするための改革のことです。

働き方改革が求められる背景

少子高齢化の急速な進展に伴い、日本では2008年をピークに総人口が減少し始めており、今後も人口減少が見込まれています。労働力人口についても、将来的に減少が予想されるため、労働者一人ひとりにかかる負担が増えることによる労働生産性の低下が懸念されています。そこで、労働生産性の改善や、労働力不足の解消に向けて、働き方改革が進められています。働きやすい環境を整備することで、特に女性や高齢者、外国人などの潜在的な労働力を積極的に活用していくことも求められています。

用語

勤務間インターバル制度
退勤から翌日の出勤までの間に、一定時間以上の休息時間（9～11時間程度）を確保する制度。

用語

割増賃金
会社が労働者に時間外労働等をさせた際、基礎時給だけではなく、そこに一定割合を増額して支払う賃金のこと。

② 働き方改革関連法

働き方改革関連法の3本柱
① **長時間労働の是正** ・残業時間の罰則付き上限規制 ・年間5日の有給休暇取得の義務化
② **柔軟な働き方の実現** ・高度プロフェッショナル制度導入 ・勤務間インターバル制度の普及促進
③ **正規・非正規雇用の不合理な格差の解消** ・同一労働一賃金の促進

働き方改革関連法の項目	実施年月
残業時間の「罰則付き上限規制」	【大企業】2019/4～ 【中小企業】2020/4～
5日間の「有給休暇取得」の義務化	【全企業】2019/4～
「勤務間インターバル制度」の努力義務	【全企業】2019/4～
中小企業の割増賃金率引き上げ	【大企業】適用済み 【中小企業】2023/4～
「産業医」の機能を強化（事業主の労働時間把握義務含む）	【全企業】2019/4～
「同一労働同一賃金」の適用	【大企業】2020/4～ 【中小企業】2021/4～
「高度プロフェッショナル制度」の創設	【全企業】2019/4～
「3ヶ月のフレックスタイム制」が可能に	【全企業】2019/4～

用語

高度プロフェッショナル制度
特定の条件（年収1075万円以上等）を満たした一部業種の労働者に対し、労働時間ではなく、労働の成果に対して賃金を払う制度。

用語

フレックスタイム制
一定期間について、あらかじめ決められた総労働時間の範囲内で、日々の出勤・退勤時間や労働時間を労働者自身が自分で決めることができる制度。

- 2018 年 6 月に「働き方改革関連法」が成立し、2019 年 4 月から順次施行されています。主な焦点は、「長時間労働の是正」と「非正規雇用者の処遇改善」です。

- すでに多くのものが適用済みではありますが、2023 年 4 月から「中小企業の割増賃金率引き上げ」が適用されました。

③ 一般労働者の時間外労働上限規制（36協定）法

	1 年間の上限	月間の上限
通例	360 時間/年	45 時間/月
例外	720 時間以内/年	100 時間未満/月 ※ 複数月平均 80 時間 （休日労働含む）

時間外労働と休日労働の合計が月 100 時間未満。時間外労働と休日労働の合計を平均した場合に、2 ケ月平均、3 ケ月平均、4 ケ月平均、5 ケ月平均、6 ケ月平均の全てが、ひと月当たり 80 時間以内。時間外労働が年 720 時間以内。時間外労働が月 45 時間を超えられるのは年 6 ケ月まで等の細かい規定もある。

　残業時間の上限は、原則、月 45 時間・年間 360 時間と労働基準法で定められています。特別な事情がある場合には、36 協定の特別条項が適用されますが、それでも月 100 時間未満・年720 時間以内とルールが決まっています。このルールに違反した場合は、罰則が科される恐れがあります。

④ 建設事業、自動車運転の業務、医師等の働き方改革

- 医師や建設事業、自動車運転の業務などの一部の業種は、業務の特殊性を鑑みて「時間外労働の罰則付き上限規制」の適用に5 年の猶予期間が設けられていました。そのため、この手の一部の業種は、2024 年 4 月から残業時間の上限規制が適用されます。

- ただし、「一般労働者」と医師や建設事業等の「一部の業種」では、適用される残業時間の規制内容がそれぞれ違うため注意が必要です。例えば、特別条項付 36 協定を締結する場合、トラックドライバーであれば時間外労働の上限は「年 960 時間」、医師であれば時間外・休日労働の上限は「年 1860 時間」となります。その他、業種ごとに細かいルールが設けられています。

2 正規・非正規雇用労働者　出題可能性　90%以上

① 非正規雇用労働者とは

　総務省の労働力調査の定義では、正規の職員・従業員以外の雇用形態をまとめて非正規雇用労働者としています。

② 正規・非正規雇用労働者の雇用状況

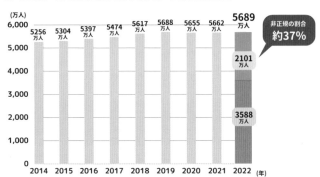

アドバイス

特に国家系の公務員試験の専門択一において、正規・非正規雇用労働者の細かい数値や推移などがよく問われています。特に「労働力調査」や経済系の「白書」を元に出題されることが多いです。

データ・資料
出典：総務省の労働力調査（詳細集計）

　2022年の役員を除く雇用者の総数は約5689万人で、そのうち正規雇用労働者が約3588万人、非正規雇用労働者が約2101万人となっています。つまり、役員を除くと、非正規雇用労働者が約37%を占めている現状にあります。また、近年の正規・非正規雇用労働者の総数は、ほぼ横ばいで推移しています。

③ 正規・非正規雇用労働者それぞれの推移（男女計）

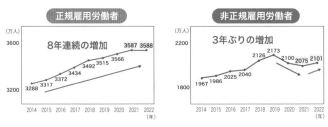

参考
非正規雇用労働者の定義
会社、団体等の役員を除く雇用者について、以下の7区分に分け、このうち(1)以外の雇用形態の人を非正規雇用労働者としています。
(1) 正規の職員・従業員
(2) パート
(3) アルバイト
(4) 労働者派遣事業所の派遣社員
(5) 契約社員
(6) 嘱託
(7) その他

　2022年の正規雇用労働者数は前年に比べ1万人の増加で、8年連続の増加となりました。一方、非正規雇用労働者数は前年から約26万人増加し、3年ぶりの増加となっています。

④ 正規・非正規雇用労働者の男女別の雇用状況

2022年	正規	非正規
👨	2339万人（−14万人）	669万人（+16万人）
👩	1249万人（+16万人）	1432万人（+10万人）

（　）は前年比を示しています。

アドバイス

試験では、男性の推移、女性の推移などの細かい動向が問われることもあるので余裕がある方は「労働力調査の詳細集計（年平均）」をチェックしておきましょう。

7
労働事情

　こちらは男女別の正規・非正規雇用労働者の雇用状況をまとめた表です。特に女性の正規雇用労働者が8年連続の増加と、増加傾向にあることは押さえておきましょう。

⑤ 労働時間の推移

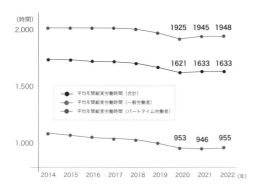

凡例:
- 平均年間総実労働時間（合計）
- 平均年間総実労働時間（一般労働者）
- 平均年間総実労働時間（パートタイム労働者）

1925　1945　1948
1621　1633　1633
953　946　955

データ・資料
出典：厚生労働省の毎月勤労統計調査

- 2022年の労働者1人当たりの平均年間総実労働時間は「1633時間」で、全体としては減少傾向にあります。
- また、平均年間総実労働時間を一般労働者とパートタイム労働者に分けると、一般労働者が「1948時間」、パートタイム労働者が「955時間」でした。

参考
パートタイム労働者は10年ぶりの増加となりました。

⑥ 正規・非正規雇用労働者の賃金

　2022年の賃金を雇用形態別にみると、正規雇用労働者が32万8000円に対し、非正規雇用労働者等は22万1300円となっています。また、雇用形態間の賃金格差（正規＝100）は、67.5％となっています。

データ・資料
出典：厚生労働省の賃金構造基本統計調査

用語
雇用形態間賃金格差
簡単に言えば割合のこと。正規雇用労働者の賃金を100％としたとき、非正規雇用労働者等は67.5％の賃金しかもらっていない。

3 育児・介護休業①

出題可能性 90%以上

アドバイス

育児休業は公務員試験では超頻出です。特に育休の取得率の推移がよく出ていますので、絶対に押さえておきましょう。

① 育児休業とは

　育児休業とは、原則1歳に満たない子どもを養育する義務のある労働者が取得できる休業のことです。仕事と育児の両立を目的として法律で定められているため、さまざまな権利が保障されており、収入源を補う給付制度なども整っています。

② 育児・介護休業法の改正

改正内容	施行日
雇用環境整備、個別の周知・意向確認の措置の義務化	2022年4月
有期雇用労働者の育児・介護休業取得要件の緩和	
産後パパ育休(出生時育児休業)の創設	2022年10月
育児休業の分割取得の緩和	
育児休業取得状況の公表の義務化	2023年4月

用語

産後休暇
女性が出産後8週間の間で取得することができる休暇。

　育児・介護休業法とは、ワークライフバランスの実現を目的として、育児・介護と仕事の両立を支援する法律です。2021年6月に育児・介護休業法が改正され、2022年4月と同年10月、2023年4月の3回に分けて段階的に施行されました。

参考
厚生労働省「育児・介護休業法改正ポイントのご案内」

「育児・介護休業法」改正の背景

　2021年の改正に至った理由は主に3つあります。
　1つ目は、男性の育休取得率の低さです。他国のデータと比較してみても日本の育休取得率は低水準であり、少子高齢化社会の改善、ワークライフバランスの向上に向けての大きな課題です。
　2つ目は、妊娠・出産等による女性退職者の多さです。第1子出産前後の女性の継続就業率は、2010年～2014年が約5割、2015年～2019年が約7割となっており、いまだに3割程度の人が退職している現状にあります。そのため、出産後も退職せずに働き続けることができる職場環境（ルール）の整備が必要です。
　3つ目は、育休や介護休業が取得しづらい環境であることです。会社を休むことに抵抗を感じる社員も多く、今後のキャリア等に影響を与えることを懸念して、取りたくても取らないケースもあります。また、性別や雇用形態によって取得のしやすさに差がある点も課題となっています。そのため、会社側が積極的に育休や有休取得を推奨していく必要があります。

アドバイス

法改正に至るには絶対に社会的な理由があります。この理由を押さえておくと特に論文試験などで知識が活きてきますので、ココも押さえておきましょう。

③ 産後パパ育休(出生時育児休業)総合戦略

2022年10月に、原則子どもが1歳になるまで取得できる「育児休業制度」とは別の制度として、子どもが産まれて8週間以内に4週間の休業が取得できる「産後パパ育休制度」が創設されました。

> **育児休業制度の変更点**
>
> 2022年9月までの制度と2022年10月からの制度では主に以下の3点が変更されました。(1) 原則分割取得は不可でしたが、分割して2回取得可能になりました。(2) 育休開始日は1歳、1歳半の時点に限定されていましたが、育休開始日が柔軟化され1歳以降も可能になりました。(3) 育休の再取得はできませんでしたが、特別な事情がある場合に限り再取得可能になりました。

④ 育児休業取得状況の公表の義務化

2023年4月から従業員1000人超の企業は、育児休業の取得状況の公表が義務付けられることになりました。

⑤ 育児休業取得率の目標

2023年3月、政府は、男性の育休取得率の目標を大幅に引き上げ「2025年度に50%」「2030年度には85%」とすることを表明しました。

⑥ 育児休業取得率

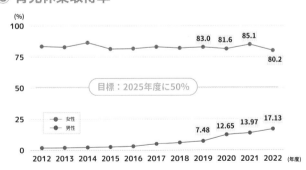

企業等で働く男性の育児休業の取得率は、2020年度に初めて10%を超え、2021年度は13.97%、2022年度は17.13%と10年連続で上がり、過去最高になりました。しかし、政府が掲げる「2025年までに50%」の目標には遠い結果となっています。

用語

パパ・ママ育休プラス
両親共に育児休業を取得する場合、子どもが1歳2ヶ月に達する日までの間で1年間休業可能。

参考

育児休業の分割取得
これまで、育児休業は原則1回しか取得できませんでしたが、2022年10月からは男女ともそれぞれ2回まで取得することが可能となりました。

くわしく

具体的には、男性の「育児休業等の取得率」または「育児休業等と育児目的休暇の取得率」について、自社のホームページや厚生労働省のサイトである「両立支援のひろば」など、誰もが閲覧できる形で公表する必要があります。

参考

これまでの目標は、2025年度までに30%。

データ・資料

出典：厚生労働省の雇用均等基本調査

くわしく

近年、**女性は80%台**で推移しています。

① 介護休業とは

　介護休業制度は、労働者が要介護状態にある家族を介護するために業務を休業できる制度のことです。要介護状態の家族1人につき、93日までの休業日を3回まで分割して取得することができ、介護休業期間中は原則、休業開始時賃金月額の67%の介護休業給付金が支給されます。

② 介護離職問題

介護・看護のため過去1年間に
前職を離職した人の数

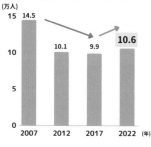

要介護（要支援）認定者の推移
（年度末現在）

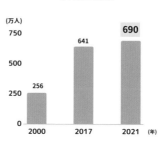

- 介護離職とは、家族が要介護状態になったことで、介護に専念するために本業の仕事を辞めてしまうことです。

- 政府は、2015年に「介護離職ゼロ」の目標を掲げ、対策の強化を図っていたことで、介護離職者も減少傾向にありましたが、2022年は10.6万人と増加に転じました。

- また、高齢者人口の増加とともに、要介護認定者数も上昇傾向にあり、2021年度末時点で約690万人に及びます。今後、団塊世代が70歳半ばに突入することに伴い、さらなる増加が見込まれているため、介護離職は喫緊の課題となっています。

介護離職ゼロの取組

　政府は「介護離職ゼロ」に向けて、特に「介護と仕事が両立しやすい職場環境づくり」に力を入れて取り組んでいます。しかし、国の調査では、2021年度の1年間で介護休業を取得した者がいた事業所の割合は1.4%と、制度の利用が十分に進んでいないことが明らかになりました。そのため、特に企業等における「制度の周知」や「相談体制の構築」などが課題とされています。

📝 参考

2021年6月の育児・介護休業法改正で、2022年4月から有期雇用者の育休・介護休業取得要件が緩和されました。具体的には、「継続雇用期間が1年以上であること」という要件が撤廃されています。

用語

有期雇用労働者
事業主と労働者が6ヶ月や1年間など労働期間に定めのある労働契約である有期雇用契約を結び、働いている労働者のこと。

📝 参考

介護離職者は女性の割合が多くなっています。

📄 データ・資料

出典：厚生労働省「就業構造基本調査および介護保険事業状況報告」

● 介護離職防止に向けた仕事と介護の両立支援制度 ●

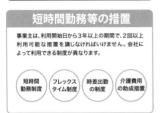

介護休業

対象家族1人につき3回まで、通算93日まで休業できます。
有期契約労働者(パート、アルバイト、派遣など)も一定の
要件を満たせば取得できます。
取得例1)

介護休業①	介護休業②	介護休業③
30日	30日	33日

(例2)

介護休業①
93日

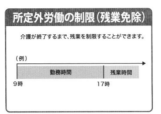

介護休暇

介護や通院の付き添い、介護サービスの手続、
ケアマネージャーとの打合せなどを行うために、
年5日(対象家族が2人以上の場合は年10日)まで、
1日または時間単位で休暇を取得できます。
※令和3年1月から、時間単位でも取得できるようになりました。

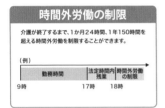

短時間勤務等の措置

事業主は、利用開始日から3年以上の期間で、2回以上
利用可能な措置を講じなければいけません。会社に
よって利用できる制度が異なります。

短時間勤務制度／フレックスタイム制度／時差出勤の制度／介護費用の助成措置

所定外労働の制限(残業免除)

介護が終了するまで、残業を制限することができます。

(例)

勤務時間	残業時間
9時	17時

時間外労働の制限

介護が終了するまで、1か月24時間、1年150時間を
超える時間外労働を制限することができます。

(例)

勤務時間	法定時間内残業	時間外労働の制限
9時	17時	18時

深夜業の制限

介護が終了するまで、午後10時から午後5時までの
労働を制限することができます。

22時
深夜業を免除
5時

アドバイス
政府は介護離職防止に向けて、介護休業や介護休暇だけでなく、短時間勤務等の措置や所定外労働の制限など、さまざまな取組を行っています。

用語
ケアマネージャー
要介護者や要支援者の人の相談や心身の状況に応じるとともに、訪問介護等のサービスを受けられるようにケアプランの作成や市町村・サービス事業者・施設等との連絡調整を行う人。正式名称は介護支援専門員。

7
労働事情

③ 年次有給休暇の取得率

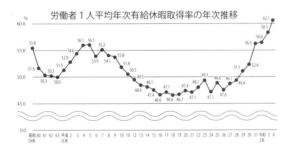

労働者1人平均年次有給休暇取得率の年次推移

- 年次有給休暇取得率は、2022年においては62.1%と、上昇傾向にはあるものの政府が掲げる「2025年までに70%」の目標には遠い状況です。

- 働き方改革関連法の成立により、労働基準法が改正され、年間5日以上の有給消化が企業に義務付けられましたが、依然として低水準のままです。

データ・資料
出典:厚生労働省「就労条件総合調査」
※調査年における実質的な1年間の取得状況を表している。

参考
有給や育休の取得率は、特に中小企業の雇用者が低い水準なので、今後は中小企業における取得率改善が課題です。

5 有効求人倍率・失業率 [出題可能性 90%以上]

アドバイス

特に国家系の公務員試験の専門択一において、正規・非正規雇用労働者の細かい数値や推移などがよく問われています。
労働経済白書の「雇用・失業情勢の動向」に記載されている内容が出題のベースになっていることが多いです。

参考
労働経済白書の雇用・失業情勢の動向

① 有効求人倍率とは

有効求人倍率 ＝ 有効求人数÷有効求職者数

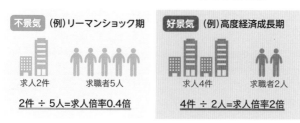

有効求人倍率とは、「仕事の数（有効求人数）」を「仕事をしたい人の数（有効求職者数）」で割った値のことで、「1人の求職者あたり何件の求人があるか」を示したものです。景気とほぼ一致した動向であるため、経済指標・雇用情勢の指標とされています。

有効求人倍率が1を上回れば好景気で「求職者」より「仕事の数」が多い状態、1を下回れば不景気で「仕事の数」より「求職者」のほうが多い状態であることを示しています。

② 完全失業率とは

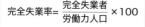 ➡ 数値が高いほど仕事を探している人が多い

$$完全失業率 = \frac{完全失業者}{労働力人口} \times 100$$

完全失業率とは、15歳以上の働く意欲のある労働力人口（就業者＋完全失業者）のうち、無職で求職活動をしている人（完全失業者）が占める割合のことです。有効求人倍率と同様に、経済指標・雇用情勢の指標とされています。

用語
就業者
従業者と休業者の合計。

用語
完全失業者
働く意思や意欲があるにも関わらず仕事に就けない人。

参考
労働力人口は「就業者＋完全失業者」です。

③ 有効求人倍率と完全失業率の推移··

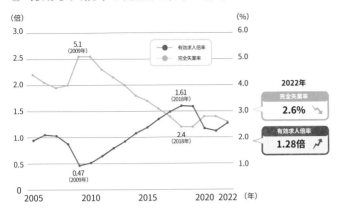

データ・資料
出典:厚生労働省「一般職業紹介状況、厚生労働白書」「総務省 労働力調査」
※年平均の数値です。

- 有効求人倍率、完全失業率ともに、リーマンショック期の2008年以降、長期的に回復傾向が続いていましたが、2020年には新型コロナウイルス感染拡大の影響等により悪化に転じました。

- その後、政府の大規模な経済施策等により、徐々に回復しつつあります。しかし、いずれも感染拡大前の2019年の水準には回復していない状況です。

参考
リーマンショック
2008年9月、アメリカの有力投資銀行であるリーマンブラザーズの破綻が契機となって広がった世界的な金融危機および世界同時不況のことです。

参考
有効求人倍率
2019年:1.60倍
2020年:1.18倍
2021年:1.13倍

完全失業率
2019年:2.4%
2020年:2.8%
2021年:2.8%

有効求人倍率

2022年平均（1年間）の有効求人倍率は1.28倍と4年ぶりの増加となりました。

完全失業率

2022年平均（1年間）の完全失業率は2.6%と、前年と比較して0.2%の減少となりました。また、2022年平均（1年間）の完全失業者数は179万人と前年から16万人減少し、3年ぶりの減少となりました。

発展
2022年の有効求人倍率（季節調整値）を就業地別にみると最高は福井県の1.94倍、最低は神奈川県と沖縄県の1.08倍です。

6 ハラスメント対策 出題可能性 50%以下

① 改正労働施策総合推進法（パワハラ防止法）

- 近年、パワーハラスメントが問題視されていることもあり、職場におけるいじめや嫌がらせ（ハラスメント）を防止するため、2019年に「改正労働施策総合推進法（パワハラ防止法）」が成立しました。大企業は2020年6月から、中小企業においても2022年4月から適用されています。

- 改正法により、企業に対して「ハラスメントの防止措置」が義務付けられただけでなく、これまで不明確であった「パワハラの定義」が法的に明確化されました。

② パワーハラスメントの定義

パワーハラスメントとは

職場で行われる、(1)～(3)の要素すべてを満たす行為のこと。

(1) 優越的な関係を背景とした言動
(2) 業務上必要かつ相当な範囲を超えたもの
(3) 労働者の就業環境が害されるもの

※客観的にみて、業務上必要かつ相当な範囲で行われる適正な業務指示や指導はパワハラに該当しない。

📖 参考

「職場」とは、事業主が雇用している労働者が業務をする場所のことです。そのため、事務所等だけでなく、出張先や業務で使用する電車内、打ち合わせ場所等も職場に該当します。

● パワハラに該当する代表的な言動の6つの類型 ●

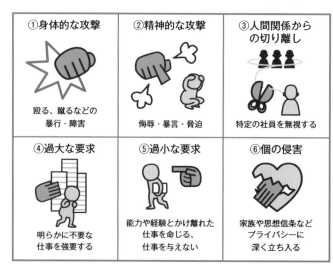

①身体的な攻撃	②精神的な攻撃	③人間関係からの切り離し
殴る、蹴るなどの暴行・障害	侮辱・暴言・脅迫	特定の社員を無視する
④過大な要求	⑤過小な要求	⑥個の侵害
明らかに不要な仕事を強要する	能力や経験とかけ離れた仕事を命じる、仕事を与えない	家族や思想信条などプライバシーに深く立ち入る

③ 企業に対するハラスメントの防止措置………………………

　パワハラ防止に対する方針を明確にして労働者に周知・啓発することや相談窓口の設置など、「パワーハラスメント防止措置」が、パワハラ防止法により企業に義務付けられています。

🔍 **くわしく**
「パワハラ行為とは何か」をケースごとに具体例を示しながら伝える必要があります。

④ パワハラ関連（労働施策総合推進法）の相談件数 …

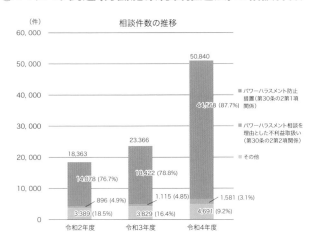

相談件数の推移

（件）

- ■ パワーハラスメント防止措置（第30条の2第1項関係）
- ■ パワーハラスメント相談を理由とした不利益取扱い（第30条の2第2項関係）
- ■ その他

令和2年度 18,363 ／ 14,078 (76.7%) ／ 896 (4.9%) ／ 3,389 (18.5%)
令和3年度 23,366 ／ 18,422 (78.8%) ／ 1,115 (4.85) ／ 3,829 (16.4%)
令和4年度 50,840 ／ 44,568 (87.7%) ／ 1,581 (3.1%) ／ 4,691 (9.2%)

📄 **データ・資料**
出典：都道府県労働局雇用環境・均等部（室）における法施行状況について

　2022年度から中小企業にもパワハラ防止法が適用されたことにより、2022年度の相談件数は約5.1万件と、一気に上昇しています。

⑤ セクハラ・マタハラ……………………………………

- セクシュアルハラスメント（セクハラ）とは、労働者の意に反する「性的な言動」に対する労働者の対応により、その労働者が労働条件について不利益を受けることや、「性的な言動」により労働者の就業環境が害されることです。

- マタニティハラスメント（マタハラ）とは、上司・同僚からの言動により、妊娠・出産した「女性労働者」や育児休業・介護休業等を申出・取得した「男女労働者」の就業環境が害されることです。

- セクハラやマタハラ等についてもパワハラ同様、男女雇用機会均等法や育児・介護休業法において、事業主が雇用管理上必要な措置を講じることが義務付けられています。

用語

カスタマーハラスメント
客が企業に対して理不尽なクレーム・言動をすること。

📈 **発展**
2023年9月に政府は「心理的負荷による精神障害の認定基準」を改正し、「カスハラ」と「感染症リスク」を新たに労災認定基準へと加えました。

📈 **発展**
2023年6月に旅館業法が改正され、同年12月に施行されています。改正法により、カスハラを繰り返す客の宿泊を拒否することが可能になりました。

7 女性の就業

出題可能性 90%以上

① 女性の年齢階級別労働力率（M字カーブ）

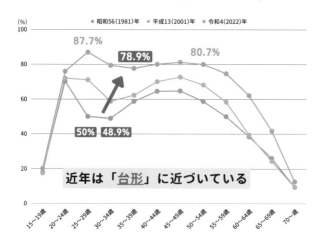

- 女性の労働力率を年齢階級別に描いたときの形が「M字」になることから、「M字カーブ現象」と呼ばれています。

- M字カーブ現象は、女性が学校卒業後に就職するが、結婚や出産を機に離職し、育児が一段落したら再度働くことが多いこと、つまり「仕事と家庭の両立が難しい」という社会を象徴している現象です。

- ワークライフバランスの向上に向けた国のさまざまな取組により、30歳〜44歳の労働力率は80%程度で推移するなど、近年は台形に近づいてきています。

② 女性の年齢階級別正規雇用比率（L字カーブ）

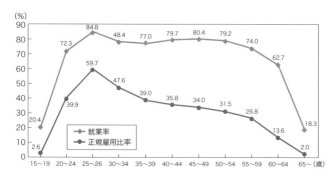

- 「L 字カーブ現象」とは、女性の正規雇用比率を年齢階級別に描いたときの形が「L 字」になる現象のことで、女性の正規雇用率は 25 〜 29 歳の 59.7%をピークに低下していきます。

- その主な原因は、出産・子育てのために離職した女性が、再度働くとき、正規雇用ではなく、パートやアルバイトなどの非正規雇用となってしまう場合が多いことが挙げられます。つまりこれも「仕事と家庭の両立が難しい」という社会を象徴している現象です。

- 近年、M 字カーブ現象は解消されつつありますが、L 字カーブ現象が問題視されています。

🔍 くわしく
中高齢の女性の正規雇用率はかなり低いということです。

📖 参考
L 字カーブの問題点として女性のキャリア形成に影響を及ぼすこと、男女間の賃金格差などが挙げられます。

③ 女性版骨太の方針2023

> **女性役員比率に関する数値目標**
>
> ・2025 年までに女性役員を 1 名以上選任する
> ・2030 年までに**女性役員の比率を 30%以上**とする
> などの目標があります。

- 2023 年に政府が決定した「女性版骨太の方針」では、L 字カーブの解消に向け、プライム市場の上場企業に対して、女性役員比率に関する数値目標が設定されました。

- また、男性の育児休業の取得促進や、ハラスメントの防止対策強化などの様々な働き方改革を通じて、L 字カーブの解消を目指すとしています。

📖 参考
女性活躍に関する情報公表項目には、採用者の女性割合や管理職に占める女性の割合、男女別の育児休業取得率などがあります。

④ 女性活躍推進法

- 2016 年に成立した「女性活躍推進法」は、活躍を希望するすべての女性が、自身の個性と能力を十分に発揮し、豊かで活力ある社会を実現するための法律で、労働者数 301 人以上の事業主に「自社の女性活躍に関する情報公表」を義務付けています。

- そして、2019 年に法改正が行われ、労働者数 101 人以上 300 人以下の事業主も 2022 年 4 月から義務の対象となりました。

- また、2022 年 7 月、女性活躍推進法の省令・告示の改正がなされました。この改正により、女性の活躍に関する情報公表項目に「男女の賃金の差異」が追加され、労働者 301 人以上の大企業に対し、情報公表が義務付けられました。

8 男女格差

出題可能性 86.7%

① ジェンダーギャップ指数2023

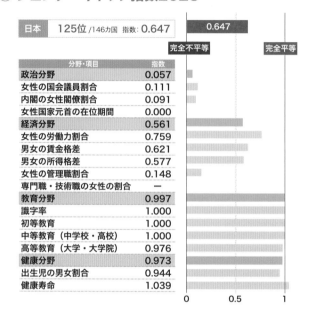

| 日本 | 125位 /146カ国 | 指数: 0.647 |

分野・項目	指数
政治分野	0.057
女性の国会議員割合	0.111
内閣の女性閣僚割合	0.091
女性国家元首の在位期間	0.000
経済分野	0.561
女性の労働力割合	0.759
男女の賃金格差	0.621
男女の所得格差	0.577
女性の管理職割合	0.148
専門職・技術職の女性の割合	―
教育分野	0.997
識字率	1.000
初等教育	1.000
中等教育（中学校・高校）	1.000
高等教育（大学・大学院）	0.976
健康分野	0.973
出生児の男女割合	0.944
健康寿命	1.039

🔍 くわしく

数値は、男性を1とした時の女性の比率を示しています。
日本は特に「政治」と「経済」分野が弱いです。

📓 参考

ジェンダー平等の実現は、持続可能な開発目標（SDGs）において、17の目標のひとつに掲げられています。

　ジェンダーギャップ指数とは、各国における男女格差を数値化したもので、経済、政治、教育、健康の4つの分野、全14項目から作成され、1に近いほど完全平等を表します。

② 男女格差の現状

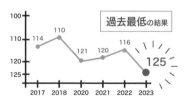

政治	138位
経済	123位
教育	47位
健康	59位

過去最低の結果

📓 参考

2022年は0.650で146カ国中116位でした。

- 日本の2023年のジェンダーギャップ指数は0.647で、146カ国中125位と過去最低の順位となりました。主要先進国（G7）の中では最下位となっています。

- 日本は「教育」や「健康」分野は世界トップクラスですが、男女間の賃金格差や女性の政治参加など、「政治」と「経済」の分野で評価が低い現状にあります。

📓 参考

2023年のランキング
1位：アイスランド（14年連続）
2位：ノルウェー
3位：フィンランド
4位：ニュージーランド

③ 様々な男女格差

男女間賃金格差 （男＝100）
75.7

正規・非正規合計賃金（月額）
男性：34万2,000円　女性：25万8,900円

女性管理職の割合
課長級以上：12.7%　　係長級以上：14.7%

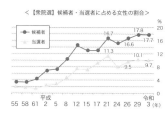

＜【衆院選】候補者・当選者に占める女性の割合＞

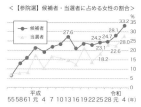

＜【参院選】候補者・当選者に占める女性の割合＞

参考

正規、非正規間の賃金格差である雇用形態間賃金格差は、67.5です。
（正社員等＝100）

データ・資料

出典：内閣府「男女共同参画白書」
厚生労働省「賃金構造基本統計調査、雇用均等基本調査」

参考

2021年のデータ
男女間賃金格差：75.2

賃金
男性の賃金：
33万7200円
女性の賃金：
25万3600円

女性管理職の割合
課長級以上：12.3%
係長級以上：14.5%

参考

2022年の参院選では、女性の当選者数が35人と過去最多となり、全体の28.0%を占める結果となりました。

- 2022年の男性の賃金（月額）は34万2000円、女性の賃金（月額）は25万8900円でした。男性の賃金を100とした時の女性の賃金は75.7と、男女間の賃金格差は過去最少となりました。

- 政府は、第5次男女共同参画基本計画において、「2020年代の可能な限り早期に指導的地位に占める女性の割合を30%程度とする」という目標を立てています。2022年度の企業の課長級以上の管理職に占める女性の割合は12.7%と、前年度比で0.4%上昇しました。

- また、同計画において、「2025年までに国政選挙の候補者に占める女性割合を35%にする」という目標を立てています。2021年10月の衆院選では全候補者に占める女性の割合は17.7%でしたが、2022年7月の参院選では181人の女性が立候補し、全候補者に占める女性の割合は33.2%で過去最高となりました。

● 女性の活躍に関する様々な政府目標 ●

項目	現状	数値目標
衆議院議員の候補者に占める女性の割合	17.7%（2021年）	35%（2025年）
参議院議員の候補者に占める女性の割合	33.2%（2022年）	
25歳から44歳までの女性の就業率	79.8%（2022年）	82%（2025年）
第一子出産前後の女性の継続就業率	69.5%（2021年）	70%（2025年）
起業家に占める女性の割合	27.7%（2017年）	30%以上（2025年）
大学の理工系の教員（講師以上）に占める女性の割合	理工系：8.7% 工学系：5.7% （2019年）	理工系：12.0% 工学系：9.0% （2025年）

9 高齢者・外国人・障がい者 出題可能性 90%以上

① 高年齢者雇用のルール

65歳までの雇用確保 （義務）	＋	70歳までの就業確保 （努力義務）

70歳までの就業確保措置を講じることが「努力義務」となったことに伴い、再就職援助措置・多数離職届けの対象が追加されます。

- 少子高齢化が進み、労働力人口の減少が見込まれる中、経済社会の活力を維持するために、高齢者の就業機会の確保が課題となっています。そこで、2020年に高年齢者雇用安定法が改正され、2021年4月に施行されました。

- 今回の法改正により、事業者は雇用する労働者に対して、現行法で定められている「65歳までの雇用確保義務」に加え、「70歳までの就業確保措置」をとることが努力義務として追加されました。

② 高齢者の就業状況

＜労働力人口に占める65歳以上の割合＞ / ＜年齢階級別の就業率の推移＞

- 2022年の労働力人口は6902万人です。このうち65〜69歳は395万人で、70歳以上の者は532万人となっています。

- 労働力人口総数に占める65歳以上の高齢者の割合は右肩上がりで上昇しており、2022年には13.4%に達しています。

- また、年齢階級別に見ても就業率は各年齢階級で上昇しており、2022年のデータでは60〜64歳が73.0%、65〜69歳が50.8%と高齢者の多くが就業している現状にあります。

アドバイス

このテーマは、特に外国人と障がい者の労働事情について数値や推移が頻出となります。

くわしく

高年齢者雇用確保措置
65歳までの安定した雇用を確保するため、定年齢を65歳未満としている企業に
「定年制の廃止」
「定年の引き上げ」
「継続雇用制度の導入」のいずれかの措置を講ずるよう義務付けています。

データ・資料
出典：高齢社会白書

確認
労働力人口
就業者＋完全失業者

③ 外国人の就業状況

外国人労働者の推移

【国籍別】労働者数ベスト3

1位	ベトナム	約46.2万人 ★
2位	中国	約38.6万人
3位	フィリピン	約20.6万人

【在留資格別】労働者数ベスト3

1位	身分に基づく在留資格	約59.5万人
2位	専門的・技術的分野の在留資格	約48.0万人
3位	技能実習	約34.3万人

データ・資料
出典：厚生労働省「外国人雇用状況の届出状況まとめ」
※10月末時点の状況です。

発展
技能実習生は、主にコロナに関する水際対策の影響から2年連続の減少となっています。

- 2022年の外国人労働者は約182.3万人と過去最高を更新しています。

- 国籍別では、ベトナムが最も多く約46.2万人（25.4%）と全体の約4分の1を占め、次いで中国が約38.6万人（21.2%）、フィリピンが約20.6万人（11.3%）の順となっています。東アジア、東南アジアからの労働者が多数を占めている状況です。

④ 障がい者の就業状況

民間企業における雇用障がい者数の推移

事業主区分	法定雇用率	実雇用率
民間事業	2.30%	2.25%
国		2.85%
都道府県	2.60%	2.86%
市町村		2.57%
独立行政法人等		2.72%
教育委員会	2.50%	2.27%

データ・資料
出典：厚生労働省「障害者雇用状況の集計結果」

参考
国や地方公共団体は、2026年7月に3%に、教育委員会は2.9%に引き上げられます。

　民間企業における雇用障がい者数は順調に増加しており、2022年は約61.4万人と、19年連続で過去最高となりました。実雇用率についても2.25%と11年連続で過去最高となりましたが、法定雇用率の2.3%には達していない現状にあります。

法定雇用率の見直し

　法定雇用率は5年に1度見直しが行われており、2023年1月に2023年度からの目標値が設定されました。民間企業の具体的な数値目標として、2023年度においては2.3%で据え置き、2024年度から2.5%、2026年度から2.7%と段階的に引き上げられることになります。これに伴い障がい者を雇用しなければならない企業の条件も、従業員数43.5人以上から37.5人以上へと拡大されます。

参考
障がい者雇用のルール
従業員を43.5人以上雇用している事業主は、障がい者を1人以上雇用しなければなりません。
2024年度は40.0人以上、2026年度に37.5人以上に拡大されます。

10 若者の就職と離職

① 若者の就職・進学状況

大学進学率	高等教育機関への進学率	大卒者の就職率	高卒者の就職率
56.6% 過去最高	83.8% 過去最高	97.3% ↗	98.0% ↗

データ・資料
出典：文部科学省「学校基本調査」「高等学校卒業予定者の就職内定状況」厚生労働省と文部科学省「大学等卒業者の就職状況」

- 2022年度の大学進学率は56.6%で過去最高でした（前年度比で1.7%の増加）。また、短期大学と専門学校を含む高等教育機関への進学率は83.8%で、前年度と同率の過去最高でした。
- 2023年4月1日時点の大学（学部）卒業者の就職率は97.3%と、前年同期比で1.5%の増加でした。
- 2023年3月末時点の高等学校卒業予定者の就職内定率は98.0%と、前年同月比で0.1%の増加でした。

② 若年層のフリーターやニート、離職率

フリーター数	若年無業者数	3年以内離職率
132万人 ↘	57万人 ↘	大卒：32.3%　高卒：37.0%

データ・資料
出典：総務省「労働力調査」
厚生労働省「新規学卒就職者の離職状況」

- 若年層（15〜34歳）のフリーター数は2022年平均で132万人と、前年比で6万人の減少でした。
- また、15〜34歳の若年無業者（ニート）数は、2022年で57万人と、前年に比べ1万人の減少であり、15〜34歳の全人口に占める割合は2.3%でした。
- 2020年3月に卒業した新規学卒就職者における、就職後3年以内の離職率は、新規大卒就職者が32.3%、新規高卒就職者が37.0%でした。厚生労働省では「新卒応援ハローワーク」などで、離職した人に対する相談・支援を行っています。

労働分野の重要ワード

① 物流業界の 2024 年問題

物流業界の2024年問題とは

- 2024 年 4 月からトラック運転手などに対しても、時間外労働の規制強化が適用されることにより、人手不足が深刻化し、輸送量の減少が懸念される問題のことです。

問題点

- 2030 年度には輸送量が 30%以上減る可能性があります。
- 従業員の給与が減ることで、ドライバー離れが深刻化する恐れがあります。

政府の取組

- 輸送手段をトラックから船舶や鉄道に振り替える「モーダルシフト」を推進するなど、様々な経済政策を実施する見込みです。

② 労働生産性

「労働者 1 人または 1 時間当たりに生み出す成果」を数値化したもので、効率性を測る指標として利用されています。

A社　利益 (1,000万円)　生産性 低　労働投入量 (4人)

B社　利益 (1,000万円)　生産性 高　労働投入量 (2人)

③ 最低賃金制度

- 最低賃金法に基づき、国が定めた最低賃金額以上の賃金を、使用者が労働者に対して支払わなければならないとする制度です。
- 2023 年の中央最低賃金審議会において、2023 年度の最低賃金の目安を、前年度の時給 961 円から 41 円(4.5%)引き上げた、時給 1002 円にすることが決定され、過去最高額となりました。1000 円を超えるのは初となります。

④ テレワーク

テレワークとは

- 情報通信技術（ICT）を活用した、場所や時間にとらわれない柔軟な働き方のことです。

テレワーク導入の効果

- テレワークは、社会、企業、労働者のそれぞれに対し、様々な効果をもたらし得ると考えられているため、政府もテレワークを推奨しています。

企業	社会	労働者
・働き方改革 ・労働人口の確保 ・生産性の向上 ・地方創生	・非常時の業務継続（BCP） ・人材の確保・離職防止 ・業務変革（BPR、DX） ・オフィスコスト削減 ・生産性の向上	・多様な働き方の実現 　（育児、介護との両立） ・通勤時間の削減

⑤ 同一労働同一賃金

- 「同じ仕事なら、年齢や性別、雇用形態に関係なく、同じ賃金を支払うべき」というルールです。
- 正規雇用・非正規雇用者間の不合理な待遇差の解消という目的達成に向け、2020年にパートタイム・有期雇用労働法が施行され、2021年4月には中小企業にも適用されました。なお、非正規雇用労働者とは、パートタイム労働者、有期雇用労働者、派遣労働者のことです。

⑥ フレックスタイム制

- 一定期間について、あらかじめ決められた総労働時間の範囲内で、日々の出勤・退勤時間や労働時間を労働者自身が自分で決めることができる制度です。
- 近年、フレックスタイム制を活用し、勤務した日に長めに働くことで、土日以外に週1日休みを追加できる「週休3日制」の制度化が進められています。

⑦ 勤務間インターバル制度

　退勤から翌日の出勤までの間に、一定時間以上の休息時間（9〜11時間程度）を確保する制度です。厚生労働省は、2025年までに導入企業の割合を15%以上にする目標を掲げ、勤務間インターバル制度を推進しています。

⑧ 高度プロフェッショナル制度

- 特定の条件（年収 1075 万円以上等）を満たした高度な専門知識を有する業種の労働者に、労働時間ではなく、労働の成果に対して賃金を払う制度です。
- 具体的には、労使委員会の決議と労働者本人の同意があることを前提として、長時間労働を防止する健康確保措置（年間 104 日の休日確保の義務化など）を講ずることにより、労働基準法に定められた労働時間、休憩、休日及び深夜の割増賃金に関する規定を適用しない制度です。

⑨ 就業者と労働力人口の推移

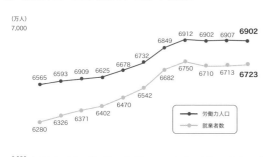

2022年

男性	
就業者数	労働力人口
3699万人	3805万人

女性	
就業者数	労働力人口
3024万人	3096万人

出典：総務省 労働力調査（基本集計）
2022年（令和4年）平均

就業者数（従業者と休業者の合計）は、2022 年平均で 6723 万人と前年に比べ 10 万人の増加でした。一方、労働力人口（15 歳以上人口のうち就業者と完全失業者の合計）は、2022 年平均で 6902 万人と前年に比べ 5 万人の減少でした。

⑩ 労働災害

労働者が業務遂行中に業務に起因して受けた負傷や疾病など業務上の災害のことです。2022 年の労働災害発生状況を見ると、死亡者数が 700 人以上、休業 4 日以上の死傷者数は 13 万人以上になっています。

⑪ 転職者数

総務省の労働力調査によると、2022 年 1 年間（平均）の離職経験者数は 536 万人で、このうち転職者数は 303 万人となっています。なお、転職者比率（就業者に占める転職者の割合）は 15 〜 24 歳が最も高くなっています。

予想問題「ココが出る」

問題1 労働力調査によると、2022年の役員を除く雇用者の総数は約8700万人であり、このうち非正規雇用労働者は約4000万人となっている。

問題2 2022年度の企業等で働く男性の育児休業の取得率は17%を超えた。また、2023年3月、政府は男性の育休取得率の目標を大幅に引き上げ、2025年度に50%、2030年度には85%とすることを表明した。

問題3 女性の労働力率を年齢階級別に描いたときの形が「M字」になる傾向があるが、近年は改善されつつあり、30歳〜44歳の女性の労働力率は、80%程度で推移している。

問題4 ジェンダーギャップ指数は、各国における男女格差を数値化したもので、1に近いほど完全平等を意味する。2023年の日本のジェンダーギャップ指数は0.8を超え、先進国の中で最高の順位となった。

問題5 2022年10月に、原則子どもが1歳になるまで取得できる育児休業制度とは別の制度として、子どもが産まれて8週間以内に4週間の休業が取得できる産後パパ育休制度が創設された。

答え

問題1 ✕ 2022年の役員を除く雇用者の総数は約5689万人。このうち非正規雇用労働者は約2101万人である。

問題2 ○

問題3 ○

問題4 ✕ 日本の2023年のジェンダーギャップ指数は0.647で、146カ国中125位と過去最低の順位となり、さらに主要先進国（G7）の中でも最下位となっている。

問題5 ○

8

文化・科学・教育

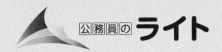

1 ノーベル賞

出題可能性 61.4%

① ノーベル賞とは

ノーベル生理学・医学賞	ノーベル物理学賞
ノーベル化学賞	ノーベル文学賞
ノーベル平和賞	ノーベル経済学賞

アドバイス

ノーベル賞は公務員試験で超頻出のテーマですが、2022年、2023年と日本人の受賞者はいませんでした。2023年の受賞者と、近年の日本人受賞者を簡単に押さえておきましょう。

• ノーベル賞とは、スウェーデンの発明家アルフレッド・ノーベルの遺言に基づき、「人類に最大の貢献をもたらした人々」に贈られる賞です。1968年に「経済学賞」が追加され、現在では6部門のノーベル賞があります。

• ノーベル賞は毎年、10月に受賞者が発表され、12月にスウェーデンのストックホルムで授賞式が開催されます。各賞最大3名まで受賞することができ、受賞者には、賞金・賞状・メダルが授与されます。

② 2023年のノーベル賞

部門	受賞者	国籍	受賞理由
生理学・医学	カタリン・カリコ ドリュー・ワイスマン	ハンガリー アメリカ	新型コロナウイルスに対して効果的なmRNAワクチンの開発に貢献した。
物理学	ピエール・アゴスティーニ フェレンツ・クラウス アンヌ・ルイエ	アメリカ ドイツ スウェーデン	「**アト秒**」と呼ばれる極めて短い時間だけ光を出す実験的な手法を開発し、「**電子**」の動きを観察する新たな研究を可能にした。
化学	ムンジ・バウェンディ ルイス・ブルース アレクセイ・エキモフ	アメリカ アメリカ 旧ソビエト	「**量子ドット**」と呼ばれる極めて微細な結晶を発見するなどして、「**ナノテクノロジー**」の発展に繋がる基礎を築いた。
文学	ヨン・フォッセ	ノルウェー	小説や詩集、エッセイ、生や死がテーマの戯曲を数多く手がけているヨーロッパを代表する**劇作家**。
平和	ナルゲス・モハンマディ	イラン	長年、**女性の権利擁護**や**死刑制度の廃止**などを訴えるなど、全ての人の人権と自由を守る闘いが評価された。現在は刑務所で服役している。
経済学	クラウディア・ゴールディン	アメリカ	**男女の賃金格差**の要因や**労働市場における女性の役割**などを研究し、柔軟な働き方を認めることを後押しした。

8
文化・科学・教育

③ 近年の日本人のノーベル賞受賞者

参考
ノーベル賞の６部門の中で過去に日本人が受賞したことが無いのは、経済学賞だけです。

受賞年	部門	受賞者	受賞理由
2021	物理学	真鍋淑郎	地球の気候と地球温暖化の予測に関する物理モデルを発表
2019	化学	吉野 彰	「リチウムイオン電池」を開発
2018	生理学・医学	本庶 佑	タンパク質「PD-1」を発見
2016	生理学・医学	大隅良典	「オートファジー」を分子レベルで解明
2015	生理学・医学	大村 智	治療薬「イベルメクチン」の開発
	物理学	梶田隆章	ニュートリノ振動現象を発見
2014	物理学	赤碕 勇 天野 浩 中村修二	青色発光ダイオード（LED）の開発・実用化に成功
2012	生理学・医学	山中伸弥	細胞の初期化、iPS細胞の作製に成功

2022年に続き、2023年も日本人受賞者はいませんでした。

(1) 2021年　真鍋 淑郎（まなべ しゅくろう）

　二酸化炭素濃度の上昇が地球温暖化に影響するという「予測モデル」を世界に先駆けて発表しました。日本人がノーベル賞を受賞するのはアメリカ国籍を取得した人を含め28人目で、物理学賞では2015年の梶田隆章氏に続き、12人目となります。

参考
なお、真鍋氏の現在の国籍はアメリカです。

(2) 2019年　吉野 彰（よしの あきら）

　スマートフォンや電気自動車などに使われる「リチウムイオン電池」を開発しました。小型で容量の大きいリチウムイオン電池は、IT機器には欠かせないものであるとともに、「化石燃料を使わない社会の実現」を可能にする技術として高く評価され、期待されています。

(3) 2018年　本庶 佑（ほんじょ たすく）

　体内で異物を攻撃する免疫反応に対してブレーキをかける役割をするタンパク質「PD-1」と、これを利用した「がん治療の新しい方法」を発見しました。

(4) 2016年　大隅 良典（おおすみ よしのり）

　体の細胞の中で不要なたんぱく質などを分解し、エネルギーとして使う「オートファジー」の仕組みを解明しました。オートファジーは、パーキンソン病やがんの治療法等の開発につながると期待されています。

187

2 世界遺産

出題可能性 69.4%

① 世界遺産と無形文化遺産

(1) 世界遺産

- 世界遺産とは、1972年にユネスコ（UNESCO）総会で採択された「世界の文化遺産及び自然遺産の保護に関する条約（世界遺産条約）」に基づき、保護対象に指定された建造物や遺跡、景観、自然のことです。

- 世界遺産は「有形の不動産」を対象としており、文化遺産、自然遺産、複合遺産の3つの種類に分けられます。

(2) 無形文化遺産

伝統的な音楽、舞踊、演劇、工芸技術などの「無形の文化」についても、有形の文化遺産と同様にその国の歴史、文化、生活風習と密接に結びついた重要な文化遺産であり「無形文化遺産」として登録されます。

参考

無形文化遺産は、2003年にユネスコ総会で採択されました。
無形文化遺産の保護に関する条約（無形文化遺産保護条約）に基づき、指定された無形の文化が保護の対象となります。
日本は2004年にこの条約を締結しました。

② 世界遺産登録までの流れ

世界遺産は、上の図のような流れで登録に至ります。なお、専門機関による現地調査は、文化遺産は国際記念物遺跡会議（ICOMOS）が、自然遺産は国際自然保護連合（IUCN）が行い、また、複合遺産の場合は両機関が共同で調査を行います。

参考

現在、各国からの世界遺産の推薦のルールとして「1年間で1件のみ」が原則とされています。

③ 日本の世界遺産

文化遺産				自然遺産	
2021	北海道・北東北の縄文遺跡群	2004	紀伊山地の霊場と参詣道	2021	奄美大島、徳之島、沖縄島北部及び西表島（鹿児島県・沖縄県）
2019	百舌鳥・古市古墳群（仁徳天皇陵古墳含む）	2000	琉球王国のグスク及び関連遺産群	2011	小笠原諸島（東京都）
2018	長崎と天草地方の潜伏キリシタン関連遺産	1999	日光の社寺	2005	知床（北海道）
2017	「神宿る島」宗像・沖ノ島と関連遺産群	1998	古都奈良の文化財	1993	白神山地（青森県・秋田県）
2016	ル・コルビュジエの建築作品	1996	厳島神社		屋久島（鹿児島県）
2015	明治日本の産業革命遺産 製鉄・鉄鋼、造船、石炭産業		原爆ドーム		
2014	富岡製糸場と絹産業遺産群	1995	白川郷・五箇山の合掌造り集落		
2013	富士山	1994	古都京都の文化財		
2011	平泉		姫路城		
2007	石見銀山遺跡とその文化的景観	1993	法隆寺地域の仏教建造物		

※
昔と今とで世界遺産申請・登録のルールが異なるため、1年に2件以上が登録されている年もあります。

　2023 年時点で、日本には 20 件の文化遺産と 5 件の自然遺産があります。2022 年に引き続き、2023 年も審査候補にあがっている物件はなく、新たな登録はありませんでした。

④ 近年、登録された日本の世界遺産・無形文化遺産

2021年：北海道・北東北の縄文遺跡群（文化遺産）

　北海道、青森県、秋田県、岩手県の4道県に点在する 17 の遺跡から構成されます。縄文時代に、1 万年以上にわたって採集・漁労・狩猟により定住した人々の生活と精神文化を伝える文化遺産です。

2021年：奄美大島、徳之島、沖縄島北部及び西表島（自然遺産）

　鹿児島県の奄美大島と徳之島、そして沖縄県の沖縄島北部と西表島の4地域で構成されます。同地域の多くは森林で、生物多様性が高いです。絶滅危惧種や固有種も多く、ヤンバルクイナやイリオモテヤマネコなど希少な生物が生息します。

2022年：風流踊（無形文化遺産）

　2022 年 11 月、日本各地で伝承されてきた盆踊りなど、おはやしに合わせて踊る日本の民俗芸能「風流踊」が無形文化遺産に登録されました。

参考

2023 年 7 月、政府は 2023 年度の世界文化遺産への推薦について、「彦根城」はプレリミナリー・アセスメント（事前評価制度）を活用することとし、「飛鳥・藤原の宮都とその関連資産群」は推薦を見送ることを決めました。

用語

プレリミナリー・アセスメント（事前評価制度）
ユネスコの諮問機関と世界遺産委員会での評価の違いが問題視されていることから、各国が世界遺産委員会に推薦書を提出する前に諮問機関が関与して助言する制度です。

発展

2023 年 9月、サウジアラビアのリヤドで開催されたユネスコ第 45 回世界遺産委員会は、2022 年に委員会が無期延期になったことから、2 年分の審議を行う大きな世界遺産委員会になりました。
文化遺産 33 件、自然遺産 9 件が新たに登録され、世界遺産の合計は 1199 件になりました。

3　宇宙開発

出題可能性　76.5%

① 惑星探査機

　惑星探査機は太陽系の惑星を探査する無人の観測機です。現在までに様々な探査機が打ち上げられ、あらゆる手法で惑星を観測してデータを分析し太陽系や生命の起源を探っています。

(1) はやぶさ

　2010 年、小惑星探査機はやぶさは、小惑星イトカワの表面物質搭載カプセルを地球に持ち帰ることに成功し、その運用が終了しました。サンプルからは水の痕跡が見つかっています。

🔍 くわしく

はやぶさは、小惑星のサンプルを持ち帰った世界で初めての探査機です。

(2) はやぶさ2

2014年12月	種子島宇宙センターから打ち上げ
2018年6月	小惑星リュウグウに到着
2019年〜	リュウグウ表面のサンプル採取 地下物質のサンプル採取
2020年12月	採取したサンプルを地球に届ける
現在	半分近く残った燃料を活用し「拡張ミッション」に移行。2026年に小惑星 2001CC21、2031年に小惑星1998 KY26を観測予定。

アドバイス

はやぶさ2の目的は、リュウグウの「試料」を採取し、地球の水はどこから来たのか、生命を構成する有機物はどこでできたのかなどを探ることです。特にはやぶさ2の動向や資料の分析結果は、公務員試験で頻出なので押さえておきましょう。

- JAXA は 2014 年に、はやぶさの後継機である「はやぶさ2」を打ち上げました。

- はやぶさ2は 2019 年に目的地である小惑星リュウグウに着地し、土壌サンプルの採取に成功しました。そして、2020 年12 月に帰還し土壌サンプルの入ったカプセルを地球に届けました。

- 現在は拡張ミッションに移行しており、2026 年に小惑星2001 CC21、2031 年に小惑星 1998 KY26 を観測する予定です。

はやぶさ2の功績

　はやぶさ2が持ち帰った小惑星リュウグウの土壌サンプルから、46 億年前の太陽系誕生以前のガスであるヘリウムやネオンなどのガスが含まれていたとする分析結果が発表されました。リュウグウが比較的地球に近い今の位置に来たのは約 500 万年前と考えられることも分かっています。また、土壌サンプルからは、生命に必要な水やアミノ酸、塩や有機物を含む炭酸水も検出されており、太陽系や生命の誕生に係る重要なデータとなっています。

---

② 宇宙基本計画

- 2023年6月、宇宙基本法に基づき、今後10年間の国の宇宙政策の基本方針を示す新たな「宇宙基本計画」が閣議決定されました。
- また、宇宙空間における安全保障の確保に向け、宇宙分野の安全保障に関する戦略文書「宇宙安全保障構想」も決定されました。

(1) 安全保障面の強化策

宇宙空間に一列に並べた数多くの小型衛星によって情報収集や通信の能力を高める「衛星コンステレーション」の構築や、情報収集衛星の機能強化など、様々な強化策を実施していきます。

(2) 準天頂衛星システム

日本が特に重点的に取り組んでいることの1つが、準天頂軌道の衛星を利用して正確な位置情報を測定する「準天頂衛星システム」です。現在、準天頂軌道を回る衛星は「みちびき」で、4機体制となっていますが、政府は2023年度以降、7機体制での運用を目指すとしています。

③ 国際宇宙ステーション協力計画

- 国際宇宙ステーション（ISS）協力計画とは、高度約400kmの地球周回軌道上に常時有人の民生用国際宇宙基地を構築し、宇宙環境を利用した実験、地球・天体観測を行う計画です。
- 2014年に若田光一宇宙飛行士が日本人初の船長を務め、日本実験棟「きぼう」に搭乗、国際宇宙ステーションに188日滞在しました。その後、若田光一宇宙飛行士は、2022年10月から2023年3月まで国際宇宙ステーションへの長期滞在を果たしました。
- また、2023年8月、古川聡宇宙飛行士が自身2度目となる国際宇宙ステーションへの出発を果たしました。

若田光一宇宙飛行士と新宇宙飛行士候補

若田光一宇宙飛行士は、2023年時点で、日本人最多となる5回目の宇宙飛行を通して、宇宙滞在期間が累計504日と日本人最長記録をもつ宇宙飛行士です。また、2023年2月にJAXAが実施した宇宙飛行士の試験で、宇宙飛行士候補に日本人2人が選ばれました。

くわしく

2022年12月に決定した「国家安全保障戦略」に基づき、宇宙基本計画の見直しが行われ、特に安全保障面が強化されました。

用語

スペース・トランスフォーメーション
宇宙空間というフロンティアにおける活動を通じてもたらされる経済・社会の変革。

くわしく

「みちびき」は機体を増やすほど、安定感と精度が高まる測位補正技術が特徴です。その精度の高さから、現在は従来のGPSと一体となって活用されています。

くわしく

国際宇宙ステーション（ISS）は当初2024年で運用を終了する予定でしたが、2030年まで延長し、2031年に太平洋に落下させる予定となっています。

参考

2023年8月、インドの無人探査機が月面着陸に成功しました。世界で4カ国目となります。なお、月の南極付近への着陸の成功は世界初となります。

4 教育

出題可能性　77.5%

① 教員の働き方改革

　近年、「教員の長時間労働」や「教員不足」が問題視されています。そこで、このような現状の改善に向けて、政府は「教員の働き方改革」を推進しています。

アドバイス
教育分野の主要な最新トピックを一緒に勉強していきましょう！

教員の働き方改革が求められる背景

　教員の仕事は授業だけでなく、事務処理や学校行事、保護者対応、部活動、さらにはデジタル化への対応など、様々なものがあります。そのため、教員の労働時間は過労死ラインを超えているケースも多く、各教員に対して精神的・身体的な面で、大きな負担がかかっている現状にあります。このような状況が続けば、うつ病・過労死などの健康被害や授業の質の悪化といった問題だけでなく、教員不足などの新たな問題も発生してしまいます。そこで、教員の働き方について、根本的な改革が求められています。

---

(1) 教員勤務実態調査

- 文部科学省は、教師の勤務実態や働き方改革の進捗状況等を把握・分析することを目的とした「教員勤務実態調査（2022年度）」を6年ぶりに実施しました。

- 2023年4月に公表された調査結果（速報値）では、国が残業の上限として示している月45時間を超えるとみられる教員が、中学校で77.1%、小学校では64.5%に上ることが分かりました。

(2) 部活動の地域移行

　教員の働き方改革の一環として、休日の中学校の部活動を、地域のスポーツクラブなどに移行していく「部活動の地域移行」が2023年4月から段階的に進められています。

(3) 教科担任制

- 日本の小学校は明治以来、「クラス」ごとに担任の先生がほぼ全ての教科を教える「学級担任制」が基本とされていました。

- しかし、2022年度から公立小学校の授業の一部を「教科」ごとに専任の先生が教える「教科担任制」が本格的に導入されました。教員の負担軽減や授業レベルの向上など、様々なメリットが期待されています。

用語
給特法
公立学校の教員の給与について定めた法律。
給特法では、月給の4%を上乗せする代わりに残業代は支給しないと定められています。

くわしく
文部科学省は、ICTを活用した負担軽減策やコロナ禍での学校行事の縮小などで前回調査よりも勤務時間は減少したものの、依然として長時間勤務が課題だとしています。

参考
外部人材の活用
質の高い授業や教員の負担を軽減に向け、政府は「学校現場」と「外部人材」をつなぐ仕組みづくりを進めています。

② その他の教育業界の重要トピック……………………………

(1) 教員免許更新制度の廃止

- 教員免許更新制とは、教員免許を一定の期間ごとに更新しなければならないとする制度です。

- しかし、教員に対する負担が大きいことから、2022年5月に改正教育職員免許法が成立しました。改正法により「教員免許更新制」は2022年7月で廃止されました。

- 一方、教員の資質の向上を担保するため、2023年4月から新たな研修制度を設け、教育委員会に対する教員研修の記録作成と、校長による指導・助言を行うことが義務付けられました。

📖 参考

2009年から教員免許更新制が導入されました。10年間の有効期限のごとに、期限切れ前の2年間で30時間以上の講習を受け、修了認定されなければ失効してしまいます。

(2) 学習指導要領の改訂

- 学習指導要領とは、全国どこの学校でも一定の水準が保てるよう、文部科学省が定めている教育課程（カリキュラム）の基準です。

- 2022年4月から高校1年生は新学習指導要領に沿った授業を受けており、必修科目としてプログラミングを含む「情報Ⅰ」が追加されています。

- 2025年1月には、新学習指導要領で初の大学入学共通テストが実施されます。国立大学の入学試験では、原則として「情報」を課すことが決定されています。

📖 参考

学習指導要領は、およそ10年に1度、改訂されています。
改訂の理由は、学校は社会の中にあり、グローバル化や急速な情報化、技術革新など、社会の変化に応じて、子どもたちに「これから生きていくために必要な資質・能力」を身につけてもらうためです。

(3) GIGAスクール構想

- GIGAスクール構想とは、義務教育段階におけるタブレットなど「モバイルICTの1人1台端末」と、小中高校等における「高速通信環境」の整備を柱として、文部科学省が2019年より推進している取組のことです。

- 1人1台端末の整備状況は、2022年度末で全自治体等のうち99.9%が整備完了となっています。

📄 データ・資料

文部科学省「義務教育段階における1人1台端末の整備状況」

(4) デジタル教科書

　2024年度が小学校の教科書改訂のタイミングであることから、2024年4月より小学校5年生から中学3年生の「英語」について、デジタル教科書が導入されます。

📖 参考

今後は、教科ごと、学年ごとに、段階的にデジタル教科書の導入が進められる予定です。なお、当面は、紙の教科書と併用して運用されます。

文化・科学・教育の重要ワード

① 藤井聡太

- 将棋界には全部で8つのタイトル（竜王・名人・王位・叡王・王座・棋王・王将・棋聖）があります。
- 2023年10月に「王座」の座を勝ち取ったことで、21歳2ケ月で史上初となる八冠を達成しました。偉業達成により、同年11月に内閣総理大臣顕彰を受賞しました。

② 大谷翔平

- 2023年8月、大リーグ、元ロサンゼルス・エンゼルスの大谷翔平選手が、史上初となる同じシーズンでの「2桁勝利、2桁ホームラン」を2年連続で達成するという偉業を成し遂げました。
- また、アメリカン・リーグ1位となる44本塁打（ホームラン）を放ち、2023年10月には日本選手初となる「ホームラン王」を獲得し、さらに同年11月にはメジャーリーグ史上初となる2回目の満票でのアメリカン・リーグのMVPを獲得しました。
- ワールド・ベースボール・クラシック（WBC）2023においても、日本は3大会ぶり3回目の優勝を果たし、大谷翔平選手はMVPを受賞しています。

③ 新札（新紙幣）

新1万円券		新5千円券		新千円券	
渋沢栄一		津田梅子		北里柴三郎	
東京駅（丸の内駅舎）		フジ（藤）		富嶽三十六景（葛飾北斎）	

- 2024年7月から、1万円札・5千円札・千円札の新札（新紙幣）が発行されます。新紙幣に変える主な理由は、新技術の導入やデザイン変更を通して、偽造防止効果を高めることです。今回は、3Dホログラムや高精細すき入れ（すかし）などの工夫がなされています。
- また、年齢や性別、国籍等に関わらず、すべての人が利用しやすいようにつくられたデザインである「ユニバーサルデザイン」が重要視されています。

④ 訪日外国人旅行者

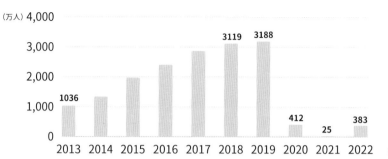

（出典：日本政府観光局（JNTO）「訪日外客数」）

- 訪日外国人旅行者は、2013 年から 7 年連続で史上最高を更新し、2019 年は 3188 万人でした。しかし、コロナの影響で 2020 年 2 月から政府は水際対策を強化し、2022 年 6 月までは実質的な鎖国状態であったことから 2022 年は 383 万人と、コロナ禍前の 2019 年比では 1 割強の水準にとどまっています。

- 2022 年の訪日外国人旅行者を国別でみると、韓国が 101 万人で最多、台湾が 33 万人、アメリカが 32 万人、ベトナムが 28 万人となっています。厳しいゼロコロナ政策が続いていた中国は 19 万人でした。

⑤ リニア中央新幹線

- リニア中央新幹線は、全国新幹線鉄道整備法に基づいて計画された、東京都を起点、大阪市を終点とする新幹線鉄道です。走行方式は超電導磁気浮上方式（超電導リニア）、最高時速は 505km に及びます。

- 2027 年までに品川・名古屋間、2045 年まで（最大 8 年間前倒しの可能性あり）に東京・大阪間の開業を目標としています。

- 開業すれば、災害時の輸送確保や時間短縮に伴うビジネスや観光の活性化等が期待されます。

⑥ 新幹線の喫煙ルーム廃止

喫煙者が減少傾向にある中、受動喫煙を防ぐことを目的として、JR 東海、西日本、九州の 3 社は、「東海道新幹線」「山陽新幹線」「九州新幹線」について、車内の喫煙ルームを 2024 年春にすべて廃止することを決定しました。

⑦ 文化勲章受章者

2023年度の7名の受章者	
川淵三郎（元日本サッカー協会会長）	岩井克人（東京大学名誉教授）
塩野七生（作家）	谷口維紹（東京大学名誉教授）
野村万作（狂言師）	玉尾皓平（豊田理化学研究所所長）
井茂圭洞（書家）	

- 文化勲章は、芸術、学術、技術等の分野において、顕著な功績のあった者に授与される勲章です。2023年度は塩野七生氏（作家）や野村万作氏（狂言師）など計7名が文化勲章者に選ばれました。

- 一方、文化功労者は、文化勲章に次ぐ功績のあった者に授与されます。2023年度は、北大路欣也氏（俳優）や里中満智子氏（漫画家）など計20名が文化功労者に選ばれました。

⑧ アメリカのユネスコ復帰

2018年のトランプ前政権時代に、アメリカはユネスコ（国連教育科学文化機関）を正式に脱退していました。しかし、2023年にバイデン政権がユネスコに復帰する意向を示したことで、2023年7月に正式復帰が決定しました。

⑨ ユネスコの世界の記憶：平安時代の文書

2023年5月、世界各地に残る古文書等を人類の財産として保護するユネスコの「世界の記憶」に、平安時代の僧である円珍に関する文書が登録されました。

⑩ 日本の研究

- 日本は自然科学系のノーベル賞受賞者数は世界トップクラスです。一方で、近年、研究力を測る主要な指標として「論文指標」が用いられており、日本の研究力の低下が懸念されています。

- 科学技術指標2023によると、日本は2022年のデータで、自然科学系の論文数が第5位、注目度の高い論文数（Top10％補正論文）は第13位となっています。どちらも「中国」が第1位、「アメリカ」が第2位です。

- また、日本は研究者数は世界第3位ですが、女性研究者の全研究者数に占める割合は2022年で17.8％と、世界的に最低の水準にあります。

⑪ アルテミス計画

　日本やヨーロッパも参加する国際的な月探査計画です。2025 年を目標に、アポロ計画以来となる宇宙飛行士による月面着陸を目指しています。

⑫ H3 ロケット

　液体水素を燃料とする次世代の大型ロケットで、宇宙へ衛星や探査機を輸送するために、H-IIA ロケットの後継機として JAXA が開発しています（※ 2023 年 3 月に初号機が鹿児島県の種子島宇宙センターから打ち上げられましたが、失敗に終わりました）。

⑬ イプシロン S ロケット

　JAXA が開発したイプシロン S ロケットは、イプシロンロケットに続く第 2 段階として、打上げコスト低減と基幹ロケットとしての高い信頼性との両立により国際競争力を強化することを目的としています。

⑭ プログラミング教育

　課題の解決に向けて論理的に考える力（プログラミング的思考）や、状況に応じてコンピュータを適切に使える情報活用能力などを養うことを目的とし、2020 年に小学校、2021 年に中学校、2022 年に高校で必修化されました。

⑮ プログラミング言語

プログラミング言語	主な使用用途
Python	機械学習、人工知能開発
C++	Web アプリケーション開発、ロボット開発
Java	Web サービス開発、システム開発
JavaScript	Web サイトの構築

　プログラミング言語には「Python」や「C 言語」、「Java」など様々な種類があり、それぞれ主な使用用途（得意分野）が存在します。

予想問題「ココが出る」

問題1 2023年8月、古川聡宇宙飛行士が自身2度目となる国際宇宙ステーションへの出発を果たした。また、2023年2月にJAXAが実施した宇宙飛行士の試験では、宇宙飛行士候補に日本人は選ばれなかった。

問題2 教員に対する負担が大きいことから、2022年5月に改正教育職員免許法が成立した。この改正法より、教員免許更新制が2022年7月で廃止された。

問題3 2024年度が小学校の教科書改訂のタイミングであるが、教員および生徒の負担軽減の観点から、デジタル教科書の導入は時期を見送ることが決まった。

問題4 将棋界には全部で8つのタイトルがあるが、八冠すべてを達成した者はいまだにいない。

問題5 2023年5月、世界各地に残る古文書等を人類の財産として保護するユネスコの「世界の記憶」に、平安時代の僧である円珍に関する文書が登録された。

答え

問題1 ✕ JAXAが実施した宇宙飛行士の試験で、宇宙飛行士候補に日本人2人が選ばれた。

問題2 ○

問題3 ✕ 2024年4月より小学校5年生から中学3年生の「英語」について、デジタル教科書が導入される。

問題4 ✕ 藤井聡太氏は、2023年10月に「王座」の座を勝ち取ったことで、21歳2ヶ月で史上初となる八冠を達成した。

問題5 ○

9

環境

1 プラスチックごみ問題 出題可能性 62.2%

① 海洋プラスチックごみ問題とは

- 海洋プラスチックごみ問題とは、プラスチックごみが海洋に行き着くことで発生する問題です。

- ペットボトルやビニール袋などのプラスチックは微生物によって分解されないため、数百年間環境に残り続けます。これらのプラスチックが海流に乗って世界中の海に拡散することで、海洋汚染のみならず人体にも悪影響をもたらすことが懸念されています。

② 海洋プラスチックごみの現状

年間 約800万トン　　海洋プラスチックごみ　　2050年 ≧ (重量ベース)　魚の量

- すでに世界の海には、合計で 1 億 5000 万トンのプラスチックごみが存在するといわれており、新たに年間約 800 万トン以上が海に流出していると推計されています。

- このペースで増え続けると、2050 年には「海洋中のプラスチックごみ」の重量が「魚」の重量を超えることが予想されています。

③ 海洋プラスチックごみ問題の影響

　生態系を含めた海洋環境悪化の危険性があるほか、漁業や景観悪化による観光客の減少など、人間の産業における経済的損失にも繋がります。また、プラスチックの成分が堆積した魚や貝等を人間が摂取することによる健康被害も懸念されています。

マイクロプラスチック問題

　5 mm 以下の極微細なプラスチック片をマイクロプラスチックといいます。海洋生物が餌と間違えて食べることで、内臓に詰まるだけでなく、付着していた有害な化学物質が体内に蓄積することで、場合によっては死んでしまうこともあります。
　さらに、その後の食物連鎖で、人間を含むあらゆる生物の体内にプラスチックが取り込まれることになります。

用語
ゴーストギア
放棄や逸失、投棄によって海に流出した漁網などの漁具のことです。ゴーストギアのほとんどはプラスチック製で、様々な海洋生物を絡め捕え、その命を奪っています。

④ 世界のプラスチックごみの現状

世界の年間プラスチック生産量

4.6億トン

2.3億トン

2000年　2019年

廃棄量　3億5300万トン

年間2000万トン以上が
環境中に流出

📄 データ・資料
出典：OECD Global
Plastics Outlook 2022

📖 参考
発生量が減らない最大の
要因はリサイクル率の低
さで、2019年は全体の
9％しかありません。
焼却処分されたのは
19％、適切に埋め立てら
れたのは50％で、22％は
野外で燃やされたり、環
境中に流出したりしてい
ます。

- 2019年の世界の年間プラスチック生産量は4億6000万トンであるのに対し、廃棄量は3億5300万トンにも上ります。つまり、プラスチック生産物の大半はごみになってしまっている現状にあります。

- そして、廃棄物の一部が海や山、川などの環境中に流出しており、この流出量は年間2000万トン以上になると推計されています。

⑤ 日本のプラスチックごみの現状

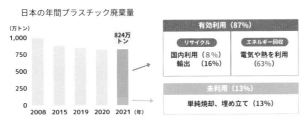

日本の年間プラスチック廃棄量

（万トン）
1,000
750
500
250
0
2008　2015　2019　2020　2021 （年）

824万
トン

有効利用 （87％）

リサイクル
国内利用（8％）
輸出　（16％）

エネルギー回収
電気や熱を利用
（63％）

未利用 （13％）
単純焼却、埋め立て （13％）

📖 参考
日本のごみ総排出量の大
半を家庭ごみが占め、家
庭ごみのうち約半分がプ
ラスチック包装およびプ
ラスチック容器です。

📄 データ・資料
一般社団法人 プラスチッ
ク循環利用協会

- 日本の年間プラスチック廃棄量は長期的に見ると減少傾向になっており、2021年の廃棄量は約824万トンです。このうち87％は「有効利用」されていますが、実はプラスチックごみを燃やして電気や熱を生み出し利用する「エネルギー回収」が大半を占めています。温暖化対策の面から見ても、石油由来のプラスチックごみの焼却自体を減らしていく必要があります。

- また、「リサイクル」の中でも国内で利用されているものは8％しかなく、16％は途上国への輸出となっています。そして、この輸出したプラスチックごみの中には適切に処理されず環境汚染につながるケースもあります。

- そのため、代替素材を開発することも重要ですが、それ以上に「日ごろの生活からプラスチックに頼らない」といったライフスタイル・社会の転換が求められています。

📖 参考
ゼロエミッション
「廃棄物の排出をゼロに
する」という考え方です。
産業活動から出されるす
べての廃棄物を、別の産
業が再利用することで、
廃棄物の埋立処分量ゼロ
を目指します。

2 プラスチックごみ対策 出題可能性 78.1%

① 国際的な取組：バーゼル条約

(1) バーゼル条約とは

　1992年に発効したバーゼル条約は、「有害廃棄物の国境を越える移動及びその処分の規制に関する条約」です。つまり、「国境を越えたごみの移動を制限する条約」を意味します。

(2) バーゼル条約の改正（2021年）

　2019年に開催された第14回バーゼル条約締約国会議（COP14）において、汚れたプラスチック廃棄物を規制対象とすることが決議されました。これを受けて2021年、汚れたプラスチックごみの輸出規制が強化されました。

> **バーゼル条約改正の背景**
>
> 　日本やアメリカ、ドイツ等の国は、プラスチック廃棄物の多くを、タイやマレーシア、ベトナムなど、人件費の安いアジアの国を中心に輸出していました。そのプラスチック廃棄物には、食べ残しが付いているなど、実際には資源としてリサイクルに適しないものが多く混じっていました。そのため、これらの国では、現地の業者が輸入した廃プラスチックを焼却して有害物質を発生させたり、不法投棄して海に流出させたりしたことで、深刻な環境問題が起きていました。そこで、条約が改正され、汚れたプラスチック廃棄物の輸出規制が強化されました。

② 国際的な取組：ビジョンの共有

(1) 大阪ブルー・オーシャン・ビジョン

　2019年のG20大阪サミットにて、2050年までに海洋プラスチックごみによる追加的な汚染をゼロにすることを目指す「大阪ブルー・オーシャン・ビジョン」が首脳間で共有されました。

(2) G7サミット

• 2023年4月に開催されたG7気候・エネルギー・環境大臣会合において、「2050年ゼロ」の目標を10年前倒し「2040年」までにプラスチックによる新たな汚染をゼロにする目標に合意しました。

• その後、同年5月に行われたG7広島サミットで、各国首脳が合意した文書には「2040年までに追加的なプラスチック汚染をゼロにする」ことが目標として盛り込まれました。

• また、汚染対象が海だけでなく大気や陸など環境全体に広げられました。

くわしく

有害廃棄物の国境を越える移動は、1970年代から欧米諸国を中心にしばしば行われてきました。1980年代に入り、ヨーロッパ先進国の廃棄物がアフリカの開発途上国に放置されて環境汚染が生じるという問題が発生しました。
そこで、バーゼル条約が採択されました。

発展

汚れたプラスチック廃棄物について輸出の前に輸入国の同意が必要となります。
また、バーゼル条約の規制対象外となる「リサイクルに適したきれいなプラスチックごみ」の範囲も明確化されました。

くわしく

G7気候・エネルギー・環境大臣会合は、2023年5月のG7広島サミットに先駆けて開催された重要な会合です。脱炭素社会やプラスチックごみについて議論されました。

③ 日本の取組：プラスチック資源循環促進法

従来のリサイクル法	プラスチック資源循環促進法
対象 製品 / 製品のリサイクルを促進	対象 素材 / すべてのプロセスで資源の循環を促進

参考
※通称、「プラ新法」ともいいます。

9
環境

- 近年の気候変動問題やプラスチックごみ問題への関心の高まり、そして、バーゼル条約改正による汚れたプラスチック廃棄物の輸出規制の強化などを受け、2022年4月にプラスチック資源循環促進法が施行されました。

- 限りある資源を有効に繰り返し使うため、プラスチック製品の設計・製造から、販売・提供、排出・分別、回収・リサイクルという全体の流れの中で3R＋Renewable を進め、プラスチックの資源循環を促進するための法律です。

参考
プラスチック資源循環促進法では「そもそもごみを出さないよう設計する」というサーキュラーエコノミー（循環経済）の考えが取り入れられ、その基本原則として3R（Reduce・Reuse・Recycle）＋Renewable（再生可能）を掲げています。

3R＋Renewable とは	
Reduce（リデュース） ごみの発生を減らす	・使い捨てプラスチックの使用削減 ・プラスチック代替品の開発・利用促進
Reuse（リユース） 繰り返し使う	・リユースしやすいデザインの導入促進
Recycle（リサイクル） 資源として再び利用する	・バーゼル条約改正を受け、日本国内でのリサイクル体制の構築
Renewable（リニューアブル） 再生可能資源に替える	・2030年までに、バイオマスプラスチックを最大限（約200万トン）導入

用語
バイオマスプラスチック
原料として植物などの再生可能な有機資源を使用するプラスチック素材。

プラスチック汚染防止に関する条約（仮）

　2022年3月の国連環境総会で、プラスチック汚染防止に関する条約を作る政府間交渉の実施が決議されました。プラスチックの生産から消費、廃棄に至るまでのライフサイクル全体を対象とし、2024年末までに交渉を終える予定です。

　交渉の焦点として、日本や中国は廃棄物管理（回収・再利用）や各国の自主的な取組を重視しているのに対し、環境問題への取組に積極的なEUなどは、プラスチックの生産量自体も減らす必要があるなどと川下だけでなく川上も重視しており、また、各国に対策を義務づけるなど、より強い規制も求めています。他方、途上国からは適切なごみ処理の仕組みを作るためにも、先進国からの資金や技術の支援増加を求める主張があります。

参考
政府間交渉は計5回行われます。
2022年：ウルグアイ
2023年：フランス
　　　　：ケニア
2024年：カナダ
　　　　：韓国

3 地球温暖化・気候変動 出題可能性 90%以上

① 2015年：パリ協定（COP21）

「パリ協定」は、2020年までの温暖化対策の目標であった「京都議定書」の後を継いで、国際社会全体で温暖化対策を進めていくための条約であり、「途上国を含むすべての参加国に排出削減の努力を求める枠組み」です。

> **パリ協定の長期目標**
>
> パリ協定では「世界の平均気温上昇を産業革命以前に比べて2℃より十分低く保ち、1.5℃に抑える努力をする」という世界共通の長期目標が掲げられています。そのため、できる限り早期に世界の温室効果ガス排出量をピークアウトし、21世紀後半には、温室効果ガスの「排出量」と「吸収量」のバランスをとるとしています。

> 用語
> **京都議定書**
> 1997年のCOP3で採択された、地球温暖化や気候変動に対する国際的な取組を定めた国際条約です。「パリ協定」は、2020年までの温暖化対策の目標であった「京都議定書」の後継となるものです。

② 2021年：IPCC第6次評価報告書

- IPCCとは、各国政府の気候変動に関する政策に科学的な基礎を与えるため、世界気象機関（WMO）および、国連環境計画（UNEP）により設立された政府間組織です。

- 2021年に公表されたIPCC第6次評価報告書では、気候変動の原因について「人間の影響が大気、海洋及び陸域を温暖化させてきたことは疑う余地がない」と断言する文言が初めて明記されました。

> 用語
> **IPCC**
> 気候変動に関する政府間パネル。

③ 2021年：グラスゴー気候合意（COP26）

- COP26では、地球温暖化の影響が既にあらゆる地域で生じていることに警鐘を鳴らし、最大限の懸念を示しました。

- 成果文書「グラスゴー気候合意」には、世界の平均気温の上昇を産業革命前に比べて1.5℃以内に抑える努力を追求することが盛り込まれています。

> 🔍 くわしく
> 事実上、努力目標の「1.5℃」が世界の共通目標になった形です。

④ 2023年：IPCC第6次統合報告書

- 2023年に公表されたIPCC第6次統合報告書では、既に世界の平均気温は1.1℃上昇しており、このままでは2030年代の初頭までに1.5℃に、今世紀末には3.2℃も上昇してしまうと指摘しています。

- パリ協定の長期目標を達成するためには、世界の温室効果ガス排出量を2019年比で「2030年には43％程度」「2035年には60％程度」削減する必要があるとしています。

> 🔍 くわしく
> 同様に、2019年比で二酸化炭素の排出量を2030年に48％、2035年に65％削減する必要があるとしています。

⑤ カーボンニュートラル

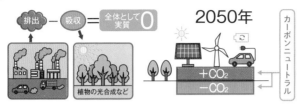

- カーボンニュートラルとは、二酸化炭素をはじめとする温室効果ガスの「排出量」を全体として（排出量と吸収量を相殺して）実質的にゼロにすることです。

- 温室効果ガスの「排出量」を完全にゼロに抑えることは現実的に難しいことから、排出してしまった分については「吸収・除去」することで、「排出量」と「吸収量」の差し引きゼロ（ネットゼロ）を目指しています。

⑥ 温室効果ガス排出量に関する日本の２つの目標

- 2020年10月、政府は温室効果ガスの排出を「2050年までに全体としてゼロ」にする、カーボンニュートラルを目指すことを宣言しました。

- 2021年4月、政府は温室効果ガスの排出を「2030年度までに46％削減（2013年度比）する」ことを目指すという中期目標を表明しました。

⑦ 日本の温室効果ガスの「排出量」と「吸収量」

📄 データ・資料

出典：環境省 温室効果ガス排出・吸収量算定結果（確報値）

🔍 くわしく

グラフは、緑と青の所を合計した値が「排出量」を意味しています。

- 2021年度の日本における温室効果ガスの「排出量」は、11億7000万トンです。一方、森林等による温室効果ガスの「吸収量」は、4760万トンです。

- 温室効果ガスの「排出量」から「吸収量」を引いた量は、11億2200万トンで、2013年度比で20.3％の減少となりました。しかし、8年ぶりに前年度比で増加に転じています。

4 SDGs ①

① SDGsの「17の目標」と「5つのP」

アドバイス

2023年は、2030年の達成を目標とするSDGsの「中間年」にあたる年です。SDGsの基礎知識や達成状況などを一緒に確認していきましょう。

- SDGsは、「2030アジェンダ」に記載されている「2030年までに取り組む世界的な目標」のことで、2015年の国連サミットにて採択されました。全17分野の目標と169のターゲットが設定されています。

参考

SDGsの17の目標は「5つのP」に分類することができます。

- 「地球上の誰一人取り残さない」ことを理念とし、貧困や人権、地球環境など、世界が抱えているさまざまな課題解決に向け、先進国を含むすべての国連加盟国（全193カ国）が取り組むユニバーサル（普遍的）なものであり、日本としても積極的に取り組んでいます。

② 世界のSDGs達成度ランキング

- 2023年6月、「持続可能な開発目標（SDGs）報告2023」が公表され、日本のSDGs達成度ランキングは21位（166カ国中）と、前年の19位（163カ国中）から2ランク下がり、4年連続のランクダウンとなりました。

- フィンランドが1位、スウェーデン、デンマークと続き、北欧諸国が上位を占めている結果となっています。

1位 ╋ フィンランド	86.8	
2位 ▦ スウェーデン	86.0	
3位 ▦ デンマーク	85.7	
4位 ▬ ドイツ	83.4	
5位 ▬ オーストリア	82.3	
21位 ● 日本	79.4	

⋮	
39位 ▦ アメリカ	75.9
⋮	
63位 ▦ 中国	72.0

2020年 17位
2021年 18位
2022年 19位

📄 データ・資料
出典：SDSN（持続可能な開発ソリューション・ネットワーク）
Sustainable DevelopmentReport 2023

③ SDGs達成度ランキングに関する日本の現状

- 報告書では17の目標ごとに「達成済み」「課題が残る」「重要な課題がある」「深刻な課題がある」の4段階で評価しています。

- 日本は「教育」や「産業・技術」の2つは「達成済み」という最高評価でした。

- 一方、「ジェンダー平等」や「つくる責任つかう責任（消費・生産）」、「気候変動」など5つの目標については、「深刻な課題がある」という最低評価でした。

④ SDGsの現状

- 2023年9月に国連総会の首脳級会合（SDGサミット）が行われました。2023年はSDGsで掲げた各分野の目標達成までの「中間年」ですが、新型コロナの感染拡大の影響やロシアによるウクライナ侵攻などの影響もあり、169にのぼるターゲットの達成率は15％にとどまる結果となりました。

- 目標達成が危機的状況であることから、SDGサミットでは最大の課題となっている「貧困」や「気候変動」への対策をはじめ、ジェンダー平等など17の分野すべてについて各国が対応の加速を約束する「政治宣言」が全会一致で採択されました。

📝 参考

2022年は達成済みが、4教育、9産業・技術、16平和と公平の3つでした。一方、2022年は深刻な課題があるとされていたのが6つでしたが、17協力・協同がなくなり、2023年は5つになりました。

📝 参考

SDGサミットは、4年に1度開催されています。

5 SDGs ②

① 日本政府の取組

〈「5つのP」と8つの優先課題〉

人間 People	①	あらゆる人々が活躍する社会・ジェンダー平等の実現
	②	健康・長寿の達成
繁栄 Prosperity	③	成長市場の創出、地域活性化、科学技術イノベーション
	④	持続可能で強靭な国土と質の高いインフラの整備
地球 Planet	⑤	省エネルギー、持続可能エネルギー、防災・気候変動対策、循環型社会の実現
	⑥	生物多様性、森林、海洋等の環境の保全
平和 Peace	⑦	平和と安全・社会の実現
パートナーシップ Partnership	⑧	SDGs実現推進の体制と手段

くわしく

8つの優先課題はそれぞれ2030アジェンダに掲げられている5つのPに対応しています。

- 政府は2016年5月、総理大臣を本部長、官房長官および外務大臣を副本部長、全閣僚を構成員とする「SDGs推進本部」を設置しました。

- SDGs推進本部では、SDGs実施指針に基づき、SDGsへの貢献を「見える化」することを目的として、2017年から毎年、8つの優先課題に基づき、政府の施策のうちの重点項目を整理した「SDGsアクションプラン」を策定しています。

- また、SDGs達成に資する優れた取組を行う企業・団体等を「ジャパンSDGsアワード」を通じて表彰しています。

② SDGsアクションプラン2023

　SDGsアクションプラン2023では、新型コロナや気候変動に加え、ロシアによるウクライナ侵略、食料やエネルギー安全保障などが相互に結びつき、多くの人の安全が脅かされている中、「誰一人取り残さない」世界の実現のため、SDGsの達成に向けた取組を加速化する必要があるとしています。

くわしく

8つの優先課題に基づき、女性の活躍や貧困対策、カーボンニュートラル、食品ロス、子どもに対する暴力など、取り組むべき重点事項が定められています。

4つの重点投資分野

　アクションプラン2023では、「(1) 成長と分配を共に高める『人への投資』、(2) 科学技術・イノベーションへの投資、(3) スタートアップへの投資、(4) グリーントランスフォーメーション（GX）およびデジタルトランスフォーメーション（DX）への投資といった4つを柱とする新しい資本主義の旗印の下、民間の力を活用した社会課題解決に向けた取組を推進すると同時に、多様性に富んだ包括的な社会の実現、一極集中から多極化した社会を作り、地域を活性化する必要がある」としています。

参考

アクションプラン2023では、新たに「グリーン・トランスフォーメーション（GX）」の概念が組み込まれています。

③ 地方創生SDGs

- 地方創生とは、人口減少や東京一極集中、都市と地方の経済格差などの社会課題を改善し、将来にわたって活力ある日本社会を維持することを目的とした一連の政策のことです。

- 地方創生SDGsとは、SDGsを原動力とした地方創生のことです。持続可能なまちづくりや地域活性化に向けた取組を推進するにあたり、SDGsの理念を取り入れることで、政策の最適化や地域課題解決の加速化などの相乗効果が期待できます。

(1) SDGs未来都市

SDGs未来都市とは、SDGsを推進する自治体の中でも特に経済・社会・環境の3側面における新しい価値創出と課題解決にあたり、SDGsの目標達成に向け、優れた取組を実施する自治体を政府が選定するものです。

参考
「2024年度までに210都市の選定」を目標としており、2022年度時点では154都市が選定されています。

環境モデル都市と環境未来都市

環境モデル都市とは、温室効果ガスの大幅削減などの目標を掲げて先駆的な取組にチャレンジする都市・地域です。そして、環境モデル都市の中から環境や高齢化といった課題に対し、先導的プロジェクトに取り組む都市・地域が環境未来都市に選定されます。

---

(2) 地方創生SDGs官民連携プラットフォーム

- SDGsの目標達成には、中央官庁や地方自治体だけでなく、企業やNGO・NPO、大学等との連携が必要不可欠です。

- そこで政府は、地方自治体が民間企業や大学等とパートナーシップを結んだり、イノベーションの加速を生み出すための「マッチングの場」となる「地方創生SDGs官民連携プラットフォーム」を設置しています。

(3) 地方創生SDGs金融

地方創生SDGs金融とは、地方創生SDGsに取り組む地域事業者と、その取組に対して支援を行う地域金融機関等を地方公共団体がつなぐことにより、地域における資金の循環を生み出すことです。

6 生物多様性

出題可能性　70.7%

① レッドリスト

- レッドリストとは、「絶滅のおそれのある野生生物の種のリスト」のことです。スイスのグランに本部を置く国際自然保護連合（IUCN）がレッドリストを作成しています。

- このレッドリストをもとに、日本の環境省が作成している「絶滅のおそれのある野生生物の種のリスト」を「環境省版レッドリスト」と呼びます。

📖 参考
レッドリストは、環境省だけでなく、地方公共団体やNGOなども作成しています。

② 環境省版のレッドリスト

- 環境省版レッドリストは、おおむね5年ごとに全体的な見直しを行っており、絶滅や絶滅危惧などを全9カテゴリーで分類しています。

- 環境省が選定した絶滅危惧種の総数は、「レッドリスト2020（3716種）」「海洋生物レッドリスト（56種）」を合計して3772種です。

- 現在、環境省が作成した「レッドリスト作成の手引」をもとに環境省と水産庁は、次期レッドリストの作成を進めています。

🔍 くわしく
次期レッドリスト（第5次環境省レッドリスト）は、2024年度以降の公表を目指しています。

③ 生物多様性国家戦略とは

　生物多様性国家戦略とは、生物多様性条約及び生物多様性基本法に基づく、生物多様性の保全と持続可能な利用に関する国の基本的な計画です。1995年に最初の生物多様性国家戦略を策定した後、これまで5回の見直しを行っています。

(1) 昆明・モントリオール生物多様性枠組

　2022年12月、カナダのモントリオールで開催された生物多様性条約第15回締約国会議（COP15）では、2010年に採択された愛知目標の後継として、2030年までの世界目標「昆明・モントリオール生物多様性枠組」が採択されました。これにより、各国は生物多様性国家戦略を策定・改定することが求められました。

🔍 くわしく
昆明・モントリオール生物多様性枠組
自然と共生する世界に向けた2020年までの世界目標である愛知目標を引き継いだ、2030年までに達成すべき世界目標のこと。

(2) 生物多様性国家戦略2023-2030

　政府は、2023年3月に「生物多様性国家戦略2023-2030」を閣議決定しました。生物多様性の保全や気候変動対策などのあらゆる社会課題に対するアプローチが示されました。

用語
COP
Conference of the Parties
「締約国会議」と呼ばれ、その中でも気候変動に関する会議である「COP」がよく報道されています。

(3)「2050年ビジョン」と「2030年ミッション」

- 生物多様性国家戦略では、長期目標としての「2050年ビジョン」と短期目標としての「2030年ミッション」が掲げられています。

- 2050年ビジョンでは、「2050年までに、生物多様性が評価され、保全され、回復され、賢明に利用され、生態系サービスが維持され、健全な地球が維持され、全ての人々にとって不可欠な利益がもたらされる」という「自然と共生する社会（自然共生社会）」の実現が掲げられています。

- 2030年ミッションは2050年ビジョンを達成していくための短期目標であり、「2030年までに『ネイチャーポジティブ：自然再興』を実現する」ことを目標に掲げています。

(4) 30by30（サーティ・バイ・サーティ）

　30by30とは、2030年までにネイチャーポジティブを実現させるという2030年ミッションに向けて「2030年までに陸と海の30%以上」を健全な生態系として効果的に保全しようとする目標です。

(5) 自然共生サイト

- ネイチャーポジティブや30by30目標達成のためには、行政機関による取組だけでなく、民間企業や地域の団体などによる生物多様性保全の取組を進めていくことも大切です。

- そこで環境省は、2023年4月から民間などの取組によって生物多様性の保全が図られている区域を「自然共生サイト」として認定する制度を始めました。

- そして、2023年10月、生物多様性が保たれている全国の土地122か所が「自然共生サイト」として、初めて認定されました。

(6) OECM

- OECMとは、国立公園などの法令によって自然が守られる保護地域ではなく「保護地域以外で生物多様性保全に資する地域」を言います。

- 自然共生サイトに認定された区域は、保護地域との重複を除いて「OECM」として国際データベースに登録されます。

用語

ネイチャーポジティブ
生物多様性のための損失を止め、回復傾向（プラスの状態）にしていくこと。

参考
2020年時点で、陸域20.5%と海域13.3%が保護地域として保全されています。

参考
Other Effective area-based Conservation Measures（その他の効果的な地域をベースとする手段）の頭文字をとったもの

参考
環境省　30by30目標が目指すもの

生物多様性に関する重要ワード

① 生物多様性

生態系の多様性	森や海、湿地、サンゴ礁など、それぞれの環境に合わせて様々な生態系があること
種の多様性	ニホンアマガエル、トノサマガエルなど、様々な種類の生き物がいること
遺伝子の多様性	同じ種の生物でも、色や模様、毛の長さなど、多様な遺伝子により個性があること

　生物多様性とは、バラエティーに富んだ様々な生き物が豊かに存在していることを言います。生物多様性は「生態系の多様性」「種の多様性」「遺伝子の多様性」といった3つのレベルに分けられます。

② 特定外来生物

- 元々日本にはいなかった生物の中で、生態系、人の身体・生命、農林水産業などに影響を及ぼすおそれがあるものとして特に指定された生物のことです。例えば、アライグマやカミツキガメなどの特定外来生物は、飼養や輸入などが規制されます。
- 近年、日本では「ヒアリ」が発見され、特定外来生物に指定されました。

③ 改正外来生物法

- 2022年5月、外来生物法が改正され、毒性・危険性の高い「ヒアリ類」等の対策に向け、国内への侵入防止のために「要緊急対処特定外来生物」として政令で指定し、通関後の立ち入り検査や廃棄の命令など、より強い規制権限がかかる枠組みを創設しました。
- また、2023年6月より、広く一般に飼育されているアメリカザリガニやミドリガメ（ミシシッピアカミミガメ）に対し、新たな規制が適用され、販売、販売目的の飼育、輸入、自然に放つことなどが禁止されました。

④ 特別天然記念物

　動物、植物、地質・鉱物などの自然物に関する記念物の中で、世界的に、また国家的に特に価値が高いとして、文化財保護法により指定されたものです。タンチョウやコウノトリ、トキなど、2023年3月時点で75件が登録されています。

⑤ ワシントン条約

- 輸出国と輸入国とが協力して国際取引の規制を実施することで、過度な国際取引による野生動植物種の絶滅を防止し、それらの種の保全を図ることを目的とした条約です。

- 現在、ワシントン条約では、野生動植物種について、絶滅のおそれの程度、必要とされる規制の内容に応じて附属書I、II、IIIの3区分に分類し、国際取引の規制を行っています。

⑥ ラムサール条約

- 1971年にイランの都市「ラムサール」で行われた国際会議で採択された国際的な湿地に関する条約です。

- 正式名称は「特に水鳥の生息地として国際的に重要な湿地に関する条約」で、水鳥の生息地として国際的に重要な湿地と、そこに生育・生息する動植物の保全を目的としています。

⑦ 種の保存法

- 国内に生息・生育する種、または外国産の希少な野生動植物を保全するための必要な措置を定めた法律のことです。

- 2022年12月に法改正が行われ、ゲンゴロウやニホンザリガニなど国内の動植物15種が、種の保存法に基づく「国内希少野生動植物種」に新たに指定されました。

- そして、2023年1月から捕獲や採取、販売などが原則禁止となりました。

⑧ 愛知目標

- 愛知目標は、2010年に名古屋市で開かれた生物多様性条約第10回締約国会議（COP10）で採択された、20項目の具体的な世界目標です。

- 2050年までに「自然と共生する世界」を実現することを目指し、2020年までに生物多様性の損失を止めるため、各国が優先して取り組むべき20の個別目標がまとめられています。

7　エネルギー問題

① エネルギーの供給と消費

一次エネルギー	石油、石炭、天然ガス、水力、太陽熱などの自然から直接採取できるエネルギーの元々の形態のこと。
二次エネルギー	一次エネルギーを使いやすく変換・加工したもの。 例：「石油や石炭（一次）」を燃やす火力発電で 　　「電気（二次）」を作る
最終エネルギー消費	工場やオフィス、公共交通機関、一般家庭などで、実際に消費されたエネルギーのこと。

- エネルギーは、生産されてから消費者に使用されるまでの間に、様々な段階・経路を経ています。

- 例えば、供給された石油や石炭、天然ガス等の「一次エネルギー」は、発電所や石油精製工場等を経て、電気や石油製品等の「二次エネルギー」に変換され、私たちに最終的に消費されていきます。

アドバイス

エネルギー問題は、特に地方公務員の試験で超頻出のテーマとなります。
エネルギー問題の基礎知識から現状までしっかり押さえておきましょう。

② エネルギーの安定供給

(1) エネルギー自給率

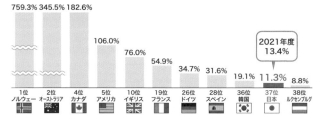

2020年度における主要国のエネルギー自給率

1位 ノルウェー	2位 オーストラリア	4位 カナダ	5位 アメリカ	10位 イギリス	19位 フランス	26位 ドイツ	28位 スペイン	36位 韓国	37位 日本	38位 ルクセンブルク
759.3%	345.5%	182.6%	106.0%	76.0%	54.9%	34.7%	31.6%	19.1%	11.3%	8.8%

2021年度
13.4%

2021年度における日本のエネルギー自給率は13.4%と、他の先進国に比べ低い水準となっています。

アドバイス

日本が抱える大きな課題は「化石燃料への依存」と「エネルギー自給率の低さ」となっています。

用語

エネルギー自給率
国民生活や経済活動に必要な一次エネルギーのうち、自国内で産出・確保できる比率。

(2) 化石燃料への依存

化石燃料依存度
83.2%

再エネ等 10.0%
水力 3.6%
原子力 3.2%
石炭 25.4%
LNG 21.5%
石油 36.3%
2021年度

〈2021年度における化石燃料の海外依存度〉

「原油」海外依存度	99.7%
「天然ガス」海外依存度	97.8%
「石炭」海外依存度	99.7%

データ・資料

出典：経済産業省 資源エネルギー庁 日本のエネルギー

- 2021年度の化石燃料依存度は83.2%と、日本が利用するエネルギーは「化石燃料」に大きく依存しています。
- また、石油・石炭・天然ガス（LNG）などの化石燃料はほぼ海外からの輸入となっており、輸入国は原油が中東諸国、石炭や天然ガス（LNG）がアジア・オセアニア各国等と一定の国・地域に依存している状態にあるため、輸入国の多角化が必要です。

参考

石油や石炭等を燃焼させることで電力エネルギーを作り出す火力発電は、電源構成の大部分を占めています。しかし、温室効果ガスであるCO_2を排出してしまうため、火力発電の割合を減らす必要があります。

③ 日本政府の取組

S+3E

Safety
安全性

安全性が大前提

安定供給 — **Energy Security** (自給率)
東日本大震災前（約20%）を更に上回る
30%程度を2030年度に見込む（2021年度 13.4%）

経済効率性 — **Economic Efficiency** (電力コスト)
2013年度の9.7兆円を下回る
2030年度8.6～8.8兆円を見込む

環境適合 — **Environment** (温室効果ガス排出量)
2050年カーボンニュートラルと整合的で野心的な削減
目標である2030年度に2013年度比▲46%※を見込む
※非エネルギー起源CO₂等を含む温室効果ガス全体での削減目標

参考

日本の温室効果ガス排出量（2020年度）では、温室効果ガスの排出量のうちエネルギー起源のCO_2排出量が84%を占めています。

2021年10月、政府は「第6次エネルギー基本計画」を閣議決定しました。「S＋3E」の考え方（上記参照）を重要視し、自給率、電力コスト、温室効果ガス排出量について、それぞれ数値目標を設置しています。

参考

電灯平均単価（家庭用）は2010年度に21.39円/kWhだったのに対し、2021年度は28.09円/kWhと2010年度比で約31%上昇してしまっています。

④ 日本の電源構成

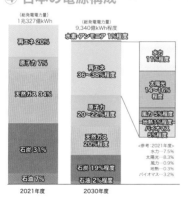

政府は省エネルギー（節電）を徹底化させ、火力発電の割合を減らし、再生可能エネルギーの拡大を進めています。

用語

エネルギーミックス（電源構成）

火力、原子力、再生可能エネルギーなどいくつかの発電方法を効率的に組み合わせ、社会に電力を供給すること。

第6次エネルギー基本計画では、2030年度の電源構成について、太陽光や水力などの再生可能エネルギーを36～38%と大幅に引き上げ、天然ガス（LNG）などの火力を41%に大幅削減、原子力を20～22%にする目標を立てています。

8 GX

① グリーン・トランスフォーメーション(GX)とは

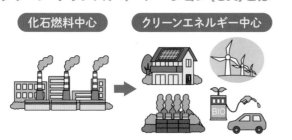

化石燃料中心　→　クリーンエネルギー中心

- GX とは、温室効果ガスを発生させる化石燃料中心から、太陽光発電や風力発電などのクリーンエネルギー中心の産業・社会構造へと転換する取組のことです。
- また、政府は温室効果ガス削減目標の達成に向けた取組を経済成長の機会と捉え、経済社会システムを変革させ、持続可能な社会を目指しています。

用語
クリーンエネルギー
二酸化炭素の排出量が少なく、環境に影響を与えにくいエネルギーのことです。

用語
再生可能エネルギー
地球にある自然の資源から発生するエネルギーのことです。言わば、自然の恵みを利用するエネルギーのことであり、クリーンエネルギーと似た用語ですが、若干意味が異なります。

② GX実現へ向けた取組

(1) GX実行会議

　内閣総理大臣を議長として、大学、エネルギー関連企業、消費者団体、金融などの幅広い分野の有識者を集め、GX 実行に向けた施策の検討を行う「GX 実行会議」が 2022 年 7 月から開催されています。GX 実行会議を経て、2023 年 2 月に「GX 実現に向けた基本方針」が閣議決定されました。

参考
その他、GX を促進する補助金などの財政支援制度があります。

(2) GXリーグ

　「GX リーグ」は、GX に積極的に取り組む企業が、同様の取組を行う企業群や官公庁、大学と連携し、経済社会システムの変革のための議論と、新たな市場を作るための実践を行う場のことです。

(3) GX推進法

　2023 年 5 月に「GX 推進法」が成立し、これをもとに「GX 推進戦略」が策定されました。

発展
「GX 脱炭素電源法」も成立しています。2025 年 6 月より稼働から 60 年を超えた原子力発電所の運転が可能になります。

③ GX推進戦略 ··

　今後の GX 推進の基本的な進め方を示す「GX 推進戦略」は、「脱炭素の取組」と「成長志向型カーボンプライシング構想の実現」の 2 つが大きな柱となっています。

(1) 脱炭素の取組

　政府は、エネルギー安定供給の確保を大前提として、徹底した省エネの推進、再生可能エネルギーの主力電源化、原子力の活用などの取組を推進しています。

(2) カーボンプライシング構想

- GX 推進に向け、政府は今後 10 年間に 150 兆円超の官民 GX 投資を実現・実行していくことを明らかにしています。

- 民間による GX 投資を促進していくため、政府は「カーボンプライシング」を導入するとともに、「GX 経済移行債」の発行で調達した資金によって、民間による GX 投資を後押しできる仕組みの創設などに取り組んでいます。

(3) GX経済移行債の創設

　GX 経済移行債とは、地球温暖化対策や再生可能エネルギーなど、環境改善への取組に資金使途を限定した債券のことで、今後 10 年間に 20 兆円規模の先行投資支援が実施されます。

(4) 成長志向型カーボンプライシング

- カーボンプライシングとは、CO_2（炭素）に価格をつけ、排出した企業等に金銭的な負担を課す仕組みです。

- そして、このような「規制」と「先行投資支援」を組み合わせることで、企業などが GX に積極的に取り組む土壌をつくり、排出削減と産業競争力強化・経済成長を実現していくための仕組みを「成長志向型カーボンプライシング」といいます。

- また、排出量取引制度や有償オークション、炭素に対する賦課金制度も検討されています。

発展
GX 経済移行債の発行は 2023 年度から 2032 年度までの 10 年間行われ、償還は 2050 年度までに行われます。

環境分野の重要ワード

① ESG 投資

E = 環境(Environment)

環境に配慮しているか（二酸化炭素の排出量が多くないか、
環境汚染をしていないか、再生可能エネルギーを使っているかなど）

S = 社会(Social)

社会に貢献しているか（地域活動への貢献、労働環境の改善、
女性活躍の推進など）

G = 企業統治(Governance)

収益を上げつつ、不祥事を防ぐ経営をしているか

- ESG 投資とは、環境・社会・企業統治（ガバナンス）に配慮している企業に投資することです。

- これは、環境・社会・ガバナンス分野の社会課題に積極的に取り組み、課題を解決していく企業こそが、中長期的に成長していく可能性が高いという考え方に基づいています。つまり、ESG に配慮した企業に投資することでリターンを期待できるという考え方です。

② CSR

- 「企業の社会的責任」を意味します。企業がこれからも存続していくためには、利益を追求するだけではなく、ステークホルダー（消費者、取引先、投資家、地域社会等）に対して責任を負うべきであるという考え方です。

- 例えば、食品メーカーである江崎グリコ株式会社は、二酸化炭素の排出量削減に向けて、茨城工場で使用する電力を 100%再生可能エネルギー由来に変更したほか、環境に配慮し、学校給食用牛乳のストローの廃止に向けた取組を進めています。

③ エシカル消費

エシカル消費を直訳すると、「倫理的な消費」となります。これは、「安くて良いモノ」や「自分にとってどれくらい得か」といった基準で選ぶことではなく、より広い視野で、「人や社会、地域、環境などに優しいモノ」を購入する消費行動やライフスタイルを指しています。自分以外の他者や地域社会、自然環境などを思いやる、「思いやり消費」「応援消費」ともいえます。

④ カーボンクレジット

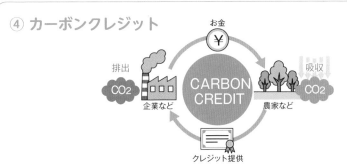

- 再生可能エネルギーや省エネ設備の導入、森林の保護などを通じて得られた CO_2 などの温室効果ガスの排出削減量を「排出権」としてクレジット化し、排出削減量を主に企業間で売買することができるようにした仕組みのことです。炭素クレジットと呼ばれることもあります。

- 例えば、農家などが森林の保護を行い温室効果ガスを削減した場合、この「排出削減量」を企業に売ることで、農家などはお金を得ることができます。一方、企業は購入した「排出削減量」を自社の削減量として公表することができるといったメリットがあります。

⑤ 電動車

- 電動車とは、バッテリーに蓄えた電気エネルギーを車の動力として使い、走行する自動車のことです。

- 政府は、2035年までにすべての新車販売を電気自動車やハイブリッド車などの電動車にするという目標を掲げており、充電インフラについては2030年までに全国で15万基の設置を目指しています。

- なお、2023年3月に欧州連合（EU）は、2035年にエンジン車の新車販売をすべて禁止するとしてきた方針を変更し「環境に良い合成燃料の使用」を条件にエンジン車の販売の継続を認めることを公表しています。

⑥ エルニーニョ現象・ラニーニャ現象

　エルニーニョ現象は、赤道付近の東太平洋地域の海面水温が平年より高い状態が1年ほど続く現象のことです。平均より5℃以上高くなることもあり、日本だけでなく世界中で異常気象を引き起こす要因となります。反対に、海面水温が平年より低い状態が1年ほど続く現象をラニーニャ現象と言います。

農林水産分野の重要ワード

① 食品ロス

家庭系食品ロス
244万トン

食品ロス量
523万トン

事業系食品ロス
279万トン

国民1人当たり食品ロス量
1日：約114g
※茶碗約1杯分のご飯の量（約150g）に近い量
年間：約42kg
※1人当たりの年間米消費量（約51kg）に近い量

- 食品ロスとは、本来食べられるのに捨てられてしまう食品のことであり、事業活動に伴って発生する「事業系食品ロス」と、各家庭から発生する「家庭系食品ロス」の2種類に分けられます。
- 政府は食品ロス量を「2000年度比で2030年度までに半減させる」という目標を掲げています。
- 日本での食品ロスの量は減少傾向にあり、2021年度は年間523万トン（推計値）でした。

② 食料自給率

食料自給率	カロリーベース	生産額ベース
目標	45%	75%
2022年度の実績	38%	58%

- 2022年度の食料自給率は、カロリーベースでみると前年度と同じ38%でした。一方、生産額ベースでみると58%で過去最低を更新する結果となっています。
- 国民の食糧は海外からの輸入に大きく依存していますが、大量の食品ロスが発生している現状にあります。他方、世界的な人口急増が要因となり、地域によっては深刻な飢餓や栄養不足などの問題が発生しています。そのため、SDGsにおいても食品ロスの削減が重要な課題となっています。

③ こども食堂

　家族揃って食事をとることが難しい子どもたちに対して、地域住民や自治体が主体となり、無料または安価で栄養のある食事をする場所を提供しています。地域コミュニティとしての役割もあり、子どもが子ども同士や地域の大人と関わることで、社会性、自主性等を身に着けることが出来る場所となっています。

④ フードバンク

　事業者などから未利用食品の提供を受けて、貧困や災害を理由に必要な食物を入手できない人に提供する活動です。

⑤ 6次産業化

- 「6次産業化」とは、農林漁業者（1次産業）が、農産物などの生産物の元々持っている価値をさらに高めることにより、農林漁業者の所得（収入）を向上していくことです。

- 農林漁業者が、農畜産物・水産物の生産だけでなく、食品加工（2次産業）、流通・販売（3次産業）にも取り組み、それによって農林水産業を活性化させ、農山漁村の経済を豊かにしていくことを目指しています。

⑥ 農地バンク

- 農地バンク（農地中間管理機構）制度は、2014年度に全都道府県に設置された農地の中間的受け皿で、農地を貸したい人と借りたい人とのマッチングを行う制度です。

- 人口減少が本格化する中、農業の生産基盤を維持する観点から、政府は農地バンクを通じて担い手への農地の集積・集約化を進めています。

- 2021年度の担い手への農地集積率は58.9％と、目標である「2023年度までに8割」に達していない現状にあります。なお、日本の農（耕）地面積は減少傾向にあり、2022年は433万haとなっています。

⑦ 地産地消

　国内の各地域で生産された農林水産物を、その地域内で消費することです。

予想問題「ココが出る」

問題1 カーボンニュートラルとは、二酸化炭素など温室効果ガスの「排出量」をゼロにすることである。2021年度の日本の温室効果ガス排出量は、11億7000万トンであった。

問題2 2023年9月に国連総会の首脳級会合（SDGサミット）が行われた。2023年はSDGsで掲げた各分野の目標達成までの中間年であり、169にのぼるターゲットの達成率は50%を超える結果となった。

問題3 2023年3月に生物多様性国家戦略2023-2030が閣議決定され、生物多様性の保全や気候変動対策などのあらゆる社会課題に対するアプローチが示された。

問題4 2021年度における日本のエネルギー自給率は13.4%と、他の先進国に比べ低い水準となっている。

問題5 GX（グリーン・トランスフォーメーション）とは、温室効果ガスを発生させる化石燃料中心から、太陽光発電や風力発電などのクリーンエネルギー中心の産業・社会構造へと転換する取組のことである。

答え

問題1 ✕ カーボンニュートラルは、二酸化炭素など温室効果ガスの「排出量」を全体として（排出量と吸収量を相殺して）実質的にゼロにすることである。

問題2 ✕ 新型コロナの感染拡大の影響やロシアによるウクライナ侵攻などの影響もあり、169にのぼるターゲットの達成率は15%にとどまる結果となった。

問題3 ◯

問題4 ◯

問題5 ◯

10

法改正

1. 刑法
2. 道路交通法
3. 民法
▶法改正まとめ

1 刑法

出題可能性 61.0%

① 2022年：刑法改正のポイント

(1) 侮辱罪の厳罰化

- 侮辱罪は刑法231条に定められた犯罪で、①事実を摘示せずに②公然と③人を④侮辱した際に成立します。

- インターネットやSNSでの誹謗中傷の増加を背景に、法改正されました。2022年7月から、侮辱罪の法定刑が「拘留又は科料」から「1年以下の懲役若しくは禁錮若しくは30万円以下の罰金又は拘留若しくは科料」に引き上げられています。

(2) 拘禁刑の創設

重い ↑				死刑
死刑	絞首		→	拘禁刑
懲役	1ヶ月以上身柄を拘束・刑務作業			
禁錮	1ヶ月以上身柄を拘束			罰金
罰金	1万円以上のお金を納付			拘留
拘留	1日以上30日未満、身柄を拘束			科料
↓ 軽い	科料	1000円以上1万円未満のお金を納付		

- 刑罰は主刑である死刑、懲役、禁錮、罰金、拘留及び科料の6種類に、付加刑である没収を加えた7種類です。

- 再犯率の高まりを背景に、再犯防止や更生を促すことが重視されています。

- そこで、2022年の刑法改正により、2025年6月から身柄の拘束を伴う刑のうち、刑務作業が義務づけられている「懲役」と、義務づけられていない「禁錮」が一本化され、新たに「拘禁刑」が創設されます。

- 1907年の刑法制定以降、初めて刑の種類が見直されることになりました。

② 2023年：不同意性交等罪、不同意わいせつ罪の新設

2023年6月の改正により、同年7月から強制・準強制性交罪が統合されて「不同意性交等罪」に、強制・準強制わいせつ罪は「不同意わいせつ罪」となりました。また、性交同意年齢は13歳から16歳に引き上げられました。

用語

刑法
犯罪となる行為とその刑罰を定めた法律です。

🔍 くわしく

改正によって刑務作業が義務ではなくなり、受刑者の特性に合わせて、作業や教育を柔軟に組み合わせた処遇を行うことができます。立ち直りに向けた指導や教育が手厚くなり、再犯防止や更生を促す狙いがあります。

🔍 くわしく

不同意性交等罪と不同意わいせつ罪は「同意しない意思を形成、表明、全うすることのいずれかが難しい状態」にすることが要件となっています。

2 道路交通法

出題可能性 55.6%

① 道路交通法とは

道路交通法とは、道路における危険を防止し、その他交通の安全と円滑を図り、及び道路の交通に起因する障害の防止を目的とした法律です。

② 近年の道路交通法改正のポイント

道路交通をめぐる最新の情勢に対応するため、さまざまな改正が行われています。

(1) 自転車利用時のヘルメット着用の努力義務化

これまでは「13歳未満の子ども」を対象に保護者が着用させるよう努めなければなりませんでしたが、2023年4月から「自転車に乗る全ての人」のヘルメット着用が努力義務となりました。

🔍 くわしく
また、同法では、自分が運転する自転車にほかの人を乗車させる場合も、ヘルメットを着用させるよう努めなければならないとしています。

(2) 自動運転「レベル4」解禁

2023年4月、経路や速度など特定の条件下でドライバー不要の完全な自動運転「レベル4（高度運転自動化/ブレインオフ）」の運用が解禁されました。

🔍 くわしく
自動運転は、自動運転の技術レベルや走行可能エリアなどにより、レベル1（運転支援）〜5（完全自動運転）の5段階に分けられています。
高速道路などでドライバーの代わりにシステムが運転を担う「レベル3（条件付運転自動化/アイズオフ）」まで実用化されていました。

(3) 電動キックボード等のルール緩和

これまで電動キックボード等は運転免許が必要でしたが、2023年7月から、一定の基準を満たす電動キックボード等は「特定小型原動機付自転車」と定義され、16歳以上は運転免許なしで運転できるようになりました。

(4) マイナンバーカードと運転免許の一体化

2022年の改正では、個人が申請すればマイナンバーカードのICチップに運転免許情報を記録できるようになると規定されました。運転免許証を返納し、一体化したマイナンバーカードのみを所持することも可能になります。

✍ 参考
一体化した場合でも運転免許証の返納は任意であり、運転免許証とマイナンバーカードの2枚持ちが可能になる予定です。

③ アルコール検知機の使用義務

2023年12月から全運転管理者は、アルコール検知器を用いて運転者の酒気帯びの有無を確認すること、また、アルコール検知器を常時有効に保持することが義務付けられました。

3 民法

出題可能性 61.2%

① 近年の主な民法改正

(1) 成年年齢の引き下げ（2022年4月施行）

- 2016年6月から、憲法改正国民投票の投票権年齢や公職選挙法の選挙権年齢が18歳に引き下げられました。これを受けて民法も改正され、2022年4月より、成年年齢が18歳に引き下げられました。

- そのため、18歳や19歳の者も親の同意なく、単独で携帯電話の購入や住宅ローン契約など、様々な契約ができるようになっています。

(2) 婚姻適齢の引き上げ（2022年4月施行）

　婚姻可能年齢は、これまで「男性18歳、女性16歳」でしたが、民法が改正され、2022年4月より、「男女ともに18歳」に統一されました。

(3) 所有者不明土地の管理制度（2023年4月施行）

- 所有者不明土地では、土地の売買や賃貸借などの取引ができないといった問題のほか、長期間にわたり土地が放置されるなどの問題が生じていました。

- そこで、このような所有者不明土地の問題を解決するため、民法が改正され、所有者不明土地の利用・管理を行いやすくするための共有制度・財産管理制度の見直しが行われました。

(4) 遺産分割の時的制限（2023年4月施行）

　これまで遺産分割協議には、特に期限が設けられておらず、遺産分割協議が行われずに遺産が放置されるなどの問題がありました。そこで、民法が改正され「相続開始から10年」を基準に遺産分割に制限が設けられました。

(5) 相隣関係の見直し（2023年4月施行）

　これまで隣地の竹木の枝が境界線を越える際は、竹木の所有者に切除させる必要がありましたが、民法が改正され、竹木の所有者に越境された土地の所有者は、一定の条件下で越境した枝を自ら切除することが可能になりました。

用語

民法
個人間の財産上・身分上の関係など、市民相互間の関係について基本的なルールを定めた法律です。

用語

婚姻可能年齢
結婚ができるようになる年齢のこと。

用語

所有者不明土地
①不動産登記簿により所有者がただちに判明しない土地や、②所有者が判明しても、その所在が不明で所有者に連絡がつかない土地のことです。

用語

遺産分割協議とは、被相続人の遺産について、誰が、どの遺産を、どの割合で相続するかを話し合う手続きです。

用語

相隣関係とは、隣接する不動産の所有者が通行や境界など、相互の利用を円滑にするために調整し合う関係です。

226

① 戸籍法

- これまで戸籍上に「読み仮名」の記載はなかったため、読み方がわからず、行政手続きの中で混乱するケースもあり、また、マイナンバーカードの氏名の読み仮名が一致しないことが原因で様々なトラブルが起きていました。近年、特に行政事務のデジタル化を推進するうえで、読み仮名の登録は重要とされています。

- そこで、2023年6月に戸籍法が改正され、すべての戸籍上の氏名に読み仮名を付けることが義務付けられました。また、新生児の名付けルールとして「氏名として用いられる文字の読み方として一般に認められているもの」とされ、キラキラネーム等に一定の制限がかかることになります。

- また、2019年に成立した最寄りの役所で戸籍証明書を取得できるようにする改正戸籍法が2024年3月に施行されます。

② 個人情報保護法

- 個人情報保護について、これまで、民間企業と公的機関の間で異なる法律が適用されていました。また、自治体では条例が個別に制定されていたため、共通のルールがなく、個人情報のやり取りの際に混乱を招くケースも少なくありませんでした。

- そこで、2021年5月に個人情報保護法が改正され、国の行政機関や地方公共団体、民間などがそれぞれ規定していた法令や条例が、ひとつの法律に統合・一元化されることになりました。2023年4月より「個人情報保護委員会」が制度を一元的に所管し、官民の個人情報の取り扱いを監督しています。なお、地方公共団体等にも個人情報保護法が適用されます。

③ 電子帳簿保存法

- 2020年12月の改正では、2022年1月から「電子取引」で受領した書面のプリントアウト保存は税法上の保存方法として認められなくなり、電子データとして保管することが義務化されました。

- 経過措置として2022年1月から2023年12月末までに行われた電子取引については、一定の要件下で、引き続きプリントアウトした書面での保存が認められていましたが、2024年1月から完全に義務化されています。

④ 消費者契約法

- 近年、インターネット上の EC サイトが普及したことで、事業者と消費者間でオンライン取引に関するトラブルが増加しています。

- そこで、2022 年に消費者契約法が改正され、「不当な勧誘行為」の対象が広げられました。具体的には、2023 年 6 月から、契約取消権が追加・拡充され、例えば、退去が難しい場所へ同行し勧誘する場合や、威迫する言動で契約の相談や連絡を妨害する場合、契約目的物の現状変更を行い既成事実化した場合などが、契約を取り消すことのできる「取消権」の対象として新たに加わっています。

⑤ 特定商取引法

- 特定商取引法は、事業者による違法・悪質な勧誘行為等を防止し、消費者の利益を守るため「クーリングオフ」などを定めた法律です。

- クーリングオフ制度は、訪問販売や電話勧誘等で商品を購入・サービスの契約を行った場合、一定期間内であれば、無条件で消費者が契約を解除（返品等）することができる制度です。

- 近年、「初回無料」などと表示し、定期購入の契約をさせる詐欺的な取引で消費者被害が続出していることから、2021 年 6 月に特定商取引法が改正され、消費者に誤解を与えない形で契約内容を表示することの義務化など、様々な規制強化が行われることになりました。

- また、ネット通販はクーリングオフの対象ではありませんでしたが、定期購入について、誤解をさせるような表示で消費者が申し込みをした場合、事業者に対して罰則が設けられ、消費者は取消しが可能になりました。

- さらに、2023 年 6 月からは消費者の承諾を得た上で、事業者が交付すべき契約書面等の電子化が可能になりました。

⑥ 食品表示法（食品表示基準）

- 食品の表示ルールについて「遺伝子組み換えでない」と表示できる設定が緩く、消費者の誤解を招くことから 2019 年に食品表示基準が改正されました。

- これまでは意図せざる混入が 5 ％以下の場合にも「遺伝子組み換えでない」という表示が認められていましたが、2023 年 4 月からはこの基準が厳格化されています。そのため、例えば、大豆やトウモロコシなども、検査で調べても分からない「不検出」の場合のみが「遺伝子組み換えでない」と表示できることになりました。

⑦ 電気通信事業法

　2022年6月に電気通信事業法が改正され、2023年6月から電気通信事業の届け出制の対象となる事業者が拡大し、利用者に関する情報の外部送信に対する規制（Cookie規制）が新設されました。

⑧ 地球温暖化対策推進法

- 地球温暖化が世界全体で深刻な問題となっている中、日本も2050年カーボンニュートラルや2030年度温室効果ガス排出削減目標を表明しています。

- そこで、2021年に地球温暖化対策推進法が改正され、基本理念として「2050年までの脱炭素社会の実現」が明記されました。また、この実現に向けて、国民、国、地方自治体などが密接に連携することが規定されました。

- 2022年4月からは、地域の脱炭素化に貢献する事業を市町村が認定し、関係する行政手続のワンストップ化などの特例が導入され、再生可能エネルギーの利用を促進しています。また、企業の排出量情報のオープンデータ化が推進され、企業の排出量情報の活用により、企業の脱炭素経営の更なる取組を進めています。

⑨ 省エネ法

- 2022年5月に省エネ法が改正され、2023年4月より施行されています。まず、法律の正式名称が「エネルギーの使用の合理化及び非化石エネルギーへの転換等に関する法律」に変更されました。

- そして、これまでは、化石燃料、化石燃料由来の熱・電気を「エネルギー」と定義していましたが、改正によりバイオマス燃料などの非化石燃料や太陽光・風力などの自然エネルギー起源の電気等の非化石エネルギーも「エネルギー」の対象となりました。また、特定事業者に対して非化石エネルギー転換に向けた中期計画の提出義務が課されることになりました。

⑩ 建築物省エネ法

　脱炭素社会の実現に向けて住宅の省エネ化を進めるため、2022年6月に建築物省エネ法が改正され、2024年4月から、延床面積が2000㎡以上の大規模非住宅建築物の省エネ基準が引き上げられ、2025年4月からは住宅などの新築や増築の際に断熱性能などの省エネ基準を満たすことが義務付けられる予定です。

予想問題「ココが出る」

問題1　2023年6月の刑法改正により、同年7月から強制・準強制性交罪が統合されて「不同意性交等罪」に、強制・準強制わいせつ罪は「不同意わいせつ罪」と罪名等が変更された。

問題2　経路や速度など特定の条件下でドライバー不要の完全な自動運転「レベル4（高度運転自動化 / ブレインオフ）」の運用は、安全面の観点から2026年以降に開始される見込みである。

問題3　2023年12月から運転前後のドライバーの状態を目視などで確認することで、運転者の酒気帯びの有無を確認することが義務付けられた。

問題4　民法の改正により、2023年4月から竹木の所有者に越境された土地の所有者は、一定の条件下で越境した枝を自ら切除することが可能になった。

問題5　2023年6月に戸籍法が改正され、すべての戸籍上の氏名に読み仮名を付けることが義務付けられた。

答え

問題1　○

問題2　×　2023年4月に、自動運転「レベル4（高度運転自動化 / ブレインオフ）」の運用が解禁された。

問題3　×　記述は2022年4月に適用されたものである。2023年12月からは、目視での酒気帯び確認（アルコールチェック）に加え、アルコール検知器による確認が義務付けられた。

問題4　○

問題5　○

11

情報

公務員の ライト

1 フローチャート

① フローチャート(流図)とは

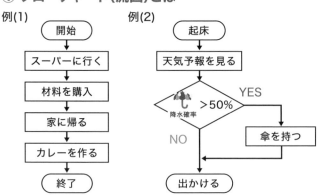

例(1) / 例(2)

まず、アルゴリズムとは、問題の解決に向けた「処理手順」のことです。そして、このような処理手順（アルゴリズム）を図で表したものを「フローチャート」と言います。

② 基本的なフローチャート記号

開始 / 終了 （別名：端子）		フローチャートの開始 / 終了を示す。
処理 （別名：行動）		各プロセスや計算、処理を示す。基本的に 1 つの記号で 1 つの処理を行う。
判断 （別名：条件分岐）		条件によって分岐する。
線・矢印		処理や判断の間をつなぐ記号。流れの向きを明示する必要がある際（時系列で進む際）は、矢印をつける。

フローチャートの問題を解くうえで、知っておかなければいけない基本記号は表の４つです。

アドバイス

基本的に上から下にかけて処理を行っていきます。
難しそうに見えるかもしれませんが、丁寧に処理を行っていけば、得点源になるテーマです。情報分野では超頻出のテーマですので、一緒に勉強していきましょう！

参考

例 (2) は、「起きたら天気予報を見て、降水確率が50%より高ければ、傘を持って出かける。降水確率が50%以下ならそのまま出かける」という意味です。

参考

出入力記号
以下のような平行四辺形のフローチャート記号は、データの「出力や入力」を意味します。

例：X の値を出力

③ 3つの基本構造

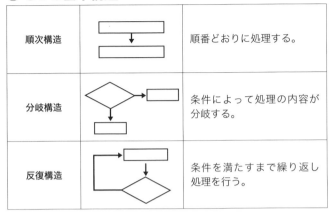

順次構造		順番どおりに処理する。
分岐構造		条件によって処理の内容が分岐する。
反復構造		条件を満たすまで繰り返し処理を行う。

　試験で出題される問題は、基本的にこの3つの基本構造で成り立っています。

④ 変数とは

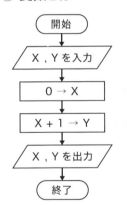

数学での記述

$$X = 0$$
$$Y = X + 1$$

変数「X」に「0」を代入して下さい。

変数「Y」に「X + 1」を代入して下さい。

（参考：X = 0なので、0 + 1で、Y = 1となります。）

　情報分野で用いる「変数」とは、数値や文字などの値を一時的に入れておく箱（領域）のことです。こちらのフローチャートであれば、「X」や「Y」が「変数」に該当します。

アドバイス

変数は、一時的に数値を記録する「箱」なので、基本的に複雑なフローチャートであれば、何回も値が変わっていきます。

⑤ フローチャートの解き方：3STEP

✏ 確認
判断（別名：条件分岐）は、条件によって分岐する処理のことです。つまり、ひし形の記号の数を数えることになります。

用語
トレース表
フローチャートにおいて、変数の値の変化を時系列順にまとめた表。
（スタートアップ問題で詳しく紹介）

> **3つのSTEPで解く**
>
> STEP 1：処理（プロセス）ごとに番号を振る
> STEP 2：「変数」と「判断」の数を数える
> STEP 3：「トレース表」を作り、処理する

　フローチャートの問題は「3つのSTEP」で解いていきます。では、以下の例題を用いて、解き方を紹介していきます。

▶▶▶ スタートアップ問題

　図のようなフローチャートにおいて、出力されるX、Yの値はいくらか。

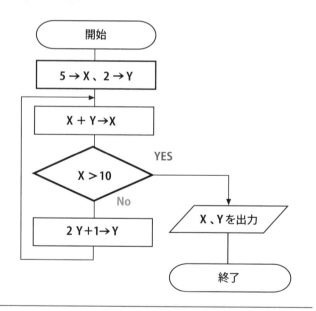

アドバイス

フローチャートの意味（流れ）を言語化することで、スムーズにトレースを行うことができます。特に「Xが10より大きくなるまで処理を続ける」といった反復構造の部分に着目し、フローチャート全体の意味（流れ）をイメージするようにしましょう。

【解説】
　答え：X＝12、Y＝5

STEP 1
まず、処理を行う各プロセスごとに、番号を振っていきます。

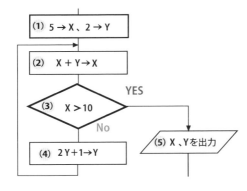

STEP 2

次にフローチャートを見て、変数（文字）の数と判断記号（ひし形の
Yes・No）の数を判断します。今回は、変数がXとYの2つ、そして
判断記号が1つなので、合計3つです。

STEP 3

最後にトレース表を作成していきます。XとY、そして判断記号の3
つの処理が行える、以下のような表を作っていきます。

	(1)	(2)	(3)	(4)	(2)	(3)	(5)
X	5	7	7	7	12	12	12
Y	2	2	2	5	5	5	5
YESとNoを入れる枠 →			No			YES	

📖 参考

例えば、(2) のY、(3) の
Yなど、処理で変数に変化
がない場合は、前回の処
理の時点と同じ値を記入
します。

実際にフローチャートを実行し、処理を行っていきます。

(1)	「X」に「5」を、「Y」に「2」を代入。
(2)	現時点でのXとYの値を用いて「X＋Y」の値を「X」に代入。つまり、「5+2」で「X」に「7」を代入。
(3)	「Xは10より大きいかどうか」という問いであるのに対し、Xは「7」であるため、答えは「No」。(4)の処理に進む。
(4)	「Y」に「2Y＋1」を代入。つまり、「2×2+1」でYに「5」を代入する。反復構造であるため、次は(2)の処理に進む。
(2)	「X」に「X＋Y」の値を代入。つまり、「7+5」で「X」に「12」を代入。
(3)	「Xは10より大きいかどうか」という問いであるのに対し、Xは「12」であるため、答えは「YES」。(5)の処理に進む。
(5)	現時点でのXとYの値を出力。つまり、「X＝12、Y＝5」を出力。

問題1 次の流れ図（フローチャート）で示す処理を終了したとき、xの値はどれか。

1. x ＝ 7
2. x ＝ 14
3. x ＝ 28
4. x ＝ 42
5. x ＝ 56

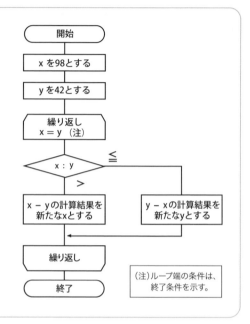

解説 ....

フローチャートの全体像を見て、条件の流れ・意味を確認していき、全体像が確認出来たら、3つのステップで処理を行っていきます。

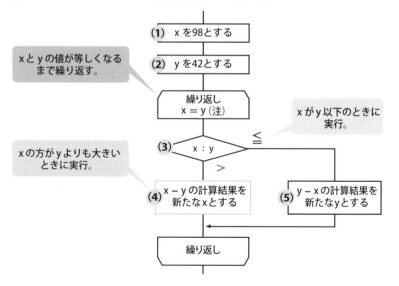

まず、処理を行う各プロセスごとに、番号を振っていきます。

次に、フローチャートを見て、変数（文字）の数と判断記号（ひし形）の数を判断します。
今回は、変数が x と y の２つ、そして判断記号が１つなので、合計３つです。

最後に、トレース表を作成します。

今回は、処理項目が３つなので、３つの条件が処理できる表を作成します。

そして、実際にフローチャートを実行し、処理を行い、表を整理していきます。

x に98を代入　　処理（変化）がない　　x－y を x に代入　　x－y を x に代入
　　　　　　　　場合はそのまま　　　　98－42で56　　　　56－42で14

	(1)	(2)	(3)	(4)	(3)	(4)
x	98	98	98	56	56	14
y		42	42	42	42	42
			>		>	

「>」と≦を
処理する枠

y に42を代入

x：98、y：42より　　x：56、y：42より
　　x＞y　　　　　　　x＞y

y－x を y に代入　　y－x を y に代入
42－14で28　　　　28－14で14

(3)	(5)	(3)	(5)
14	14	14	14
42	28	28	14
≦		≦	

x＝y となったので
処理終了

x：14、y：42より　　x：14、y：28より
　　x≦y　　　　　　　x≦y

処理終了時の x は14なので、正解は②です。

答え ②

問題2 図のフローチャートにおいて、A＝52、B＝39のとき、Rの値はいくつか。ただし、X←Aは変数Aの値を代入することを表し、Y％Xは変数YをXで割った余りを表している。

1. 13
2. 15
3. 17
4. 19
5. 21

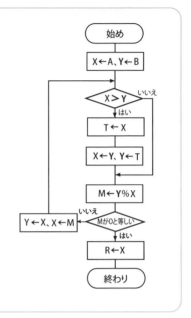

解説

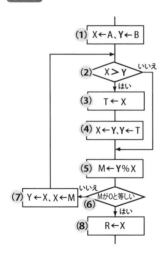

参考

1回目の(5)の処理
52÷39＝1あまり13

2回目の(5)の処理
39÷13＝3あまり0

まず、各処理ごとに番号を振り、変数と判断記号の数を数えていきます。今回は、X、Y、T、M、Rの変数5個と、判断記号が2個あるので、合計7個です。

※今回、変数A、Bは、A＝52、B＝39と数値が与えられているため、定数として考えている。

トレース表を作成し、処理を行っていきます。

	(1)	(2)	(3)	(4)	(5)	(6)	(7)	(2)	(5)	(6)	(8)
X	52	52	52	39	39	39	13	13	13	13	13
Y	39	39	39	52	52	52	39	39	39		
T			52	52	52	52	52	52	52	52	52
M					13	13	13	13	0	0	0
R											13
X>Y		はい						いいえ			
Mが0と等しい						いいえ				はい	

※「T ← X」はXをTに代入するが、Xの値が消えることを表すのではなく、「←」はコピーを意味する。

Rの値は「13」となります。

答え 1

2 n進法

① n進法とは

日常生活では、0 〜 9 の「10種類」の数字の組み合わせで数を表す「10進法」を使うことが多いです。

n進法とは、例えば「2進法」であれば、0と1の「2種類」の数字を組み合わせで数を表すことをいいます。

アドバイス

コンピューターの中では、基本的にすべての情報を「0と1（2進数）」で表現しています。しかし、桁が多くなり、人間が取り扱いにくいことから、16進数が使われることもあります。

11

情報

② 2進法 → 10進法

n進法で表された数字を10進法で表す手順は以下の通りです。

例：2進法で表された「1101」を10進法で表す。

(1) 各位の間隔をあけて書く

$$1 \quad\quad 1 \quad\quad 0 \quad\quad 1$$

(2) 間に「×2 ＋」をつける

$$1 \quad \times2+ \quad 1 \quad \times2+ \quad 0 \quad \times2+ \quad 1$$

(3) 一番後ろの「2」を「2^1」とし、左にいくにつれて「$2^2 \cdot 2^3 \cdots$」と数を増やす

$$1 \quad \times2^3 + \quad 1 \quad \times2^2 + \quad 0 \quad \times2^1 + \quad 1$$

(4) 計算する

$$1 \times2^3 + 1 \times2^2 + 0 \times2^1 + 1 = 13$$

2進法
1101

→

10進法
13

参考

今回は「2進法」なので、「×2 ＋」となります。例えば、「3進法」なら「× 3 ＋」となります。

確認

(4)の計算について、$8 + 4 + 0 + 1 = 13$ となります。

③ 10進法→2進法

例：10進法で表された「13」を2進法で表す。

$$2\,)\,\underline{13}$$
$$\quad\,\, 6 \quad \cdots 1$$

← | $13 \div 2 = 6$ あまり 1 を意味する |
|---|

「13」を「2」で割っていき、その「商」と「あまり」を以下のように計算していきます。

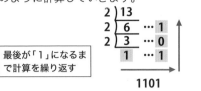

2) 13
2) 6 …1
2) 3 …0
   1 …1

最後が「1」になるまで計算を繰り返す

1101

10進法
13

↓

2進法
1101

商が1になるまでこの計算を繰り返した後、逆L字型に矢印を引っ張り、下から上に数字を羅列していきます。

この数字「1101」が、10進法で表された「13」を2進法で表した時の数字になります。

頻出過去問！コレが出る

問題1　10進法で表された数188は、2進法ではどのように表されるか。

  1.　10011110
  2.　10111100
  3.　11001111
  4.　11011110
  5.　11111110

解説

2) 188
2) 94 …0
2) 47 …0
2) 23 …1
2) 11 …1
2) 5 …1
2) 2 …1
  1 …0

10進法で表された「188」を「2」で割っていき、その「商」と「あまり」を計算していきます。

商が1になるまでこの計算を繰り返した後、逆L字型に矢印を引っ張り、下から上に数字を羅列すると文字列は以下のようになります。

    10111100

したがって、答えは「10111100」です。

答え ②

3 論理演算

① 論理演算とは

　論理演算とは、真の値（true：条件が成立）と偽の値（false：条件が成立しない）という2つの値（0もしくは1）を用いて行う演算のことです。

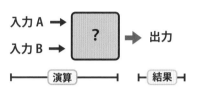

　AとBの組み合わせ（0もしくは1）や、演算式（条件）の組合せによって、出力される結果が変わってきます。

② 代表的な論理演算（真理値表）

入力

A	B
0	0
0	1
1	0
1	1

出力

論理積 (A・B) A∩B	論理和 (A+B) A∪B	排他的論理和 A⊕B
0	0	0
0	1	1
0	1	1
1	1	0

　代表的な論理演算には「論理積（AND）」「論理和（OR）」「排他的論理和（XOR）」などがあります。

論理積（AND）

どちらの条件も満たす。

A ∩ B

論理和（OR）

どちらか一方を満たす。

A ∪ B

排他的論理和（XOR）

論理和(OR)の重複部分を排除する。

A ⊕ B

11

情報

参考

コンピューターの内部では、あらゆるデータが2進数で取り扱われています。そのため、論理演算でも0と1の2つの数字を使用します。

用語

真理値表

論理回路や論理式について、考えられるすべての入力の組み合わせと、対応する出力を一つの表に書き表したもの。
「1」が真（true）、「0」が偽（false）を表します。

確認

● **論理積（AND）**
　A∩B
「AかつB」という意味

● **論理和（OR）**
　A∪B
「AまたはB」という意味

③ 否定（NOT）とは

アドバイス

前ページの3つの代表的な論理演算に加えて、否定の考え方をマスターしておけば、論理演算の問題で困ることはありません。

入力		出力
0	➡	1
1		0

否定（NOT）とは、元々与えられていた条件を反転させることです。真理値表では「0は1」に、「1は0」に変わります。

参考

N は、「NOT」の頭文字を意味しています。
AND → NAND
OR → NOR
XOR → NXOR
※否定排他的論理和は、XNORと表すこともある。

論理積（AND）

否定論理積（NAND）

また、上記のように、ANDがあった際、否定を表す際は、基本的に頭文字に「N」を付けます。

④代表的な論理回路の記号

論理積（AND）	A B ⊐	A ∩ B
論理和（OR）	A B ⊐	A ∪ B
否定（NOT）	A ▷○	$\overline{A}$
排他的論理和 （XOR）	A B ⊐	A ⊕ B

くわしく

否定の場合は、出力側の先に○が付きます。例えば、否定論理積（NAND）であれば、以下の記号になります。この場合は、真理値表を反転させればOKです。

論理回路の記号として、押さえるべきものは全部で4つです。この記号の意味と、真理値表の使い方を押さえて、試験に挑んでいきましょう。

✓◉ 確認
Sにつながる上の記号が
排他的論理和（XOR）、C
につながる下の記号が 論
理積（AND）です。

⚠ ひっかけ注意
「否定」の場合は、記号の
先端部分（右端）に〇が
付きます。今回は「否定」
ではありませんので、気
をつけてください。

▶▶▶ スタートアップ問題

次の論理回路の入力A、Bに対する出力S、Cをそれぞれ求めよ。

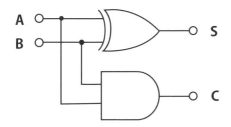

【解説】

以下のように、図に真理値表を書き込み、入力と出力の結果をまとめていきます。SとCの値が答えです。

✓◉ 確認
排他的論理和は、論理和
（OR）の重複部分を排除
するもの、論理積は、どち
らの条件も満たすものを
意味します。

A	B	S
0	0	0
0	1	1
1	0	1
1	1	0

参考

排他的論理和（XOR）

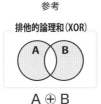

A ⊕ B

A	B
0	0
0	1
1	0
1	1

排他的論理和（XOR）

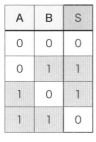

論理積（AND）

A	B	C
0	0	0
0	1	0
1	0	0
1	1	1

参考

論理積（AND）

A ∩ B

アドバイス
今回は、シンプルな構造
の論理回路でしたが、複
雑な場合でも1つ1つ丁
寧に真理値表を記入して
いけば答えにたどり着き
ますので、丁寧さを意識
していきましょう！

問題1

次の論理回路の入力 A、B に対する出力 X を求めよ。

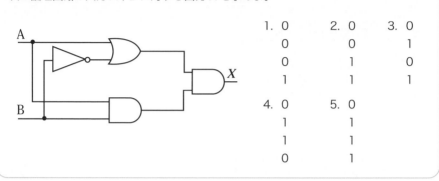

	1.	2.	3.
	0	0	0
	0	0	1
	0	1	0
	1	1	1

	4.	5.
	0	0
	1	1
	1	1
	0	1

解説

以下のように、図に文字（C,D,Eなど）を振った後、真理値表を書き込み、入力と出力の結果をまとめていきます。

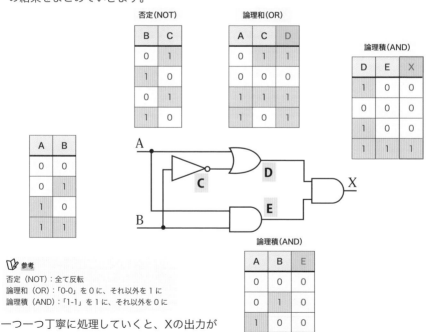

否定(NOT)

B	C
0	1
1	0
0	1
1	0

論理和(OR)

A	C	D
0	1	1
0	0	0
1	1	1
1	0	1

論理積（AND）

D	E	X
1	0	0
0	0	0
1	0	0
1	1	1

A	B
0	0
0	1
1	0
1	1

論理積（AND）

A	B	E
0	0	0
0	1	0
1	0	0
1	1	1

📖 参考

否定（NOT）：全て反転
論理和（OR）：「0-0」を0に、それ以外を1に
論理積（AND）：「1-1」を1に、それ以外を0に

一つ一つ丁寧に処理していくと、Xの出力が
求まります。

答え ①

4 ネットワーク

① IPアドレスとは

IPアドレスとは、ネットワーク（インターネット）に接続されたコンピューターやスマートフォンなどの電子機器、一台ごとに割り当てられた「識別番号」のことです。簡単に言えば、インターネットの世界における「住所」を意味しています。

② IPアドレスの構成

例　IPアドレス：192.168.3.1

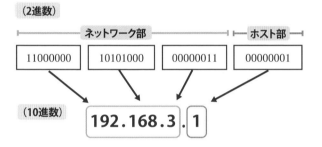

IPアドレスは、32ビットのビット列（2進数）で「ネットワーク部」と「ホスト部」から構成されます。しかし、通常は8ビットずつピリオドで4つに区切り、10進数に変換した形で表します。

③ サブネットマスクとは

上記のIPアドレスの例は、色分けされているため、ネットワーク部とホスト部の境目がどこか一瞬で判別できますが、実際はどこまでがネットワーク部か判別できません。そこで、IPアドレスのネットワーク部の長さを識別するために使われるものが「サブネットマスク」です。

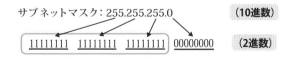

サブネットマスクで「ネットワーク部」のビットをすべて「1」、「ホスト部」のビットをすべて「0」と表すことによって、どこまでがネットワーク部かを判別することができます。

④ ネットワークアドレス

ネットワークアドレスとは、IPアドレスの「ネットワーク部のみの住所」を表したものです。このネットワークアドレスは「IPアドレス」と「サブネットマスク」について、ビット単位の論理積（AND）を計算することで求めることができます。

前ページで、ネットワーク部が「東京都」や「大阪府」などの地域を、ホスト部は「個々の家」を表すイメージと伝えました。
このうち、どのネットワークを使っているか（地域）といったネットワーク自体の住所を示したものがネットワークアドレスです。

▶▶▶ スタートアップ問題

IPアドレス　　　：192.168.3.1
サブネットマスク：255.255.255.0

ホストが接続されたネットワークのネットワークアドレスを求めよ。

【解説】

まず、IPアドレスとサブネットマスクを10進法から2進法へ変換します。

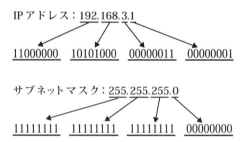

IPアドレス：192.168.3.1

11000000　10101000　00000011　00000001

サブネットマスク：255.255.255.0

11111111　11111111　11111111　00000000

次に、2進数に変換したIPアドレスとサブネットマスクを論理積（AND）で計算します。

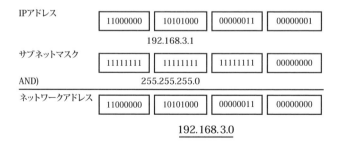

IPアドレス	11000000	10101000	00000011	00000001

192.168.3.1

サブネットマスク	11111111	11111111	11111111	00000000

AND) 　　　　　　　　255.255.255.0

ネットワークアドレス	11000000	10101000	00000011	00000000

192.168.3.0

最後に、2進数表記のネットワークアドレスを再度、10進数に変換すれば、答えを求めることができます。

 確認

A	B	Z
0	0	0
0	1	0
1	0	0
1	1	1

論理積（AND）
「1-1」を1に、それ以外を0にします。

（参考）

10進数 → 2進数の変換

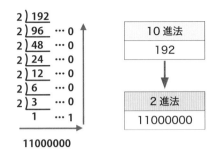

11000000

2進数→10進数の変換

$1×2^7+1×2^6+0×2^5+0×2^4+0×2^3+0×2^2+0×2^1+0$

$128 + 64 = 192$

2進法		10進法
11000000	→	192

頻出過去問！コレが出る

問題1 TCP/IPプロトコルによるネットワークにホストが接続されている。あるホストに割り当てられたIPアドレスとサブネットマスクは、次のとおりである。

IPアドレス ：192.168.11.117
サブネットマスク ：255.255.255.224

このとき、ホストが接続されたネットワークのネットワークアドレスとして正しいのはどれか。

1. 192.168.11.0
2. 192.168.11.32
3. 192.168.11.64
4. 192.168.11.96
5. 192.168.11.128

まず、IPアドレスとサブネットマスクを10進法から2進法へ変換します。

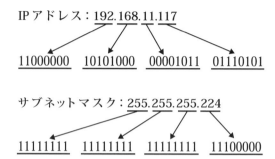

IPアドレス：192.168.11.117

11000000　10101000　00001011　01110101

サブネットマスク：255.255.255.224

11111111　11111111　11111111　11100000

次に、2進数に変換したIPアドレスとサブネットマスクを論理積（AND）で計算します。

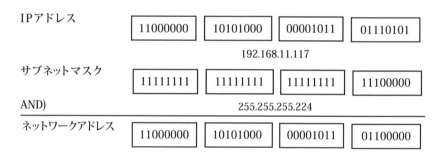

IPアドレス

| 11000000 | 10101000 | 00001011 | 01110101 |

192.168.11.117

サブネットマスク

| 11111111 | 11111111 | 11111111 | 11100000 |

AND)　　　　　　　255.255.255.224

ネットワークアドレス

| 11000000 | 10101000 | 00001011 | 01100000 |

最後に、2進数表記のネットワークアドレスを再度、10進数に変換していきます。

| 11000000 | 10101000 | 00001011 | 01100000 |

192.168.11.96

よって、正しいものは④となります。

答え ④

公務員試験に特化した
時事・情報講座

わずか1年で
受講生数
889名!!

講座

公務員試験の時事問題で
満点を目指す講座

教科書

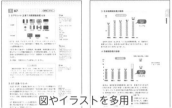

図やイラストを多用!
試験に出るポイントを初心者向けに解説!

時事講座の3つのポイント

Point 1

2024年受験に出題されるテーマを厳選

公務員試験の時事は、過去2~3年前の情報から、最新トピックまで幅広く出題されます。一見、膨大に見えますが、実は出題傾向には「癖」があり、出題されやすいポイントや問われやすいテーマなどが決まっています。

Point 2

10年分以上の過去問を徹底的に分析

2024年度の試験で出題される可能性が高いテーマに絞って解説を行っていきます。過去10年以上の出題分析により、各試験での出題傾向や癖などを解説しているので、本試験で対応できる力が身に付きます!

Point 3

完全オリジナル教科書「ライトの時事本」

文字だけでなくイラストや図・グラフを用いて解説をしている為、勉強が苦になりません。過去問を載せているので、5択の問題にも対応することができ得点アップに繋がります!

講義テーマ

- DX
- 社会問題
- 国際政治・経済
- 日本政治・経済
- 財政事情
- 社会保障
- 労働事情
- 文化・化学・教育
- 環境
- 法改正

国家公務員試験の新科目「情報」
の講義も含みます。

頻出ポイント
図解で解説

重要ポイント
動画解説

完全分析した
予想問題

これらの分野から
20テーマ以上
講義を実施!

時事問題で他の受験生と差が付きます。
日本一わかりやすく解説していくので、
一緒に対策頑張っていきましょう!

講座はこちら

公務員のライト専任講師
ましゅー
Amazonベストセラー獲得

本気で合格したい人のための
シン・論文講座

「論文講座」×「論文本」

カラーの図解で
分かりやすい解説

4つの講義

絶対に押さえる
重要テーマ
全21テーマ

2024年予想模試
① 国家一般職
② 地方上級
③ 特別区

2024年予想最新テーマ
一部のテーマでは
「特別区用解答例」
付き

4つの講座の特徴

特徴① 論文の「書き方」を
ゼロから教えます

特徴② 高評価記載例
重要・最新テーマ
2024年予想問題解説

特徴③ 国家一般職（資料型）の
記載方法を解説

特徴④ スキマ時間で見れる
1テーマ約40分程度

講座内容

①論文試験の概要
②論文の書き方
③基本5テーマ
④デジタルトランスフォーメーション
⑤地方創生・地域の活性化
⑥地域コミュニティの活性化
⑦環境問題
⑧子どもの問題
⑨2024年予想問題

公務員試験の論文式試験で
何が出題されても高評価を
取るための講座です

講座はこちら

公務員のライト専任講師
ゆうし
Amazonベストセラー獲得

【著者プロフィール】
望月真修 [もちづき・まさなお／ましゅー先生]
公務員試験予備校「公務員のライト」専任講師。
在学中に国家一般職、労働基準監督官、地方公務員に最終合格。大学院修了後、自治体職員として主に総合防災システムの構築等に携わり、その後、独立して現職に至る。現在は、公務員のライトの時事講座や大学学内講座を担当。また、月間 70 万人の訪問者数を誇る公務員のライト公式 HP（https://senseikoumuin.com/）を運営し、公務員試験データアナリストとして、膨大なデータから、正確な出題分析、ボーダー予想などを行う。LINE 公式アカウントでは年間 2000 人以上の受験生を指導し、個別マンツーマンサポートでは、日本一予約が取れないと話題の講師である。著書『最短最速で受かる！最強の時事』（Gakken）は Amazon ベストセラーを獲得。

【執筆協力者】
豊田洋三朗（税理士）、森智雄（弁護士）、上田健一（特定社会保険労務士）、宮本葉菜（厚生労働省内定）、森健人（神奈川県庁内定）、関口郁実（財務局内定）、野上舞（川崎市内定）、川原優香（東京国税局内定）、田中音和（大阪税関内定）、宮下真凜（市役所内定）

公務員試験教科書「時事本」2025 年度版

2024 年 2 月 6 日　初版第 1 刷発行
2024 年 4 月 30 日　初版第 2 刷発行

著者	望月真修
発行	キャリアード合同会社 〒206-0042 東京都多摩市山王下 1-5-10-401 TEL　050-1107-1247
発売	日販アイ・ピー・エス株式会社 〒113-0034　東京都文京区湯島 1-3-4 TEL　03-5802-1859 FAX　03-5802-1891
印刷所	株式会社エデュプレス

ISBN978-4-911062-00-5　C0030
©Masanao Mochizuki 2024 Printed in Japan

【お問い合わせ】
本の内容については、下記のお問い合わせページにてお問い合わせください。
https://senseikoumuin.com/otoiawase/